한국어 교사를 위한 중급 교안

한국어 교사를 위한 **중급 교안**

초판 발행 2014년 10월 20일
3쇄 발행 2021년 3월 31일

지 은 이 김주희 · 박선우 · 박승애 · 송영숙 · 오지연
펴 낸 이 박찬익
편 집 장 한병순

펴 낸 곳 ㈜**박이정**
주　　소 경기도 하남시 조정대로45 미사센텀비즈 7층 F749호
전　　화 (031)792-1193, 1195
팩　　스 (02)928-4683
홈페이지 www.pjbook.com
이 메 일 pijbook@naver.com
등　　록 2014년 8월 22일 제2020-000029호

I S B N　978-89-6292-726-9 93710

＊책값은 뒤표지에 있습니다

한국어 교사를 위한

중급 교안

김주희 · 박선우 · 박승애 · 송영숙 · 오지연 지음

(주)박이정

··목차··

··소개··

국제한국어교육자협회 소개

이 책의 출간에 도움을 준 국제한국어교육자협회는 2011년 4월에 창립한 한국어 교사를 위한 단체입니다. 현재 서울시 비영리단체에 소속되어 있으며, 한국어 교육으로 봉사를 신청해 봉사를 할 수 있는 봉사 수급 단체로 등록되어 있습니다. 2011년 창설 이래 현직의 한국어 교사는 물론 한국어 교사를 희망하는 이들을 대상으로 특강 및 워크숍, 교재 편찬, 연구 모임이 이루어졌으며, 현재는 한국뿐만 아니라 일본이나 중국, 태국, 미국 등 다양한 국가의 한국어교사들과 함께 한국어교육의 미래와 새로운 도약을 위해 힘써 준비하고 있습니다. 또한 한국어교사의 정보 교류와 친목을 위해 만들어진 '국제한국어교육자협회' 네이버 카페는 네이버 상위 1%의 대표 카페로 자리매김했으며, 한국어교사와 한국어교육을 사랑하는 이들의 보금자리가 되고 있습니다. 앞으로도 우리 협회는 한국어를 사랑하고 한국어교육을 위해 큰 뜻을 펼치는 모든 이들을 위해 앞장서서 준비하고, 계획할 것입니다.

국제한국어교육자협회 로고 소개

'ㄱ'과 'ㄴ'의 조화를 바탕으로 한국어를 아끼고 사용하는 교육자들의 열정과 마음을 새싹이 피어나는 모습으로 만들어 보았습니다. 올바른 한국어 교육의 미래와 희망을 키워가는 협회의 취지와 목표를 담고 있습니다.

국제한국어교육자협회의 주요 사업 소개

협회의 주요 목표와 방향

협회는 질적으로 우수한 한국어 교사의 재교육을 위한 '연구' 모임을 주목적으로, 국내외 한국어 교사를 위한 '지원' 활동, 한국어 교사의 자발적인 참여를 통한 '봉사', 끊임없는 자기 계발과 미래의 가치 창조를 위한 정보의 '나눔'을 목표로 쉼 없이 달려가고 있습니다.

주요 활동 소개

교재 출판 모임 지원	한국어 교사들의 현장에서의 경험과 지혜를 살릴 수 있는 교재 출판 지원
정기 특강	자칫 정체될 수 있는 한국어 교사의 질적인 성장을 위해 매년 두 차례 이상 각 분야의 전문가를 초청한 특강 실시
연구 모임 지원	자발적으로 문형과 교안을 연구하거나 논문을 준비하는 교사들을 대상으로 구성원 모집 지원 및 장소 지원
한글날 관련 행사	한국어 퀴즈 대회, 부교재 공모전, 사진 콘테스트 등 한글날과 관련한 온·오프라인 행사
한국어교사 지원	한국어교사에게 필요한 온라인 강좌나 서적 구매, 자원 봉사 활동 등을 할 수 있도록 관련 단체 및 기관과의 협약
온라인 커뮤니티 활성화	네이버 대표 카페 '국제한국어교육자협회'를 통해 채용 정보, 교육 정보 등의 다양한 정보 지원 및 교사 간의 소통의 장 마련

국제한국어교육자협회 회장 고경민 대표 이메일 : iakll@iakll.or.kr

전화 : 0505-3055-114

팩스 : 02-6280-1018

국제한국어교육자협회 누 리 집 : www.iakll.or.kr

국제한국어교육자협회 커뮤니티 : http://cafe.naver.com/forkorean

주소 : 서울시 강남구 언주로 727, 9층

·· 일러두기 ··

❶ 표제어

2011년 국립국어원에서 발간한 〈국제통용한국어교육표준모형 개발2단계〉 중급 문형을 근간으로 하고 일부 목록을 재조정하였다. 하나의 문형이라도 먼저, 의미에 따라 구분하였고 또한 종결형과 연결형도 구분하였다. 그러나 경중을 따지기 어려울 만큼 두 가지 형태가 모두 교육되는 경우는 하나의 교안으로 재조정하였다. 자신의 교재에 맞는 응용이 필요한 부분이라 하겠다.

❷ 학습목표

조사만 구분하고 나머지는 표현 익히기로 통일하여 복합표현과 조사를 가르칠 때의 차이를 한 눈에 들어오도록 하였다.

❸ 도입

실제 수업에서 교사가 바로 사용할 수 있도록 구어 중심으로 구성하였다. 이전에 배운 문형으로 난이도를 조정하거나 교실에 있는 사물 등을 통해 응용하면 학생들이 자연스럽게 문형에 접근하도록 유도할 수 있을 것이다.

❹ 의미제시

문형의 의미를 명확하게 기억할 수 있도록 간결하게 제시하였다.

❺ 다양한 예문

예문을 통해 문형을 이해시켜야 하는 교사의 입장을 고려하여 의미 제시 부분과 형태 제시 부분, 활동 등에 다양한 예문을 실었다.

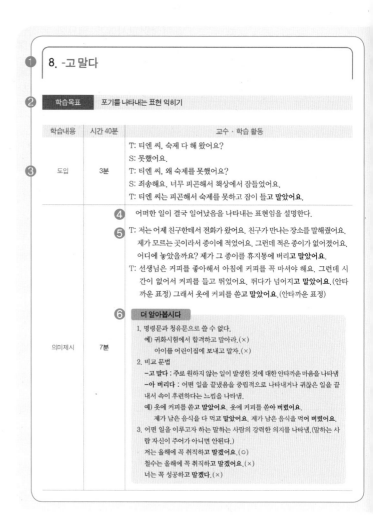

❻ 더 알아봅시다

중급에서는 비슷한 문형이나 초급에서 심화되는 문형이 많아서 학생들의 질문도 많다. 이에 대비해 같은 문형이라도 여러 가지 의미로 쓰이는 경우와 비교 문형 등이 있는 경우는 모두 '더 알아봅시다'에 제시하였다.

❼ 결합 관계표

품사별로 분류하였는데 특이한 결합 관계를 보이는 단어는 재분류하였다. 결합 관계가 복잡한 문형에는 가능한 한 간단한 예문을 통해 쉽게 확인할 수 있도록 하여 난이도를 조정하였다. 불규칙 용언은 괄호 안에 표기하였다. 불규칙과 탈락을 어떻게 교육하는 것이 가장 간명한 방식인가에는 각 교재마다 차이를 보이므로 교재를 확인하고 수업하여 학생들이 혼선을 겪지 않도록 하는 것이 좋겠다.

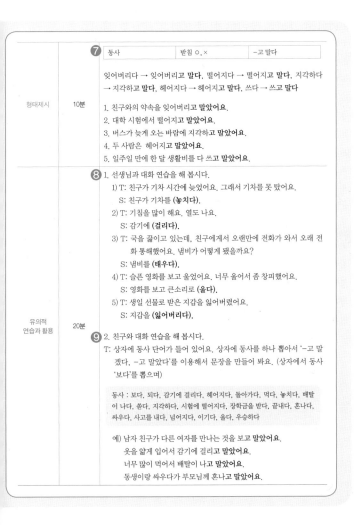

❽ 교사와의 대화 연습

학생이 그 날 배운 문형을 사용하여 교사의 질문에 유창하게 대답한다는 것은 쉬운 일이 아니다. 여기에서는 한 문형당 5개의 대화 연습만 실었지만 앞에서 배운 단어와 새 단어를 적당히 섞어서 물어보거나 단어 카드나 그림카드 등을 사용하여 학생들이 유창하게 대답할 때까지 충분히 연습시킬 필요가 있다.

❾ 친구와의 대화 연습

활동을 많이 하고 싶은 것은 대부분의 교사가 바라는 점이다. 그러나 시간이 부족하거나 시험에 대한 부담 때문에 단순 암기식으로 활동 시간이 끝나버리는 경우도 있다. 다문화 교실이나 외국에서 수업하는 교사라면 더욱 그러할 것이다. 이런 다양한 교실 상황을 염두에 두고 짝 활동과 문형 교체 연습이 모두 가능할 수 있는 형태의 표로 제시하였다. 짝 활동이 어렵다면 개인 활동지, .문형 연습지로 응용하여 사용하거나 과제로 주는 것도 좋을 것이다.

1. 같이

학습목표	정도를 나타내는 조사 익히기

학습내용	시간 40분	교수 · 학습 활동
도입	3분	T: 티엔 씨, 한국 생활이 재미있어요? S: 네, 아주 재미있어요. T: 저도 티엔 씨**같이** 나이가 어리면 외국 유학을 해보고 싶어요.
의미제시	15분	어떤 모양이나 행동을 앞의 명사에 빗대어 그와 비슷한 정도이거나 동일함을 나타낸다. T: 이 사과는 꿀**같이** 달아요. T: 저 남자는 호랑이**같이** 무서워요. T: 우리 선생님은 엄마**같이** 자상해요. T: 아이의 손은 얼음**같이** 차가웠다. T: 산에는 눈**같이** 하얀 꽃이 활짝 피었다. **더 알아봅시다** 1. 어떤 이미지를 강조하고 싶을 때 그 이미지를 대표할 수 있는 명사를 선택해서 사용한다. '호랑이**같이**'라면 무섭다는 이미지가 떠오르지만 '**표범같이**'라면 무섭다는 것인지 빠르다는 것인지 혼동을 준다. 2. 격식을 차려서 말할 때 '-와 같이'의 형태로 사용되기도 한다. 여러분도 아시는 바와 같이 내일 중요한 발표가 있습니다. 그는 강철과 같이 강한 심장을 가진 사람입니다. 2. '-처럼'과 같은 의미이다. 꿀**같이** 달다.= 꿀처럼 달다. 호랑이같이 무섭다.= 호랑이처럼 무섭다.
형태제시	10분	<table><tr><td>명사</td><td>받침 ○, ×</td><td>같이</td></tr></table> 꿀 → 꿀**같이** 칼 → 칼**같이** 백짓장 → 백짓장**같이** 사과 → 사과**같이** 너 → 너**같이**

이 사과는 꿀같이 달아요.

비가 오더니 바람이 칼같이 날카로워졌어요.

스티브 씨 얼굴은 백짓장같이 하얘요.

얼굴이 사과같이 빨개요.

저 사람은 한국 사람같이 생겼어요.

아무리 찾아봐도 너같이 잘생긴 사람은 없어.

유의적
연습과 활용
	12분	1. 교사와 대화 연습을 해봅시다.
		  1) T: 율리아 씨, 걱정이 있어요?
		    S: 산같이 밀린 숙제를 생각하니 잠이 안와요.
		  2) T: 오늘은 모두 기분이 좋아 보여요.
		    S: 시험이 끝나니 바람같이 마음이 가벼워요.
		  3) T: 스티브 씨는 한국어를 참 잘하는 것 같아요.
		    S: 네, 마치 한국 사람같이 한국어를 잘해요.
		  4) T: 김연아 선수의 피겨스케이팅은 참 아름다워요.
		    S: 네, 얼음 위의 천사같이 아름다워요.
		  5) T: 내일부터 여름 방학이 시작됩니다.
		    S: 시간이 정말 화살같이 빨리 흘러갔어요.

2. 친구와 대화 연습을 해 봅시다.

네 동생은 정말 귀엽게 생겼어.	그래, (인형같이) 귀엽게 생겼지? (인형)
스티브 씨는 약속을 잘 지키는 사람인 가요?	네, (시계같이) 정확한 사람이에요.(시계)
아기 눈이 정말 반짝거려요.	네, 마치 (별같이) 반짝거리는 군요.(별)
어떤 스타일의 남자를 좋아하세요?	저는 (운동선수같이) 체격이 좋은 사람 이 좋아요. (운동선수)
여자 친구 자랑 좀 해보세요.	제 여자 친구는 (천사같이) 착하고 (장 미꽃같이) 아름다워요.(천사, 장미꽃)
친구가 성격이 급한가요?	말도 마세요. (불같이) 급한 성격이라 정말 곤란할 때가 많아요. (불)

2. -거든1

학습목표	조건이나 가정을 나타내는 표현 익히기

학습내용	시간 40분	교수·학습 활동
도입	3분	T: 티엔 씨, 방학 때는 무엇을 하고 싶어요? S: 여행을 가고 싶어요. T: 지금 여행을 갈 수 있어요? S: 지금 여행을 갈 수 없어요. T: 여러분, 방학을 하면 하고 싶은 일을 하세요. 　방학이 되**거든** 여행을 가 보세요.
의미제시	7분	조건이나 가정을 나타내는 어미로, 뒤 문장의 행위를 하는 조건으로 어떤 행동을 경우를 미리 제시한다. T: 날씨가 덥**거든** 선풍기를 트세요. T: 컴퓨터가 고장이 났**거든** 수리를 받아 보세요. 　　**더 알아봅시다** '-거든1'의 경우 뒤 문장에는 주로 명령형과 청유형이 온다. 예) 슈퍼에 가**거든** 우유를 사 오세요. 　　공부를 하**거든** 컴퓨터를 꺼두세요.
형태제시	10분	동사, 있다/없다 형용사, 이다/아니다　받침 ○, ×　　－거든 먹다 → 먹**거든** 자다 → 자**거든** 많다 → 많**거든** 아프다 → 아프**거든** 만나다 → 만나**거든** *교사가 결합정보와 예문을 제시한 뒤, 먼저 교사가 예문을 읽는다. 그 후 학생들이 예문을 따라 읽을 수 있도록 한다.

		1. 밥을 먹**거든** 설거지도 꼭 하세요. 2. 잠을 자**거든** 전등을 꼭 끄세요. 3. 짐이 많**거든** 저에게 연락하세요. 4. 몸이 아프**거든** 병원에 먼저 가 보세요. 5. 선생님을 만나**거든** 꼭 인사를 드리세요.

유의적
연습과 활용
	20분	1. 교사와 대화 연습을 해 봅시다.
		  1) T: 쉬는 시간이 얼마 남지 않았어요.
		    S: 쉬는 시간이 되**거든** 알려주세요.
		  2) T: 밖에 비가 온다고 해요.
		    S: 비가 오**거든** 우산을 준비하세요.
		  3) T: 어제 잠을 못 자서 조금 피곤하네요.
		    S: 피곤하**거든** 낮잠을 자 보세요.
		  4) T: 대학생이 되었어요. 어떻게 해야 할까요?
		    S: 대학생이 되었**거든** 공부를 더 열심히 해요.
		  5) T: 비가 많이 왔어요. 길이 미끄러우니 운전 조심하세요.
		    S: 길이 미끄럽**거든** 지하철을 타요.
		
		2. 친구와 대화 연습을 해 봅시다.
		– 친구의 상황을 생각해보고, 이 때 '–거든'을 사용해서 친구의 고민을 상담해 봅시다.

친구	나
몸이 너무 아프다 / 집에서 푹 쉬다	몸이 아프거든 집에서 푹 쉬세요.
집에 도착하다 / 숙제를 먼저 하다	집에 도착하거든 숙제를 먼저 하세요.
한국 친구를 사귀다 / 한국어로 대화를 많이 하다	한국 친구를 사귀거든 한국어로 대화를 많이 하세요.
약속 시간에 늦다 / 전화하다	약속 시간에 늦거든 전화하세요.
눈이 많이 오다 / 마당을 쓸다	눈이 많이 오거든 마당을 쓰세요.

3. -거든2, -거든(요)

학습목표	이유를 설명하는 표현 익히기

학습내용	시간 40분	교수 · 학습 활동
도입	3분	T: 티엔 씨, 피곤해요? S: 네, 피곤해서 잠이 와요. T: 왜요? S: 어제 잠을 못 잤어요. 게임을 많이 했어요. T: 저도 어제 잠을 못 잤는데… 일이 많았**거든요**.
의미제시	7분	질문에 대한 대답으로 사용되며, 이유를 나타낼 때 사용한다. T: 고향에 다녀오려고요. 내일부터 여름방학이**거든요**. T: 오늘 좀 피곤하네요. 어제 컴퓨터를 오래 했**거든요**. **더 알아봅시다** 1) '요'가 붙어 높임표현 '–거든요'가 된다. 2) 혼자 쓰일 수 없고 앞 뒤 맥락이 있어야 한다. 즉, 반드시 앞 문장이 있어야 한다.
형태제시	10분	<table><tr><td>동사, 있다/없다 형용사, 이다/아니다</td><td>받침 ○, ×</td><td>-거든2/거든요</td></tr></table> 하다 → 하**거든**/하**거든요** 오다 → 오**거든**/오**거든요** 덥다 → 덥**거든**/덥**거든요** 크다 → 크**거든**/크**거든요** 친구이다 → 친구**거든**/친구**거든요** 졸업식**이다** → 졸업식**이거든**/졸업식**이거든요** *교사가 결합정보와 예문을 제시한 뒤, 먼저 교사가 예문을 읽는다. 그 후 학생들이 예문을 따라 읽을 수 있도록 한다. 이 때, 교사는 낱말 카드를 사용하여 학생의 이해를 돕는다.

<table>
<tr>
<td></td>
<td></td>
<td>

1. 스티브 씨는 눈이 많이 나빠요. 항상 컴퓨터를 오래 하**거든요**.

2. 아이들이 눈싸움을 해요. 지금 눈이 많이 오**거든요**.

3. 선풍기를 틀었어요. 날씨가 덥**거든요**.

4. 툭소 씨는 농구를 잘해요. 키가 정말 크**거든요**.

5. 리에 씨가 우리 집에 놀러왔어요. 친한 친구**거든요**.

6. 친구들과 사진을 많이 찍었어요. 오늘은 졸업식이**거든요**.

</td>
</tr>
<tr>
<td>유의적
연습과 활용</td>
<td>20분</td>
<td>

1. 교사와 대화 연습을 해 봅시다.

  1) T: 툭소 씨, 왜 영화관에 자주 가요?

    S: 요즘 재미있는 영화를 많이 하**거든요**.

  2) T: 율리아 씨, 옷이 왜 젖었어요?

    S: 일기예보를 못 보고 나가서 우산이 없었**거든요**.

  3) T: 리에 씨는 그림을 잘 그려요.

    S: 대학에서 미술을 전공했**거든요**.

  4) T: 스티브 씨는 한국 음식을 잘 만들어요.

    S: 요리 학원에서 배웠**거든요**.

  5) T: 티엔 씨, 걱정이 있어요?

    S: 내일이 시험이**거든요**.

2. 친구와 대화 연습을 해 봅시다.

  1) 가: 꼭 청소를 해야 돼요?

    나: 네, 지금 청소를 하지 않으면 시간이 없**거든요**. (시간이 없다)

  2) 가: 휴대전화가 고장 났어요?

    나: 네, 휴대전화가 고장 나서 속상해요.

      길에 휴대전화를 _____. (떨어뜨리다)

  3) 가: 신혼여행은 어디로 갈 거예요?

    나: 제주도로 갈 거예요. 바다가 _____. (아름답다)

  4) 가: 같이 백화점에 갈래요?

    나: 왜요? 어머니 _____. (생신이다)

  5) 가: 내일이 시험이에요. 걱정이 많아요.

    나: 저도 그래요. 공부를 _____. (안하다)

</td>
</tr>
</table>

4. -게6, -게요2

학습목표	근거를 나타내는 표현 익히기

학습내용	시간 40분	교수·학습 활동
도입	3분	T: 티엔 씨, 추워요? 제가 창문을 열어놓았어요. S: 아니요, 왜 창문을 열었어요? T: 교실에서 냄새가 나서 창문을 열었어요. 환기 좀 시키**게요**.
의미제시	7분	앞에서 어떤 상황을 묻고 그와 같이 물은 근거를 댈 때 쓴다. 1. 오늘 기분 좋은 일이 있나 봐요. 계속 싱글벙글 하**게**. 2. 장사가 아주 잘되시는 모양이지요? 잠시 쉴 틈도 없으시**게요**. 2. 공부하기 힘드니? 집에 통 안 오**게**. 3. 바람이 몹시 심하게 부나 봐요. 나무가 뿌리째 뽑혀 있**게요**. 4. 내일 기차역에 직접 가봐야겠어요. 추석 때 고향 내려갈 표를 사**게요**.
형태제시	10분	<table><tr><td>동사, 형용사</td><td>받침 ○, ×</td><td>-게, -게요</td></tr></table> 재우다 → 재우**게(요)** 먹이다 → 먹이**게(요)** 쓰다 → 쓰**게(요)** 팔리다 → 팔리**게(요)** 먹다 → 먹**게(요)** 1. 좀 조용히 해주시겠어요? 아기 좀 재우**게요**. 2. 남은 음식은 싸 주시겠어요? 강아지 먹이**게요**. 3. 엄마, 용돈 많이 주세요. 친구들에게 인심 좀 쓰**게요**. 4. 이번 상품은 싸게 팔 거예요. 날개 돋친 듯이 팔리**게요**. 5. 샌드위치 좀 사다 주시겠어요? 점심으로 먹**게요**.

유의적
연습과 활용
	20분	1. 교사와 대화 연습을 해 봅시다.
		  1) T: 리에 씨, 내일 공부할 곳을 가르쳐달라고요?
		     S: 네, 미리 예습 좀 하다 (하**게요**).
		  2) T: 왜 음식을 냉장고에 넣으세요?

S: 날씨가 더우니 음식이 상하다(상하지 않**게요**).

  3) T: 은행에서 돈을 찾았어요?

    S: 여행을 가다(가**게요**). 현금이 필요해요.

  4) T: 이번 휴가에 어디에 가요?

    S: 고향에 가요. 부모님을 만나 뵙다(만나 뵙**게요**).

  5) T: 샌드위치를 이렇게 많이 싸왔어요?

    S: 네, 친구들과 같이 먹다(먹**게요**).

2. 친구와 대화 연습을 해 봅시다.

질문	대답
저, 부르셨어요?	네, 죄송하지만 이것 좀 같이 들다(들**게요**.)
사전이 필요하시다고요?	네, 모르는 단어 좀 찾아보다(찾아보**게요**.)
왜 이렇게 일찍 나가세요?	네, 오랜만에 친구 좀 만나다(만나**게요**.)
요즘 운동을 열심히 하시네요.	네, 다이어트 좀 하다(하**게요**.)
부산까지 차로 가면 얼마나 걸려요?	직접 운전하고 가시다(가시**게요**?)

5. -게 하다

학습목표	시키는 표현(사역) 익히기

학습내용	시간 40분	교수·학습 활동
도입	3분	T: 티엔 씨! 티셔츠가 예뻐요. 빨간 색 좋아하세요? S: 네 좋아해요. T: 저도 어제 티셔츠를 샀어요. 친구가 말했어요. 까만 색을 사세요. 까만 옷이 날씬해 보여요. 그래서 까만색 옷을 샀어요. 친구가 까만색 옷을 사**게 했**어요.

의미제시	7분	대화를 통해 자연스럽게 자신이 원하지 않지만 남이 시키거나, 상황 때문에 하게 되는 경우에 '-게 하다'를 쓴다는 것을 알려 준다. 학생들이 어려워하는 표현이기 때문에 잘 이해하지 못하면 충분한 예를 들어 설명한다.
		
		T: 어린 아이가 학교 가기 싫어해요. 학교에 안 가도 괜찮아요? 아니에요. 안돼요. 엄마가 아이에게 "학교 가야지!" 이야기해요. 아이가 학교에 가요. 엄마는 아이를 학교에 가**게 해**요.
		
		더 알아봅시다
		1. '형용사 + -게 하다'는 그러한 상황에 이르게 됨을 의미한다.
		  예) 맛있게 해주세요.
		2. '-게 하다' 앞에 과거는 쓸 수 없다
		  예) 먹게 했어요(○)
		     먹었게 해요(×)
		3. 접사 '-이-, -히-, -리-, -기-, -우-, -구-, -추-' 보다 폭 넓게 쓰일 수 있다.

형태제시	20분	<table><tr><td>동사, 있다</td><td>받침 ○, ×</td><td>-게 하다</td></tr></table> 먹다 → 먹**게 해**요 씻다 → 씻**게 해**요 닦다 → 닦**게 해**요 자다 → 자**게 해**요

		있다 → 있게 하다 *교사가 칠판에 판서한 표현들을 바르게 읽고 학생들에게 한 번씩 따라 읽도록 한다. *동작이 확실히 드러나는 동사와 결합하는 다양한 예를 통해 쓰임을 정확히 알도록 한다. 1. 채소를 싫어하는 아이에게 채소를 먹게 **했어요**. 2. 밥을 먹기 전에 손을 씻게 **했어요**. 3. 하루에 세 번 이를 닦게 **했어요**. 4. 숙제를 꼭 하고 자게 **했어요**. 5. 어른에게 존댓말을 하게 **했어요**.
유의적 연습과 활용	10분	1.교사와 대화 연습을 해 봅시다 　1) T: 짐이 너무 많아요. 어떻게 해요? 　　S: 친구에게 짐을 조금 들게 **해요**. 　2) T: 아이가 감기에 걸리면 안돼요. 어떻게 해요? 　　S: 집에 오면 손을 꼭 씻게 **해요** 　　그리고 밖에서는 마스크도 쓰게 해요. 　3) T: 학생들이 지각해요. 선생님이 어떻게 해요? 　　S: 벌칙으로 교실 청소를 더 많이 하게 **해요**. 　4) T: 방이 너무 더러워요. 청소를 해야 해요. 어떻게 해요? 　　S: 청소를 하게 **해요**. 　5) T: 영화를 보고 기분이 좋아요? 　　S: 그 영화는 제 기분이 좋게 **해요**. 2. 친구와 대화 연습을 해 봅시다

보기	문장 만들기
일어나!	친구를 일어나게 해요.
청소해!	친구를 청소하게 해요.
창문을 여세요.	친구에게 창문을 열게 해요.
교실 뒤에 가서 서 있어요.	교실 뒤에 가서 서 있게 해요.
내 어깨를 주물러 주세요.	내 어깨를 주물러 주게 해요.
앞의 친구에게 공책을 주세요.	앞의 친구에게 공책을 주게 해요.

6. -고 나다

학습목표	순서를 나타내는 표현 익히기

학습내용	시간 40분	교수 · 학습 활동
도입	3분	T: 티엔 씨, 아침 먹었어요? S: 네,/아니요. T: 아침에 또 뭐 했어요? S: 세수하다. 샤워하다, 이를 닦다, 학교에 오다 등등 T: 아침을 먹고 **나**서 이를 닦았어요. 　 샤워를 하고 **나**서 학교에 왔어요.
의미제시	7분	T1: 밥을 먹어요 샤워해요. 같이해요? 아니에요. 못해요. 밥을 먹어요. 그리고 샤워해요. (밥을 먹은 후에 샤워해요.) 밥을 먹고 **나**서 샤워해요. T2: '밥을 먹어요', 학교에 와요 같이 해요? 아니에요. 밥을 먹어요. 그리고 학교에 와요. 밥을 먹고 **나**서 학교에 와요 　위의 예를 통해 '-고 나다'가 동시에 이루어지는 동작이 아니라 순차적으로 일어나는 동작임을 익히도록 한다. **더 알아봅시다** 1. '-(으)ㄴ 후에'를 먼저 배운 경우에는 '세수한 후에 뭐 해요?', '밥 먹은 후에 뭐해요?' 를 물어봐서 전에 배운 문법을 상기시킨 후 그 비슷한 점과 차이점으로 문형 도입을 할 수 있다. 2. '-고 나니'와 '-고 나서' <table><tr><td>먼저 한 일</td><td>고 나서</td><td>나중에 한 일</td></tr><tr><td>원인</td><td>-고 나니</td><td>결과</td></tr></table>
형태제시	10분	<table><tr><td>동사</td><td>받침 ○, ×</td><td>- 고 나다</td></tr></table> 보다 → 보고 **나**서, 먹다 → 먹고 **나**서, 청소하다 → 청소하고 **나**서, 읽다 → 읽고 **나**서, 아프다 → 아프고 **나**서

*교사가 칠판에 판서한 표현들을 바르게 읽고 학생들에게 한 번씩 따라 읽 도록 한다.
*동작이 바로 이어져서 일어나야 한다는 것을 알게 하기 위해서 다양한 동 작 동사들을 사용해서 학습자의 이해를 돕는다.

1. 텔레비전을 보고 **나서** 숙제를 해요.
2. 점심을 먹고 **나서** 또 과자를 먹었어요.
3. 방을 청소하고 **나서** 공부를 시작했어요.
4. 책을 읽고 **나서** 산책을 할 거예요.
5. 아프고 **나서** 건강의 소중함을 알았어요.

유의적 연습과 활용	20분

1. 교사와 대화 연습을 해 봅시다.
   1) T: 한국어를 공부해요./한국 회사에서 일 할 거예요.
      S: 한국어를 공부하고 **나서** 한국 회사에서 일 할 거예요.
   2) T: 수업이 끝나요./친구를 만날 거예요.
      S: 수업이 끝나고 **나서** 친구를 만날 거예요.
   3) T: 점심을 먹어요./커피를 마실 거예요.
      S: 점심을 먹고 **나서** 커피를 마실 거예요.
   4) T: 밥을 먹어요/과일을 먹을 거예요.
      S: 밥을 먹고 **나서** 과일을 먹을 거예요.
   5) T: 설거지를 해요/드라마를 같이 볼 거예요.
      S: 설거지를 하고 **나서** 드라마를 같이 볼 거예요.

2. 친구와 대화 연습을 해 봅시다.

먼저 뭐해요?	그 다음에 뭐 해요?	문장을 연결해 보세요.
책을 읽어요	사전에서 단어를 찾아요	책을 읽고 **나서** 사전에 서 단어를 찾아요.
단어를 정리해요	그 단어들을 외워요	단어를 정리하고 나서 그 단어를 외워요.
연습 문제를 풀어요	채점을 해요	연습 문제를 풀고 나서 채점을 해요.
틀린 문제를 다시 봐요	공책에 정리해요	틀린 문제를 다시 보고 나서 공책을 정리해요.
모르는 문제에 표시해요	선생님께 질문해요	모르는 문제에 표시하고 나서 선생님께 질문해요.

7. -고 들다

<table>
<tr><td>학습목표</td><td>의도를 나타내는 표현 익히기</td></tr>
</table>

학습내용	시간 35분	교수 · 학습 활동
도입	3분	T: 티엔 씨, 아이가 우유를 좋아해요? S: 아니요. 우유를 싫어해요. T: 아이가 우유 말고 다른 거 좋아해요? S: 네. 주스를 너무 좋아해요. T: 티엔 씨 아이는 우유는 안 마시고, 주스만 마시려고 **들어요.**
의미제시	7분	앞말이 뜻하는 어떤 행동을 계속 하려고 함을 나타낸다. 어떤 행위를 깊이 있게 하다. T: 여러분, 한국어를 공부하면서 모르는 것이 많죠? 모르는 것이 있으면 물어봐서 이해하려고 **들어야 해요.** T: 아이들은 궁금한 것이 많아요. 그래서 사소한 것이라도 계속 물어봐요. 아이들은 호기심이 많아서 계속 알려고 **들어요.** T: 공부를 하자고 **들면** 누구나 잘 할 수 있어요. **더 알아봅시다** 1. 종결어미로 쓰일 때는 '-고 든다'로 사용하고, 연결 어미로 쓰일 때는 '-고 들면, -고 들어서, -드니까'등 다양 방법으로 연결된다. 2. '-려고 들다'는 앞에 오는 행동을 애써서 적극적으로 하거나 무작정 하려고 한다는 의미이다. 예) 제 친구는 게임에서 이기려고 **들면** 물, 불 안 가리는 성격이에요.
형태제시	10분	<table><tr><td>동사</td><td>받침 ○, ×</td><td>-고 들다</td></tr></table> 숨기다 → 숨기려고 **들어요** 알다 → 알려고 **들어요** 배우다 → 배우려고 **들어요** 물다 → 물려고 **들어요** 뺏다 → 뺏으려고 **들어요**

<table>
<tr><td></td><td></td><td>

1. 이야기를 자꾸 숨기려고 **드니까** 더 궁금해요.

2. 다섯 살짜리 꼬마가 무엇이든 알려고 **들어요**.

3. 일을 배우려고 **들면** 금방 배워요.

4. 개가 화가 나서 주인을 물려고 **들어요**.

5. 형은 언제나 내 것을 뺏으려고 **들어요**.

</td></tr>
</table>

| 유의적
연습과 활용 | 15분 | 1. 선생님과 함께 대화 연습을 해 봅시다.

1) T: 요즘 김장철이에요. 김장했어요?
   S: 아직이요. 김장하려고 **들면** 배추며, 양념이며 준비해야 해서 매우 복잡해요.(김장하다)
2) T: 날씨가 너무 더워요.
   S: 그러게요. 아이가 자꾸 차가운 것을 먹으려고 **들어서** 걱정이에요.(먹다)
3) T: 티엔 씨, 아이가 스스로 공부를 해요?
   S: 아니요. 공부는 안하고 게임만 하**려고 들어서** 속상해요.(하다)
4) T: 첫째 아이가 둘째에게 양보를 잘 해요?
   S: 아니요. 첫째가 항상 먼저 하려고 **들어요**.(하다)
5) T: 스티브 씨, 고양이 키우는 거 재미있어요?
   S: 요즘에 고양이가 움직이지 않고 자꾸 많이 먹으**려고 들어요**.(먹다)

2. 친구와 함께 대화 연습을 해 봅시다.
〈다음 문장을 '-고 **들면**'을 써서 연결하십시오.〉 |

종일 놀다가 공부하다/아주 잘해요	종일 놀다가도 공부하**려고 들면** 아주 잘 해요.
말을 하다 /끝이 없지요	말을 하**려고 들면** 끝이 없어요.
술을 마시다 /맥주 두 병도 먹어요	술을 마시**려 들면** 맥주 두 병도 먹어요.
따지다 /끝이 없지요	따지**려고 들면** 끝이 없지요.
숙제를 하다/ 30분이면 끝내요	숙제를 하**려고 들면** 30분이면 끝내요.
뭐든지 하다/못 하는 게 없어요	뭐든지 하**려고 들면** 못 하는 게 없어요.

8. -고 말다

학습목표	포기를 나타내는 표현 익히기

학습내용	시간 40분	교수·학습 활동
도입	3분	T: 티엔 씨, 숙제 다 해 왔어요? S: 못했어요. T: 티엔 씨, 왜 숙제를 못했어요? S: 죄송해요. 너무 피곤해서 책상에서 잠들었어요. T: 티엔 씨는 피곤해서 숙제를 못하고 잠이 들고 **말았어요.**
의미제시	7분	어떠한 일이 결국 일어났음을 나타내는 표현임을 설명한다. T: 저는 어제 친구한테서 전화가 왔어요. 친구가 만나는 장소를 말해줬어요. 제가 모르는 곳이라서 종이에 적었어요. 그런데 적은 종이가 없어졌어요. 어디에 놓았을까요? 제가 그 종이를 휴지통에 버리고 **말았어요.** T: 선생님은 커피를 좋아해서 아침에 커피를 꼭 마셔야 해요. 그런데 시간이 없어서 커피를 들고 뛰었어요. 뛰다가 넘어지고 **말았어요.**(안타까운 표정) 그래서 옷에 커피를 쏟고 **말았어요.**(안타까운 표정) **더 알아봅시다** 1. 명령문과 청유문으로 쓸 수 없다. 　예) 귀화시험에서 합격하고 말아라.(×) 　　　아이를 어린이집에 보내고 말자.(×) 2. 비교 문법 　**-고 말다** : 주로 원하지 않는 일이 발생한 것에 대한 안타까운 마음을 나타냄 　**-아 버리다** : 어떤 일을 끝냈음을 중립적으로 나타내거나 귀찮은 일을 끝내서 속이 후련하다는 느낌을 나타냄. 　예) 옷에 커피를 쏟고 **말았어요.** 옷에 커피를 쏟아 **버렸어요.** 　　　제가 남은 음식을 다 먹고 **말았어요.** 제가 남은 음식을 먹어 **버렸어요.** 3. 어떤 일을 이루고자 하는 말하는 사람의 강력한 의지를 나타냄.(말하는 사람 자신이 주어가 아니면 안된다.) 　저는 올해에 꼭 취직하고 **말겠어요.**(○) 　철수는 올해에 꼭 취직하고 **말겠어요.**(×) 　너는 꼭 성공하고 **말겠다.**(×)

동사	받침 ○, ×	-고 말다

<table>
<tr><td rowspan="1">형태제시</td><td>10분</td><td>

잊어버리다 → 잊어버리고 **말다**, 떨어지다 → 떨어지고 **말다**, 지각하다
→ 지각하고 **말다**, 헤어지다 → 헤어지고 **말다**, 쓰다 → 쓰고 **말다**

1. 친구와의 약속을 잊어버리고 **말았어요**.

2. 대학 시험에서 떨어지고 **말았어요**.

3. 버스가 늦게 오는 바람에 지각하고 **말았어요**.

4. 두 사람은 헤어지고 **말았어요**.

5. 일주일 만에 한 달 생활비를 다 쓰고 **말았어요**.

</td></tr>
<tr><td rowspan="1">유의적
연습과 활용</td><td>20분</td><td>

1. 선생님과 대화 연습을 해 봅시다.

   1) T: 친구가 기차 시간에 늦었어요. 그래서 기차를 못 탔어요.

     S: 친구가 기차를 (**놓치다**).

   2) T: 기침을 많이 해요. 열도 나요.

     S: 감기에 (**걸리다**).

   3) T: 국을 끓이고 있는데, 친구에게서 오랜만에 전화가 와서 오래 전
       화 통해했어요. 냄비가 어떻게 됐을까요?

     S: 냄비를 (**태우다**).

   4) T: 슬픈 영화를 보고 울었어요. 너무 울어서 좀 창피했어요.

     S: 영화를 보고 큰소리로 (**울다**).

   5) T: 생일 선물로 받은 지갑을 잃어버렸어요.

     S: 지갑을 (**잃어버리다**).

2. 친구와 대화 연습을 해 봅시다.

T: 상자에 동사 단어가 들어 있어요. 상자에 동사를 하나 뽑아서 '-고 말
  겠다, -고 말았다'를 이용해서 문장을 만들어 봐요. (상자에서 동사
  '보다'를 뽑으며)

동사 : 보다, 되다, 감기에 걸리다, 헤어지다, 돌아가다, 먹다, 놓치다, 배탈
이 나다, 쏟다, 지각하다, 시험에 떨어지다, 장학금을 받다, 끝내다, 혼나다,
싸우다, 사고를 내다, 넘어지다, 이기다, 울다, 우승하다

예) 남자 친구가 다른 여자를 만나는 것을 보고 **말았어요**.

   옷을 얇게 입어서 감기에 걸리고 **말았어요**.

   너무 많이 먹어서 배탈이 나고 **말았어요**.

   동생이랑 싸우다가 부모님께 혼나고 **말았어요**.

</td></tr>
</table>

9. - 고 보다, -고 보니, -고 보면

학습목표	새로운 사실이나 느낌, 의견을 나타내는 표현 익히기

학습내용	시간 40분	교수 · 학습 활동
도입	3분	T : 티엔 씨, 한국 생활이 힘들어요? S : 아니요. 지금은 괜찮아요. T : 그래요. 한국에 처음 왔을 때는 어땠어요? S : 아주 어렵다고 생각했어요. T : 그렇군요. 티엔 씨는 처음에는 한국 생활이 어렵다고 생각했어요. 　　티엔 씨는 한국에 온 지 1년 되었어요. 지금은 생각보다 어렵지 않아요. 　　처음에는 한국 생활이 어려울 줄 알았는데 지나**고 보니** 어렵지 않아요.
의미제시	7분	1. 행위가 일어나기 전에는 미처 몰랐지만 행위가 이루어진 뒤에 새삼 깨 　달게 됨을 나타낸다. 2. 주로 말하는 사람의 생각이나 느낌을 나타내는 말이 뒤에 오는 경향이 　있다. 3. '-고 보니까'에서 '까'는 생략이 가능하다. T: 어제 고향에서 선물이 왔다면서요? S: 네, 받**고 보니** 제 것이 아니었어요. T: 기차역에 도착했나요? S: 도착하**고 보니** 아무도 없어요. T: 무슨 그림을 그려요? S: 그리**고 보니** 호랑이 그림이 되었네요. T: 다시 설명할까요? S: 설명을 듣**고 보니** 이제 이해됐어요. **더 알아봅시다** 1. '-고 보니까'와 마찬가지로 '-고 나니', '-고 나면', '-고 보면'도 행위가 일 　어나기 전에 미처 몰랐지만 행위를 한 뒤 새삼 깨닫게 됨을 나타낸다. 2. '-고 보니'는 주로 말하는 사람의 생각이나 느낌을 나타내는 말이 뒤에 오 　는 경향이 있다. 3. -아/어 보니: 내가 경험한 결과의 사실만 이야기한다.

형태제시	10분	동사, 있다/없다	받침 ○, ×	−고 보니

배우다 → 배우고 **보니**, 만들다 → 만들고 **보니**, 하다 → 하고 **보니**, 사다 → 사고 **보니**, 먹다 → 먹고 **보니**

1. 한국어를 배우고 **보니** 생각보다 쉬워요.
2. 김치를 만들고 **보니** 생각보다 어려워요.
3. 유학 생활을 하고 **보니** 가족이 보고 싶어요.
4. 가방을 사고 **보니** 너무 비싸요.
5. 비빔밥을 먹고 **보니** 정말 맛있어요.

유의적 연습과 활용 (20분)

1. 교사와 대화를 해 봅시다.

1) T: 한국어를 배우고 **보니** 어때요?

  S: 한국어를 배우고 **보니** 생각보다 쉬워요.

2) T: 전화를 잘 못 걸었어요. 다른 사람이 받아요

  S: 전화를 걸고 **보니** 전화 번호가 틀려요.

3) T: 왜 옷을 갈아입어요?

  S: 옷을 입고 **보니** 뭐가 묻어 있어요.

4) T: 메일을 잘 보냈어요?

  S: 메일을 보내고 **보니** 잘못 쓴 글씨가 있어요.

3) T: 옷을 바꾸러 가요?

  S: 싸서 사고 **보니** 사이즈가 작아요.

2. 친구와 대화를 해 봅시다.

질문	나	친구
1. 김치를 만들기가 어려워요?	김치를 만들고 **보니** 쉬웠어요.	김치를 만들고 **보니** 한국 문화를 이해했어요.
2. 지난주에 간 문화 수업 어땠어요?	문화 수업을 하고 **보니** 재미있었어요.	문화 수업을 받고 **보니** 친구들과 친해졌어요.
3. 옆에 앉은 친구는 어떤 사람이에요?	옆에 앉은 친구를 만나고 **보니** 고향 사람이었어요.	옆에 앉는 친구를 만나고 **보니** 기분이 좋았어요.
4. 왜 약속 날짜를 정했다가 바꿨어요?	약속 날짜를 정하고 **보니** 시험날이었어요.	약속 날짜를 정하고 **보니** 친구 생일이었어요.
5. 그 사람이 누군데 그렇게 오래 이야기했어요?	이야기 하고 **보니** 멀리 있는 친척이었어요.	이야기 하고 **보니** 만난 적이 있던 사람이었어요.

10. -고 싶다, -고 싶어 하다

학습목표	소망, 희망을 나타내는 표현 익히기

학습내용	시간 40분	교수 · 학습 활동
도입	3분	T: 티엔 씨는 겨울 방학에 어디로 여행을 가요? S: 제주도에 가요. T: 친구와 같이 가요? S: 아니요, 친구는 경주에 가려고 해요. T: 티엔 씨는 제주도에 가고 친구는 경주에 가고 **싶어 해요.**
의미제시	7분	T: 스티브 씨는 제주도에 가요. 여러분도 가고 **싶어요?** T: 티엔 씨의 친구는 경주에 가요. 여러분**도 가고 싶어요?** T: 툭소 씨는 비빔밥을 먹고 싶지만 율리안 씨는 라면을 먹고 **싶어 해요.** T: 저는 쉬고 싶지만 리에 씨는 쇼핑을 하고 **싶어 해요.** **더 알아봅시다** 1. 1,2인칭일 경우에는 –고 싶다, 3인칭일 경우 '–고 싶어 하다'로 표현한다. 2. '나'의 경우와 '다른 사람 이름'일 경우를 구분해서 문법을 써 준다. 3. '–고 싶다'는 형용사에 쓸 수 없다. 그러나 형용사에 '–아지다'가 붙어 동사가 되면 '고 싶다'를 쓸 수 있다. 　예) 예쁘고 싶어요.(×) 　　　예뻐지고 싶어요.(○) 4. '행복하다', '건강하다' 등의 일부 형용사는 일상생활에서 말할 때 '–고 싶다'와 함께 자주 쓰인다. 　예) 행복하고 싶어요. 　　　건강하고 싶으면 운동하세요. 5. 2인칭 주어 질문할 때 '–고 싶으세요?'는 가능하나 주어가 1인칭일 때는 '–고 싶으세요? 를 쓰지 않는다. 6. '–고 싶어하다'는 주어가 존칭의 대상일 때 '–고 싶어하세요'로 쓸 수 있다.
형태제시	10분	<table><tr><td>동사, 있다/없다</td><td>받침 ○, ×</td><td>–고 싶어 하다</td></tr></table> 자다 → 자고 **싶어요**, 먹다 → 먹고 **싶어요**, 쉬다 → 쉬고 **싶어요**, 하다 → 하고 **싶어요**, 놀다 → 놀고 **싶어요**.

		*교사가 칠판에 판서한 표현들을 바르게 읽고 학생들에게 한 번씩 따라 읽도록 한다. *주로 담화 상황에서 사용하는 문형이므로 대화 연습을 통해 문형을 익히도록 한다 1. 나는 자고 싶지만 티엔 씨는 쇼핑을 가고 **싶어 해요**. 2. 나는 자장면을 먹고 싶지만 리에 씨는 비빔밥을 먹고 **싶어 해요**. 3. 리에 씨는 쇼핑가고 싶지만 율리아 씨는 쉬고 **싶어 해요**. 4. 나는 숙제를 하지만 툭소 씨는 게임을 하고 **싶어 해요**. 5. 스티브 씨는 자고 있지만 나는 운동장에서 놀고 **싶어요**.

유의적
연습과 활용
	20분	1. 교사와 대화 연습을 해 봅시다.
		  1) T: 툭소 씨는 다리가 아파요. (교사가 앉는 모습)
		    S: 앉고 **싶어요**.
		  2) T: 네, 툭소 씨는 의자에 앉고 **싶어요**.
		      리에 씨는 배가 고파요.
		    S: 리에 씨는 밥을 먹고 **싶어요**.
		    T: 네. 리에 씨는 불고기를 먹고 **싶어요**.
		    S: 아니오, 리에 씨는 불고기를 안 좋아해요.
		    T: 그래요? 선생님은 불고기를 먹고 싶지만 리에 씨는 스파게티를 먹고 **싶어요**.
		    S: 네!
		
		2. 친구와 대화 연습을 해 봅시다.
		
		| 질문
			나	친구

방학에 어디를 가고 싶어요?	나는 바다에 가고 **싶어요**.	나는 산에 가고 **싶어요**.
생일에 무엇을 받고 싶어요?	나는 목걸이를 받고 **싶어요**.	나는 휴대폰을 받고 **싶어요**.
수업이 끝나면 무엇을 먹고 싶어요?	나는 비빔밥을 먹고 **싶어요**.	나는 스파게티를 먹고 **싶어요**.
고향에 가고 싶어요?	나는 가고 **싶어요**.	나는 가고 **싶어요**.
졸업 후에 취직을 하고 싶어요?	**취직×, 대학원 ○** 나는 취직하지 않고 대학원에 가고 **싶어요**.	**취직×, 결혼○** 나는 취직하지 않고 결혼을 하고 **싶어요**.
토픽 시험을 언제 보고 싶어요?	나는 5월에 시험을 보고 **싶어요**.	나는 7월을 시험을 보고 **싶어요**.	

11. 고1, 이고

학습목표	둘 이상의 사물을 같은 조건으로 선택하는 조사 익히기

학습내용	시간 40분	교수 · 학습 활동
도입	3분	T: 티엔 씨, 오늘 너무 춥지요. S: 네, 바람이 불어서 너무 추워요. T: 그래서 모자고 목도리고 다 두르고 나왔군요.
의미제시	10분	둘 이상의 사물이나 상황을 열거하며 어떤 것이든 모두 해당된다는 표현이다. 1. 필리핀은 여름**이고** 겨울**이고** 늘 더워요. 2. 아이스크림은 아이**고** 어른**이고** 모두들 좋아합니다. 3. 우리 아들은 운동이라면 농구**고** 축구**고** 못하는 것이 없어요. 4. 학교 앞 카페는 커피**고** 홍차**고** 모두 싸게 팔아요. 5. 궁금한 것이 있으면 언제**고** 전화하세요. **더 알아봅시다** 언제, 어디, 누가, 무엇, 어떻게... 등의 의문사에 고가 붙은 때는 상황에 상관없이 다 해당된다는 의미가 된다. (~이든지, ~이라도 등과 동일한 위치에서 동일한 의미로 사용된다.) 무엇이고=무엇이든지=무엇이라도 언제고=언제든지=언제라도
형태제시	10분	<table><tr><td rowspan="2">명사</td><td>받침 ○</td><td>−이고</td></tr><tr><td>받침 ×</td><td>−고</td></tr></table> 학생, 선생 → 학생**이고** 선생**이고** 여름, 겨울 → 여름**이고** 겨울**이고** 소설, 시 → 소설**이고** 시**고** 공부, 운동 → 공부**고** 운동**이고** 친구, 부모 → 친구**고** 부모**고** 사과, 배 → 사과**고** 배**고**

명사를 판서 한 다음 −이고 가 붙는지, −고 가 붙는지 큰 소리로 함께 해 보고, 다음의 예문을 괄호 넣기로 연습한다.

1. 학생**이고** 선생**이고** 다 똑같다.
2. 북극은 여름**이고** 겨울**이고** 늘 영하의 기온이다.
3. 그 작가는 소설**이고** 시**고** 다 잘 쓴다.
4. 그 아이는 공부**고** 운동**이고** 다 잘한다.
5. 스티브 씨는 친구**고** 부모**고** 다 미국에서 산다.
6. 올 가을은 사과**고** 배**고** 모두 달다.

| 유의적
연습과
활용 | 17분 | 1. 교사와 대화 연습을 해 봅시다. |

1. 교사와 대화 연습을 해 봅시다.
   1) T: 다음 주 소풍은 에버랜드하고 롯데월드 중에서 어디가 좋아요?
      S: 에버랜드**고** 롯데월드**고** 다 좋아요.
   2) T: 오늘 점심은 무엇을 먹을까요?
      S: 김치찌개**고** 된장찌개**고** 상관없어요.
   3) T: 주말에 뭐 할 거예요?
      S: 어디**고** 좋으니 바람 쐬러 나갔다와야겠어요.
   4) T: 카레라이스하고 햄버거 중에서 어떤 것을 먹을까요?
      S: 아무 음식**이고** 빨리 되는 것으로 먹어요.
   5) T: 코끼리에게 과자를 주어도 되나요?
      S: 과자**고** 사탕**이고** 먹을 것을 주어서는 안돼요.

2. 친구와 대화 연습을 해 봅시다.

질문	대답
공부와 운동, 어떤 것을 더 잘해요?	그 사람은 공부**고** 운동**이고** 다 잘해요.
언제 놀러갈까요?	언제**고** 놀러오세요.
말하기와 쓰기, 어떤 것이 더 어려워요?	말하기**고** 쓰기**고** 다 어려워요.
어떤 음식을 드릴까요?	어떤 음식**이고** 빨리 먹게 해 주세요.
딸기나 참외 중에서 어떤 것을 더 좋아해요?	딸기**고** 참외**고** 다 좋아해요.

12. -고2

학습목표	앞말을 인용하는 표현 익히기

학습내용	시간 40분	교수 · 학습 활동
도입	3분	T: 티엔 씨는 와요? S: 아니요, 오늘 못 와요. T: 아, 오늘 못 온다고 했군요. 내가 오늘 빠지지 말라고 했는데. S: 배가 아파서 못 와요. T: 어제 저보고 같이 순대를 먹자고 하더니, 그거 먹고 아픈 모양이군요.
의미제시	7분	앞 문장을 간접적으로 인용할 때 사용하는 표현이다. 1. 어머니는 짜장면이 싫다고 하셨어요. 2. 오빠는 구두 사가지고 온다고 했어요. 3. 청계천은 서울의 한 가운데를 흐르고 있다고 해요. 4. 일본에서는 4월 초에 벚꽃이 핀다고 해요. 5. 오늘은 리에 씨가 좀 늦게 돌아온다고 했어요. **더 알아봅시다** 1. 문장을 직접 인용할 때나 명사를 인용 할 때는 '-라고/-이라고'를 사용한다. 　　남자가 '어서 오세요.'라고 말했다. 　　'복도에서 뛰지 말 것.'이라고 쓰여 있었다. 　　그 사람은 내일 올 것이라고 했어요. 2. 어미 '-다, -냐, -라, -자' 등의 뒤에 붙어 간접 인용문을 만든다. 　　예) 일기예보에서 내일은 눈이 온다고 했어요. → 평서문의 인용 　　　　그 음식을 다 먹을 거냐고 묻던데요? → 의문문의 인용 　　　　날이 어두워지기 전에 빨리 가자고 했어요. → 청유문의 인용 　　　　선생님이 복도에서는 뛰지 말라고 했어요. → 명령문의 인용 3. '-다고 해요'는 입말에서 '-대요'로 줄여서 사용된다. 　　예) 온다고 해요 → 온대요. 　　　　간다고 해요 → 간대요.

형태제시	15분	*인용하고자 하는 문장 뒤에 '고'를 붙여 간접인용문을 만든다. 평서문, 의 문문, 명령문, 청유문에 관계없이 활용 가능하고, 모든 시제에 적용된다. 비가 왔다 → 비가 왔다고, 비가 오고 있다 → 비가 오고 있다고, 비가 오 겠다 → 비가 오겠다고, 좋으냐 → 좋으냐고, 예매하라 → 예매하라고, 일 찍 가자 → 일찍 가자고 1. 어제 밤에 비가 왔다고 했어요. 2. 지금 뉴욕에는 비가 오고 있다고 해요. 3. 일기예보에서 내일은 비가 오겠다고 했어요. 4. 내일 방문해도 좋으냐고 물어보세요. 5. 한 달 전에 기차표를 예매하라고 했어요. 6. 내일 아침 일찍 공원에 가자고 했어요.
유의적 연습과 활용	15분	1. 교사와 대화 연습을 해 봅시다. 　1) T: 오늘 수업 끝나고 뭐 할 거예요? 　　S: 친구가 같이 영화를 보자고 했어요. 　2) T: 올해는 아직 첫눈이 안 왔지요? 　　S: 이번 주말에 눈이 내린다고 했어요. 　3) T: 툭소 씨는 아직 고향에서 안 돌아왔나요? 　　S: 9월 초에 돌아온다고 했어요. 　4) T: 여행은 혼자 가시나요? 　　S: 아니요, 어머니께 같이 가자고 했어요. 　5) T: 아이들이 정말 공부를 열심히 하네요. 　　S: 이번 시험에 성적이 오르면 새로운 게임기를 사주겠다고 했거든요. 2. 친구와 대화 연습을 해 봅시다. <table><tr><td>보기: 엄마/내일/ 오다</td><td>문장 만들기: 엄마가 내일 오신다고 했어요.</td></tr><tr><td>일기예보/ 오늘/ 눈이 오다</td><td>일기예보에서 오늘 눈이 온다고 했어요</td></tr><tr><td>내일/영하로 내려가다/춥다</td><td>내일 영하로 내려가서 춥다고 했어요.</td></tr><tr><td>그 남자/작년에 결혼했다/속상하다</td><td>그 남자는 작년에 결혼해서 속상하다고 했어요.</td></tr><tr><td>춥다/옷을 많이 입었다</td><td>추워서 옷을 많이 입었다고 했어요.</td></tr><tr><td>동생 숙제가 많다/ 도와주고 있다</td><td>동생의 숙제가 많아서 도와주고 있다고 했어요.</td></tr></table>

13. -고4, 고(요)

학습목표	상대방에게 질문하는 표현 익히기

학습내용	시간 40분	교수 · 학습 활동
도입	3분	T: 티엔 씨, 학교 축제에서 무엇을 해요? S: 저는 노래도 하고 춤도 출 거예요. T: 노래하고 춤추고?(↗) S: 네, 정말 노래도 하고 춤도 출 거예요. T: 대단해요, 티엔 씨.
의미제시	7분	상대방에게 질문할 때 사용한다. T: 리에 씨, 부모님은 안녕하시고? T: 넓은 방을 혼자 다 치우라고요? **더 알아봅시다** 1. 일반적으로 친한 사이 또는 아랫사람에게 쓴다. 2. 구어적 상황에서 많이 사용된다. 이 때 [-구], [-구요]로 발음되기도 한다. 3. 높임 표현은 '-고요'이다
형태제시	10분	<table><tr><td>동사, 있다/없다, 형용사, 이다/아니다</td><td>받침 ○, ×</td><td>-고4/고(요)</td></tr></table> 먹다 → 먹고/먹**고요** 하다 → 하고/하**고요** 늦다 → 늦고/늦**고요** 어머니이다 → 어머니이고/어머니**고요** 학생이다 → 학생이고/학생이**고요** *교사가 결합정보와 예문을 제시한 뒤, 먼저 교사가 예문을 읽는다. 그 후 학생들이 예문을 따라 읽을 수 있도록 한다. 1. 이 케이크를 나 혼자 다 먹으라**고요**?

		2. 나 혼자서 심부름을 하라**고요**?
		3. 눈이 많이 와서 지하철이 늦게 온다**고요**?
		4. 옆에 계신 분이 어머니**고요**?
		5. 이 친구는 아직 학생이**고요**?
유의적 연습과 활용	20분	1. 교사와 대화 연습을 해 봅시다. 1) T: 리에 씨, 아침밥은 먹었**고요**? S: 못 먹었어요. 등교 시간에 늦지 않으려고 뛰어 왔어요. 2) T: 스티브 씨, 또 아픈 곳은 없**고요**? S: 배가 조금 아파요. 3) T: 툭소 씨, 운전 면허증을 따려**고요**? S: 네, 그래서 운전면허 학원에 등록했어요. 4) T: 어머니는 안녕하**시고**? S: 네, 고향에서 잘 지내고 계세요. 5) T: 퇴근해서 바로 집으로 갔**고요**? S: 네, 피곤해서 집으로 바로 갔어요. 2. 친구와 대화 연습을 해 봅시다. 1) 가: 한국 생활이 어때요? _____?(춥지는 않다) 나: 네, 괜찮아요. 2) 가: 미국에서 _____?(잘 지내다) 나: 잘 지내요. 걱정해 주셔서 감사합니다. 3) 가: 점심은 다 _____?(먹다) 나: 네, 이제 교실로 들어가려고요. 4) 가: 어제 잠은 잘 _____?(자다) 나: 밖이 너무 시끄러워서 잘 못 잤어요. 5) 가: 영화는 _____?(재미있다) 나: 액션 영화라 재미있어요.

14. -고도

학습목표	앞 내용과 뒤 내용이 반대됨을 나타내는 표현 익히기

학습내용	시간 40분	교수 · 학습 활동
도입	3분	T: 티엔 씨, 영화표를 예매했지요? S: 네, 지난 목요일에 예매했어요. T: 영화는 어땠어요? S: 영화를 못 봤어요. T: 왜 영화를 못 봤어요? S: 친구가 늦게 와서 영화를 못 봤어요. T: 표를 예매해 놓**고도** 못 봤군요.
의미제시	7분	앞 문장과 뒤 문장의 내용이 기대한 내용과 반대될 때 사용한다. T: 그렇게 혼나**고도** 설거지를 안 했니? T: 친구에게 사과를 하**고도** 마음이 불편해요. **더 알아봅시다** 1. '-았/었으면서(도)'와 '-고도'의 문형 비교 '-았/었으면서(도)'는 어떤 행동을 한 후 반대되는 결과를 나타낼 땐 바꿔 쓸 수 있다. 하지만, '-고도'앞에는 '-았'이나 '-겠'을 사용할 수 없다. {표} 2. '-못', '안'부정(-고도+'못', '안' 등의 부정을 나타내는 말)앞에 사용할 수 있다. 예) 그녀는 울**고도** 안 울은 척 했다. 공부를 잘 하**고도** 못 한다고 말했다.

표 내용:

-았/었으면서(도)	-고도
그는 듣**고도** 못 들은 척 했다. (들었으면서도 못 들은 척 했다.) 자기가 잘못을 하**고도** 아니라고 우긴다. (잘못을 했으면서도 아니라고 우긴다.)	집에서 자**고도** 피곤하다.(○) 집에서 잤**고도** 피곤하다.(×) 동생이 빨래를 하**고도** 설거지도 했다.(○) 동생이 빨래를 하겠**고도** 설거지도 했다.(×)

형태제시	10분	동사, 있다/없다 형용사, 이다/아니다	받침 ㅇ, ×	-고도

<table>
<tr>
<td rowspan="1">형태제시</td>
<td>10분</td>
<td colspan="3">

알다 → 알고도, 떠나다 → 떠나고도, 늦다 → 늦고도, 학생이다 → 학생이고도, 의사이다 → 의사이고도

*교사가 결합정보와 예문을 제시한 뒤, 먼저 교사가 예문을 읽는다. 그 후 학생들이 예문을 따라 읽을 수 있도록 한다.

1. 날씨가 추운걸 알고도 짧은 치마를 입었군요.
2. 친구가 떠나고도 계속 연락하면서 지내세요.
3. 리에 씨가 약속 시간에 늦고도 사과조차 하지 않았어요.
4. 학생이고도 공부를 하지 않아요.
5. 그 사람은 의사이고도 병을 잘 치료하지 못해요.

</td>
</tr>
<tr>
<td>유의적
연습과 활용</td>
<td>20분</td>
<td colspan="3">

1. 교사와 대화 연습을 해 봅시다.
  1) T: 어제 왜 연락을 안 했어요?
    S: 메일을 확인하고도 너무 바빠서 연락을 못 했어요.
  2) T: 툭소 씨가 등산을 했다고 해요.
    S: 등산을 하고도 피곤하지 않은 것 같아요.
  3) T: 스티브 씨가 지각을 했네요.
    S: 선생님께 혼나고도 또 늦잠을 잤어요.
  4) T: 리에 씨, 감기는 다 나았어요?
    S: 약을 먹고도 기침이 멈추질 않아요.
  5) T: 시장에서 떡볶이를 샀는데, 아참! 안 가져왔네.
    S: 떡볶이를 사고도 안 가져왔어요?

2. 친구와 대화 연습을 해 봅시다.
  ‘-고도’를 사용해서 문장을 만들어 봅시다.
  1) 매운 김치를 먹고 (배가 아프고도) 또 먹어요.(배가 아프다)
  2) 하루종일 게임을 (　　　) 또 해요.(하다)
  3) 몸이 많이(　　　) 병원에 가지 않았다.(아프다)
  4) 친구가 돈을 (　　　) 다시 주지 않아요(빌리다)
  5) 아이가 덥다고 아이스크림을 3개 (　　　) 또 달라고 해요.(먹다)

</td>
</tr>
</table>

15. -고 말고(요)

학습목표	동의를 나타내는 표현 익히기

학습내용	시간 40분	교수 · 학습 활동
도입	3분	T: 한국어 공부가 힘들어요? S: 아니요 괜찮아요. / 네 힘들어요. T: 맞아요. 힘들어요. 부모님도 보고 싶죠? S: 네. T: 언제 보고 싶어요? S: 힘들 때요. / 아플 때요. T: 그래요. 우리 다 똑같아요. 선생님도 가끔 힘들어요. 힘들**고말고요**. 또 여러분 없으면 보고 싶어요. 보고 싶**고말고요**. 정말 그래요.
의미제시	7분	T: 이민호 얼굴 어때요? S: 잘 생겼어요. T: 맞아요. 이민호는 잘 생긴 얼굴이**고말고요**. 　위의 대화를 통해 오늘 배우는 표현이 다른 사람의 말에 맞장구 쳐주기 또는 강하게 동의하는 표현임을 이끌어 낸다. 또한 학생들이 이미 알고 있는 '맞아요, 그래요, 진짜예요' 등과 비슷하게 동의하는 표현에 쓸 수 있음을 설명한다. **더 알아봅시다** * '예쁘**고말고요**'와 '예쁘기는요' '–고 말고요'의 의미를 학습자들이 잘 이해하면 다른 사람이 또 다른 사람을 칭찬했을 때는 '예쁘고말고요'를 쓰고 다른 사람이 자신을 칭찬했을 때는 '예쁘기는요'를 쓴다는 정도로 초급 문형을 복습해 주는 것도 좋다.
형태제시	10분	<table><tr><td>동사, 있다/없다 형용사, 이다/아니다,</td><td>받침 ○, ×</td><td>–고말고(요)</td></tr></table>귀엽다 → 귀엽**고말고요**, 되다 → 되**고말고요**, 사 주다(사 줘요) → 사 주**고말고요**, 보다(봐요) → 보**고말고요**, 맛있다 → 맛있**고말고요**, 없다 → 없**고말고요**,

학생이다 → 학생이**고말고요**

*교사가 칠판에 판서한 표현들을 바르게 읽고 학생들에게 한 번씩 따라 읽
 도록 한다.
*'사 주어요(줘요) → 사 주**고말고요**'의 경우 '기본형+-고 말고요' 연습을
 위해서 학생들에게 일부러 '줘요'로 제시 할 수 있다.

1. 곰 인형이 귀엽**고말고요**.
2. 집에 가도 되**고말고요**.
3. 생일 선물 사주**고말고요**.
4. 그 영화 보**고말고요**.
5. 그 식당 요리가 제일 맛있**고말고요**.
6. 우리 부모님 같은 분은 없**고말고요**.
7. 4년 장학금을 타는 훌륭한 학생이**고말고요**.

| 유의적
연습과 활용 | 20분 | |

1. 교사와 대화 연습을 해 봅시다.
   1) T: 티엔 씨가 시험을 잘 봤네요. 기분이 어때요? 기뻐요?
      S: 네. 기쁘**고말고요**.
   2) T: 스티브 씨! 소녀시대 알아요? 윤아 씨 어때요? 예뻐요?
      S: 네. 예쁘**고말고요**.
   3) T: 리에 씨! 한국 노래 좋아해요?
      S: 네. 좋아하**고말고요**.
   4) T: 가방이 무거워요. 좀 들어줄래요?
      S: 네, 들어드리**고말고요**.
   5) T: 지난 번 문화수업이 어땠어요? 재미있었어요?
      S: 재미있**고말고요**. 친구들이 다음에도 하고 싶다고 했어요.

2. 짝과 대화 연습을 해 봅시다.

나의 고민	친구의 격려
제가 숙제를 다 할 수 있을까요?	그럼요. 숙제를 다 할 수 있**고말고요**.
매일 운동하면 살이 빠질까요?	당연하**고말고요**.
열심히 공부하면 취직할 수 있을까 요?	물론이**고말고요**.
한국어 시험을 잘 볼 수 있을까요?	네, 잘 볼 수 있**고말고요**.
한국 친구들과 한국어로 이야기할 수 있을까요?	있어요, 있**고말고요**.

16. -고서는

학습목표	원인을 강조하는 표현 익히기

학습내용	시간 40분	교수 · 학습 활동
도입	3분	T: 여러분 숙제 다 했어요? S: 네, 했어요./아니요, 못 했어요. T: 숙제 어려웠어요? S: 네, 어려웠어요./아니요, 괜찮았어요. T: 그래도 숙제를 열심히 하면 한국어를 잘 할 수 있어요. 하지만 숙제를 안 하**고서는** 한국어를 잘 할 수 없어요.
의미제시	7분	T: 한국어 공부를 하지 않**고서는** 한국어를 잘 할 수 없어요. T: 그렇게 오래 서 있**고서는** 다리가 안 아플 수가 없어요. 　위의 예시를 통해 앞 문장이 없으면 뒤 문장은 사실상 불가능함을 보인다. 　　**더 알아봅시다** 　1. 인과의 '-고서는'과 순서의 '-고서는' 　　예) 은영이는 수학 공부를 다 하고서는 놀러 나갔다.(순서) 　　　　은영이는 2시간 달리기를 하고서는 지쳐서 집에 왔다.(인과) 　2. 문형 비교: '-고서는'과 '-고서야' 　　예) 은영이가 급하게 밥을 먹고서는 배가 아프다고 했어요. (인과) 　　　　은영이는 모두 이해할 때까지 공부를 하고서야 쉬는 성격이다. (앞의 상황에 의해 뒤에 상황에 이르게 됨을 강조)
형태제시	20분	<table><tr><td>동사</td><td>받침 ○, ×</td><td>-고서는</td></tr></table> 놀다 → 놀고서는, 먹다 → 먹고서는, 안 하다 → 안 하고서는, 알다 → 알고서는, 듣다 → 듣고서는 *문장 카드 또는 교사가 칠판에 판서한 표현들을 바르게 읽고 학생들에게 한 번씩 따라 읽도록 한다. *주로 담화 상황에서 사용하는 문형(청자의 존재를 염두에 두고 쓰이는 표현)이므로 대화 연습을 통해 문형을 익히도록 한다.

		1. 그렇게 놀고서는 공부를 잘 할 수 없어요.
		2. 그렇게 많이 먹고서는 살을 뺄 수 없어요.
		3. 운동을 안 하고서는 건강해 질 수 없어요.
		4. 거짓말을 했다는 사실을 알고서는 참을 수가 없다.
		5. 큰 소리가 나는 것을 듣고서는 집으로 들어갈 수 없었다.

유의적
연습과 활용
	10분	1. 교사와 대화 연습을 해 봅시다
		
		  1) T: 티엔 씨. 눈이 많이 나빠요? 안경을 안 쓰고 책을 볼 수 있어요?
		    S: 아니요. 안경을 안 쓰고서는 책을 볼 수 없어요.
		  2) T: 배가 고파요. 밥을 안 먹고 살 수 있어요?
		    S: 아니요. 사람은 밥을 안 먹고서는 살 수 없어요.
		  3) T: 내일이 한국어능력시험이에요. 공부 안하고 시험을 잘 볼 수 있
		      어요?
		    S: 아니요. 공부를 안 하고서는 시험을 잘 볼 수 없어요.
		  4) T: 간다는 말도 없이 리에 씨가 떠났어요. 속상해요.
		    S: 저도 그 사실을 알고서는 정말 화가 났어요.
		  5) T: 특소 씨, 아직도 머리가 아파요? 제가 준 약은 먹었나요?
		    S: 그 약을 먹고서는 머리가 아프지 않아요.
		
		2. 보기의 문장과 같이 만들어 친구와 대화 연습을 해 봅시다.
		
		〈보기〉
		그를 만나지 않다/ 리에 씨의 소식을 알 수 없다 =>
		그를 만나지 않고서는 리에 씨의 소식을 알 수 없다.

상황	상황에 대해 충고해 주기
사탕을 많이 먹었어요/이빨이 안 아플 수가 없다	사탕을 많이 먹고서는 이빨이 안 아플 수가 없어요.
공부를 많이 하다/머리가 안 아플 수가 없다.	공부를 많이 하고서는 머리가 안 아플 수가 없다.
옷을 얇게 입다/감기에 안 걸릴 수가 없다.	
밥을 너무 많이 먹었다/배가 안 아플 수가 없다	
무거운 물건을 들다/허리가 안 아플 수가 없다.	

17. -고자

학습목표	의도를 나타내는 표현 익히기

학습내용	시간 40분	교수 · 학습 활동
도입	3분	T: 티엔 씨는 한국에 뭐 하러 왔어요? S: 한국어를 배우러 왔어요. T: 한국어를 왜 배워요? S: 재미있는 한국 드라마를 보고 싶어서 배워요. T: 티엔 씨는 한국어를 배우**고자** 한국에 왔어요. 그리고 드라마를 보**고자** 한국어를 공부해요.
의미제시	15분	어떤 행동의 목적이나 말하는 사람의 의도, 계획, 희망을 나타낸다. T: 저는 요즘 운동을 해요. S: 왜요? T: 갑자기 살이 쪘어요. 그래서 살을 **빼고자** 열심히 운동해요. 여러분은 요즘 하고 싶은 일 있어요? S: 저는 한국 친구를 만나고 싶어요. T: 티엔 씨는 한국 친구를 만나**고자** 해요. ### 더 알아봅시다 1. 앞 문장과 뒤 문장의 주어가 같을 때만 쓴다. 　예) 저는 친구를 만나서 영화를 보**고자** 시내에 가요. 2. '-고' 앞에 과거 표현 '-았-' 미래표현 '-겠'을 쓸 수 없다. 　예) 쇼핑을 했**고자** 백화점에 가요. (×) 　　　시험에 합격하겠**고자** 열심히 공부했어요. (×) 3. 비교 문법 '-고자'와 '-으려고' 의도 목적인 경우에는 구어체에서는 '-으려고' 문어체에서는 '-고자'를 사용한다. *여행을 가**고자** 돈을 모으고 있어요. *여행을 가**려고** 돈을 모으고 있어요.

동사	받침 ○, ×	−고자

합격하다 → 합격하**고자**

살다 → 살**고자**

들어가다 → 들어가**고자**

벌다 → 벌**고자**

먹다 → 먹**고자**

1. 이번 시험에 합격하**고자** 열심히 공부했어요.

2. 한국에서 살**고자** 왔어요.

3. 좋은 직장에 들어가**고자** 자격증을 따려고 해요.

4. 돈을 벌**고자** 아르바이트를 시작했어요.

5. 쌀국수를 먹**고자** 베트남 음식점에 갔어요.

1. 교사와 대화 연습을 해 봅시다.

1) T: 율리아 씨, 좋은 엄마 되려면 어떻게 해요?

S: 좋은 엄마가 되**고자** 자녀 교육에 관한 책을 많이 읽어요.

2) T: 리에 씨, 한국에서 쇼핑을 하려면 어디를 가요?

S: 한국에서 쇼핑을 하**고자** 남대문에 가요.

3) T: 티엔 씨, 추석에는 무엇을 해요?

S: 남편과 함께 시댁에 가**고자** 해요.

4) T: 갑자기 왜 전화를 했어요?

S: 부탁을 드리**고자** 전화를 했어요.

5) T: 시장에는 아침부터 왜 가요?

S: 남편 생일이라 생일상을 차리**고자** 해서요.

2. 친구와 대화 연습을 해 봅시다.

상황: 한국에서 잘 적응하려면 무엇을 해야 하나요?

한국에서 잘 적응하다.	한국에서 잘 적응하**고자** 한국어를 배워요.
국적을 취득하다.	(사회통합 프로그램 수업을 들어요)
한국 친구를 만나다.	(동호회에 가입해요)
시부모님과 잘 지내다.	(한국요리를 배워요)
노래를 잘 부르다.	(연습을 해요)
한국어를 배우다.	(복지관에 가요)

형태제시 10분

유의적 연습과 활용 12분

18. -고 해서

학습목표	이유를 나타내는 표현 익히기

학습내용	시간 40분	교수 · 학습 활동
도입	3분	T: 오늘 비가 오네요. 비가 오니까 어때요? S: 빨리 기숙사에 가고 싶어요. T: 티엔 씨는 비가 오**고 해서** 기숙사에 가고 싶어요. S: 선생님은요? T: 저는 비가 오**고 해서** 따뜻한 커피 한잔 마시고 싶어요.
의미제시	7분	앞 문장은 행동하는 이유 뒤 문장은 결과를 나타내는 것을 설명한다. T: 율리아 씨, 우산 가지고 왔어요? S: 네, 아침에 비가 와서 가지고 왔어요. T: 율리아 씨는 아침에 비도 오**고 해서** 우산을 가지고 왔어요. **더 알아봅시다** 1. 두 개 이상의 동작이나 상태를 나열한 '–고도 –고도 해서'의 형태로도 쓸 수 있다. 2. –고 해서는 과거, 미래 시제와 쓸 수 없다. 　예) 피로도 쌓였고 해서 찜질방에 가요. (×) 3. –고 하니까 : 명령문, 청유문에 사용할 수 있다. 　예) 길도 많이 막히고 하니까 지하철을 타고 가세요. 4. 종결형으로도 쓸 수 있다. 　예) 왜 창문을 열어 놓았어요? –날씨도 덥**고 해서**요. 5. '–고 해서'는 두 문장에 청유문, 명령문에 쓸 수 없다. 　예) 날씨가 춥고 해서 외출하지 마라.(×) 　　　날씨가 춥고 해서 외출하지 말자.(×)
형태제시	10분	동사, 형용사, 이다/아니다　　받침 ○, ×　　　–고 해서 늦다 → 늦**고 해서**, 찌다 → 찌**고 해서**, 타다 → 타**고 해서**, 시험기간이다 → 시험기간이**고 해서**, 부르다 → 부르**고 해서**, 넓다 → 넓**고 해서**, 예쁘다 → 예쁘**고 해서**

<table>
<tr><td></td><td></td><td>

1. 약속 시간도 늦고 **해서** 버스에서 내려 지하철을 탔어요.

2. 살도 찌고 **해서** 운동 삼아 조깅을 시작했어요.

3. 용돈도 타고 **해서** 친구에게 한 턱 내려고요.

4. 시험기간이고 **해서** 도서관에 가서 공부하려고 해요.

5. 배도 부르고 **해서** 공원에 산책을 갔어요.

6. 새로 이사한 집이 밝고, 넓고 **해서** 마음에 들어요.

7. 옷이 저렴하고 예쁘고 **해서** 한 벌 샀어요.

</td></tr>
<tr><td>유의적
연습과 활용</td><td>20분</td><td>

1. 교사와 대화 연습을 해 봅시다.

　1) T: 집에 택시를 타고 가려고요?

　　 S: 네. ＿＿＿＿＿ 택시를 타려고요.(비가 오다.)

　2) T: 요즘 헬스클럽 다닌다면서요?

　　 S: 네, ＿＿＿＿＿ 운동을 하려고요.(몸이 안 좋다)

　3) T: 스티브 씨, 오늘 기분이 좋은가 봐요?

　　 S: 네, ＿＿＿＿＿ 기분이 좋아요.(친구를 만나기로 하다)

　4) T: 티엔 씨는 어머니를 많이 도와 드려요?

　　 S: 네, 저는 ＿＿＿＿＿ 많이 도와 드려요.(첫째 딸이다)

　5) T: 마트에서 채소와 과일을 많이 샀어요?

　　 S: 네, ＿＿＿＿＿ 여러 가지 샀어요.(손님이 오다)

2. 친구와 대화 연습을 해 봅시다.

상황 : 이 가게를 자주 가는 이유를 말해 보세요.

왜 이 과일가게에 자주 가요?	주인 아줌마가 덤도 잘 주시고 **해서** 자주 가요.
왜 이 식당에 자주가요?	＿＿＿＿ 자주 가요.(반찬이 맛있다)
왜 이 선물가게에 자주 가요?	＿＿＿＿ 자주 가요.(종류가 다양하다)
왜 이 옷가게에 자주 가요?	＿＿＿＿ 자주 가요.(예쁜 옷이 많다)
왜 이 신발가게에 자주 가요?	＿＿＿＿ 자주 가요.(저에게 어울리는 신발 이 많다)
왜 과일가게에 자주 가요?	＿＿＿＿ 자주 가요.(신선하고, 저렴하다)

</td></tr>
</table>

19. -구나, -는구나

학습목표	몰랐던 사실을 알게 되었을 때 나타내는 표현 익히기

학습내용	시간 40분	교수 · 학습 활동
도입	3분	T : 티엔 씨, 한국은 요즘 추워요. 티엔 씨 고향 날씨가 추워요? S : 아니요, 고향 날씨는 더워요. T : 그래요? 티엔 씨 고향 날씨는 덥**구나**! S : 네, 한국은 춥지만 고향은 더워요. T : 그래요. 티엔 씨는 한국 날씨가 어때요? S : 한국 날씨가 좋아요. 여름도 있고 겨울도 있어서요. T : 티엔 씨는 한국 날씨를 좋아하**는구나**!
의미제시	7분	1. 정보를 듣고 경험하기 전에는 몰랐는데 정보를 듣고 경험을 하고 알게 된 것을 표현할 때 쓰는 문형이다. 2. 새로운 사실을 알고 놀랐거나 새로 알고 놀란 사실을 말하거나 그 사실을 안 후, 나의 느낌을 말할 때 쓴다. 3. 다른 사람에게 말하는 것처럼 혼자 말하는 것처럼 쓸 수 있다. T : 툭소 씨, 김치 좋아해요? S : 네, 맵지만 맛있어요. T : 아, 툭소 씨는 김치를 좋아하**는구나**. **더 알아봅시다** 1. 직접 정보: 직접 경험, 새롭게 알게 된 (느낀) 사실에 대해 이야기할 때, 　가: 기분 좋구나.(친구가 합격 통지서를 들고 있는 것을 보고 알아챘음) 　나: 그래, 한턱 낼게. 　가: 바람이 차구나(밖에 나와서 알게 되었음) 　나: 네, 겨울옷을 사야겠어요. 2. 간접 정보: 다른 사람에게서 새로운 정보를 듣고 나서 말한다. '그렇군요 (그렇구나)'로 바꿔 쓸 수 있다. 　가: 어제 스티브 씨가 취직이 되었어요. 　나: 그렇구나.(스티브 씨가 취직이 되었구나)

동사, 있다/없다	받침 ○	구나
	받침 ×	는구나
형용사, 이다/아니다	받침 ○, ×	구나

하다 → 하**는구나**, 가다 → 가**는구나**, 예쁘다 → 예쁘**구나**, 착하다 → 착하**구나**, 학생이다 → 학생이**구나**

형태제시	10분	1. 리에 씨가 도서관에 있어요. 지나가다 그 모습을 봐요. 이렇게 말해요. 공부를 하**는구나**. 2. 스티브 씨가 공을 들고 밖으로 나가는 모습을 봐요. 이렇게 말해요. 운동장에 가**는구나**. 3. 친구와 함께 조카 사진을 봐요. 친구가 이렇게 말해요. 아기가 예쁘**구나**. 4. 툭소 씨가 아파서 학교에 못 왔어요. 스티브 씨가 툭소 씨에게 숙제를 알려줘요. 그 모습을 보고 선생님이 이렇게 말해요. 스티브 씨는 친절하**구나**. 5. 서점에서 계산을 하는 티엔 영씨를 봐요. 이렇게 말해요. 책을 사**는구나**.
유의적 연습과 활용	20분	1. 교사와 대화를 해 봅시다. 　1) T: 티엔 씨 고향에는 겨울에 눈이 많이 와요 　　 S: 아니요, 눈이 안 와요. 　　 T: 티엔 씨 고향에는 눈이 안 오**는구나**! 　2) T: 한국어 말하기 대회에서 누가 일등 했어요? 　　 S: 리에 씨가 한국어 말하기 대회에서 일등 했어요. 　　 T: 리에 씨는 한국어를 잘 하**는구나**! 　3) T: 가을바람은 참 시원해요. 　　 S: 가을바람은 참 시원하**구나**. 　4) T: 벌써 11시가 넘었어요. 빨리 자요. 　　 S: 11시가 넘었**구나**. 　5) T: 이 식당의 불고기는 참 맛있어요. 　　 S: 불고기가 맛있**구나**! 2. 친구와 대화를 해 봅시다.

상황	나	친구
1. 한국어를 처음 배워요.	한국어를 **배우는구나**	한국어를 처음 배우니 **어렵구나**.
2. 성적이 좋아요.	열심히 공부했**구나**	공부를 많이 했**구나**.
3. 김치가 매워요.	맵**구나**	맵지만 맛있**구나**.
4. 날씨가 추워요.	춥**구나**	눈이 오**는구나**.
5. 그 사람 학생이에요.	학생이**구나**	대학생이**구나**.

20. -기/게 마련이다

학습목표	당연함을 나타내는 표현 익히기

학습내용	시간 40분	교수 · 학습 활동
도입	3분	T: 티엔 씨는 도서관에서 열심히 공부를 해요. S: 네, 티엔 씨는 매일 열심히 공부해요. T: 시험을 보면 티엔 씨는 항상 일등을 해요. S: 저도 시험을 잘 보고 싶어요. T: 열심히 노력하면 시험을 잘 보기 **마련이에요**.
의미제시	7분	교사는 결과적으로 그러한 일이 생기는 것이 당연할 때 쓰는 것임을 알려 준다. T: 가방이 고장났어요. 10년 동안 썼어요. 오래 쓰면 고장나기 **마련이에요**. T: 겨울이 너무 추워요. 하지만 봄이 오기 **마련이에요**. T: 율리아 씨는 데이트를 해요. 그래서 매일 웃어요. 사랑을 하면 웃음이 많아지기 **마련이에요**. T: 매일 야근을 했어요. 그래서 감기에 걸렸어요. 일을 너무 많이 하면 아프기 **마련이에요**. **더 알아봅시다** 1. '-기 마련이다'는 '-게 마련이다'로 바꿔 쓸 수 있다. 　예) 시간이 지나면 모든 게 변하기 마련이에요. 　　→ 시간이 지나면 모든 게 변하게 마련이에요. 2. '-기 마련이다'에서 사용된 '-기'는 용언을 명사화하는 명사형 어미이고 '-게 마련이다'에서 사용된 '-게'는 용언을 부사화하는 부사형 어미이다.
형태제시	10분	<table><tr><td>동사, 있다/없다</td><td>받침 ○, ×</td><td>-기(게) 마련이다</td></tr><tr><td>형용사, 이다/아니다</td><td>받침 ○, ×</td><td>-기(게) 마련이다.</td></tr></table>오다 → 오기 **마련이에요**/오게 **마련이에요**, 먹다 → 먹기 **마련이에요**/먹게 **마련이에요**, 아프다 → 아프기 **마련이에요**/아프게 **마련이에요**, 하다 → 하기 **마련이에요**/하게 **마련이에요**, 놀다 → 놀기 **마련이에요**/놀게 **마련이에요**

*교사가 칠판에 판서한 표현들을 바르게 읽고 학생들에게 한 번씩 따라 읽도록 한다.

*주로 담화 상황에서 사용하는 문형이므로 대화 연습을 통해 문형을 익히도록 한다

1. 리에 씨가 남자 친구가 생겼어요. 사랑을 하면 예뻐지**기 마련이에요**.

2. 율리아 씨가 한국어 말하기 대회에서 일등을 했어요. 열심히 하면 좋은 결과가 있**게 마련이에요**.

3. 스티브 씨는 외로워요. 유학 생활은 힘들**기 마련이에요**.

4. 나는 매일 게임을 해요. 눈이 나빠요. 게임을 매일하면 눈이 나빠지**기 마련이에요**.

5. 여름이 너무 더워요. 여름은 덥**기 마련이에요**.

| 유의적
연습과 활용 | 20분 | |

1. 교사와 대화 연습을 해 봅시다.

1) T: 리에 씨는 밥을 너무 많이 먹었어요.(배가 아픈 모습)

S: 너무 많이 먹으면 배탈이 나**기 마련이에요**.

2) T: 율리아 씨는 잠을 자지 않고 공부를 해요.(머리가 아픈 모습)

S: 잠을 자지 않으면 머리가 아프**게 마련이에요**.

3) T: 운동을 안 하니까 살이 쪘어요.

S: 운동을 안 하면 살이 찌**기 마련이에요**.

4) T: 이 문제가 너무 어려워요. 답을 못 찾겠어요.

S: 문제에는 답이 있**기 마련이에요**.

5) T: 지갑에 돈이 많아요.

S: 돈이 많으면 쓰**기 마련이에요**.

2. 친구와 대화 연습을 해 봅시다.

질문	나	친구
술을 많이 마셨어요.	머리가 아프**기 마련이다**.	머리가 아프**게 마련이다**.
겨울이 너무 추워요.	겨울은 춥**기 마련이에요**.	겨울은 춥**게 마련입니다**.
매운 음식을 많이 먹었어요.	배가 아프**기 마련이다**.	배가 아프**게 마련이다**.
유학 생활이 힘들어요.	힘들**기 마련이다**.	힘들**게 마련이다**.
한국어 공부가 어려워요.	외국어 공부는 어렵**기 마련이다**.	외국어 공부는 어렵**게 마련이다**.
시험에 합격했어요.	열심히 하면 합격하**기 마련이에요**.	공부를 많이 하면 합격하**게 마련이다**.

21. -기는(요)

학습목표	앞의 말에 대한 부정을 나타내는 표현 익히기

학습내용	시간 40분	교수 · 학습 활동
도입	3분	T: 티엔 씨, 내일부터 새로운 책을 시작합니다. S: 와, 새 책이 나왔어요? 선생님, 정말 감사합니다. T: 감사하**기는요**, 저는 해야 할 일을 열심히 할 뿐이에요. 　오히려 여러분의 노력에 감사해요.
의미제시	10분	앞 말을 그대로 받아 어말을 '−기는(요)'로 대체하여, 그에 대한 부정의 뜻으로 바꾼다. 칭찬의 말에 대해 쓰면 겸양의 표현이 된다. 1.칭찬에 대한 겸양의 의미 　1) T: 엄마는 요리를 너무 잘하세요. 　　S: 잘하**기는**. 맛있게 먹어주어서 고맙다. 　2) T: 티엔 씨, 노래를 아주 잘 부르네요. 　　S: 잘 부르**기는요**. 뮤지컬 배우로 데뷔하려면 아직 멀었어요. 2.부정이나 비난의 의미로 사용 　1) T: 한국의 겨울은 너무 춥지요? 　　S: 춥**기는요**. 몽골의 겨울과 비교하면 오히려 따뜻하다고 할 정도예요. 　2) T: 시간이 너무 빨리 흘러가네요. 　　S: 빨리 흘러가**기는요**, 시간이 너무 안가서 지루하기만 해요. 　3) T: 저 배우 너무 예쁘지? 　　S: 예쁘**기는**. 저 정도도 안 되면 어떻게 배우를 하겠어. **더 알아봅시다** 1. 어말의 '요'는 높임의 표현으로 윗사람에게 사용한다. 2. 부정의 의미로 사용할 때는 부사 '오히려'와 함께 반대의 뜻의 동사나 형용사를 가져와 의미를 극대화 시킬 수 있다. 　슬프다 → 슬프**기는요**, 오히려 기쁜걸요. 　춥다 → 춥**기는요**, 오히려 더운데요. 3. 동사, 형용사 모두 현재형에 붙는다. 과거형이나 미래형과는 결합 할 수 없다.

가다 → 가기는(요) ○
→ 갔기는(요) ×
→ 가겠기는(요) ×

동사, 있다/없다	받침 ○, ×	-기는(요)
형용사	받침 ○, ×	-기는(요)

기쁘다 → 기쁘**기는(요)**, 바쁘다 → 바쁘**기는(요)**, 먹다 → 먹**기는(요)**, 슬프다 → 슬프**기는(요)**, 팔다 → 팔**기는(요)**

1. 여름이 와서 기쁘**기는요**, 저는 더위에 약합니다.
2. 바쁘**기는요**, 마침 차 한 잔하고 쉬려던 중이었어요.
3. 잘 먹**기는요**, 사람이 너무 많아서 제대로 먹지도 못하고 나왔어요.
4. 슬프**기는요**, 저는 그 영화를 아주 재미있게 봤어요.
5. 다 팔**기는요**, 아직 반도 넘게 남았어요.

형태제시 10분

1. 교사와 대화 연습을 해 봅시다.
   1) T: 율리아 씨, 김치찌개 어땠어요? 매웠어요?
      S: 맵**기는요**, 고춧가루가 많이 안 들어가서 전혀 안 매웠어요.
   2) T: 오늘 배운 한국 노래가 어려웠나요?
      S: 어렵**기는요**, 지금까지 배웠던 말들이 나와서 재미있었어요.
   3) T: 이번 여름휴가에는 여행을 가실건가요?
      S: 여행을 가**기는요**, 돈이 없어서 집에만 있게 생겼어요.
   4) T: 이제 한국말을 아주 잘하는군요.
      S: 잘하**기는요**, 한국 사람처럼 하려면 아직 멀었어요.
   5) T: 졸업을 축하합니다. 좋으시죠?
      S: 좋**기는요**, 이제 고향으로 돌아가야 한다고 생각하니 슬퍼집니다.

2. 친구와 대화 연습을 해 봅시다.

유의적 연습과 활용 17분

스티브 씨, 넥타이가 정말 멋져요.	( ) 그렇지만 칭찬해 주시니 기분이 좋아요. (멋지다)
요즘 바쁘세요?	( ) 너무 한가해서 심심할 정도예요. (바쁘다)
한국어 공부가 어렵나요?	( ) 몽골어와는 어순이 같아서 오히려 쉬워요. (어렵다)
태국의 겨울도 추운가요?	( ) 한국의 가을과 비슷한 날씨예요. (춥다)
차가 너무 뜨거운가요?	( ) 차가 따뜻해서 좋아요. (뜨겁다)

22. -기 위한, -기 위해서

학습목표	목적이나 의도를 나타내는 표현 익히기

학습내용	시간 40분	교수 · 학습 활동
도입	3분	T: 며칠 있으면 토픽 시험이에요. 여러분 열심히 공부하고 있어요? S: 네, 열심히 하고 있어요. T: 우리반 모두 중급에 합격하**기 위해서** 열심히 하기 바랍니다.
의미제시	10분	**-기 위한** 　뒤에 이어지는 명사의 의도나 목적을 나타낸다. **-기 위해서** 　앞의 행위가 뒤의 행위를 하는 목적임을 나타내며, 두 행위 사이에 목적 관계가 존재한다. 어미 '-기'와 동사 '위하다'의 활용형이다. 　**더 알아봅시다** 　1. '**-기 위해서**'는 '-(으)려고'와 유사한 상황에서 사용되나, '-(으)려고'가 이어지는 행위 없이 의도만을 나타내는 경우도 있는데 비해, '**-기 위해서**'는 반드시 뒤에 행위가 따른다. 　　회사에 일찍 출근하려고 합니다.(O) 　　회사에 일찍 출근하**기 위해서** 합니다. (X) 　　회사에 일찍 출근하**기 위해서** 일찍 일어났습니다. (O) 　2. -기 위한, -기 위해서는 형용사와는 쓸 수 없다. 단 형용사에 '-아지다'가 붙어 동사화 시키면 결합이 가능하다. 　　애니는 예쁘기 위해서 화장을 한다. (X) 　　애니는 예뻐지기 위해서 화장을 한다. (O)
형태제시	10분	<table><tr><td>동사</td><td>받침 ○, ×</td><td>-기 위하여 +동사 -기 위한 +명사</td></tr></table>먹다 → 먹**기 위한** +명사, 먹**기 위해서** + 동사 줄이다 → 줄이**기 위한** +명사, 줄이**기 위해서** + 동사 출근하다 → 출근하**기 위한** +명사, 출근하**기 위해서** + 동사 돕다 → 돕**기 위한** +명사, 돕**기 위하여** + 동사 축하하다 → 축하하**기 위한** +명사, 축하하**기 위하여** + 동사

*먹다, 줄이다, 출근하다, 돕다, 축하하다를 판서하고, 학습자가 이에 상응하는 명사와 동사를 제시하도록 한 다음 문장을 완성해 본다.

	−위한 +명사	−위해서 +동사
먹다	깨끗한 음식을 (먹기 **위한**) 노력을 계속한다.	깨끗한 음식을 (먹기 **위해서**) 잘 씻는다.
줄이다	소음을 (줄이기 **위한**) 방음벽을 만들었다.	소음을 (줄이기 **위해서**) 속도를 줄였다.
돕다	가난한 사람들을 (돕기 **위한**) 운동을 했다.	가난한 사람을 (돕기 **위해서**) 절약한다.
축하하다	친구의 생일을 (축하하기 **위한**) 파티를 열었다.	친구의 생일을 (축하하기 **위해**) 모였다.
출근하다	매일 일찍 (출근하기 **위한**) 노력이 필요하다.	매일 아침 일찍 (일어나기 **위해서**) 일찍 일어난다.

1. 교사와 대화 연습을 해 봅시다.
  1) T: 새로운 단어를 외우기 힘들어요?
     S: 네, 잊어버리지 않**기 위해서** 자꾸 복습을 해요.
  2) T: 리에 씨 요즘 한국어 발음이 많이 좋아졌어요.
     S: 발음을 고치**기 위해서** 매일 한국 드라마를 보고 있어요.
  3) T: 어디 가세요?
     S: 어머니 생신 선물을 사**기 위해서** 백화점에 갑니다.
  4) T: 학기말 여행 계획은 잘 세웠어요?
     S: 오늘 여행 계획을 의논하**기 위한** 모임이 있어요.
  5) T: 넓은 집으로 이사를 간다면서요?
     S: 큰 애가 공부하**기 위한** 방이 필요해서요.

2. 친구와 대화 연습을 해 봅시다.

요즘 매일 노래를 부른다면서요?	가수가 (되기 **위해서**) 매일 연습을 하고 있어요. (되다)
툭소 씨는 왜 한국어를 배우고 있어요?	한국 회사에 (취직하기 **위해서**) 한국어를 배우고 있어요. (취직하다)
영어 공부를 열심히 하시네요.	내년에 해외여행을 (하기 **위해서**) 준비를 하고 있어요. (하다)
약속시간에 늦어서 여자 친구가 화가 났어요.	그녀의 마음을 풀어 (주기 **위해서**) 먼저 진심으로 사과를 하세요. (주다)
왜 쓰레기 분리 수거를 하는 것이지요?	환경오염을 (줄이기 **위한**) 노력이죠. (줄이다)

유의적
연습과 활용

17분

23. -길래

학습목표	이유나 근거를 나타내는 표현 익히기

학습내용	시간 40분	교수 · 학습 활동
도입	3분	T: 티엔 씨, 예쁜 티셔츠를 입고 왔어요. S: 어제 친구들과 백화점에서 가서 샀어요. T: 옷이 예뻐요. 티엔 씨와 잘 어울려요. S: 감사합니다. 친구들이 사라고 했어요. T: 친구들이 사라**길래** 샀군요.
의미제시	7분	앞 문장이 원인, 뒤 문장이 앞 문장에 대한 결과가 된다. T: 약속시간에 늦**길래** 서둘렀어요. T: 다음 주에 태풍이 온다**길래** 휴가를 취소했어요. **더 알아봅시다** 1. '–기에'는 명령문과 청유문에서는 사용할 수 없다. 　예) 공부를 했**길래** 시험에 합격해라.(×) 　　　감기에 걸렸**길래** 병원에 갑시다.(×) 2. 문어에서는 '–기에'로 쓸 수 있다. 　예) 친구가 있**기에** 외롭지 않다. 3. '–길래'와 '–아/어/여서'의 비교 　'–길래'와 '–아/어/여서'는 모두 이유와 근거를 나타내는 점은 같다. '–길래'는 뒤 문장의 주어가 말하는 사람이어야 하나, '–아/어/여서'는 뒤 문장의 주어에 제약이 없다. 　예) 꽃이 예쁘**길래** 친구가 한 송이 샀어요.(×) 　　　꽃이 예뻐서 친구가 한 송이 샀어요.(○)
형태제시	10분	<table><tr><td>동사, 있다/없다 형용사, 이다/아니다</td><td>받침 ○, ×</td><td>–길래</td></tr></table> 읽다 → 읽**길래**, 오다 → 오**길래**, 재미있다 →재미있**길래**, 아프다 → 아프**길래**, 더럽다 → 더럽**길래**

| | | *교사가 결합정보와 예문을 제시한 뒤, 먼저 교사가 예문을 읽는다. 그 후 학생들이 예문을 따라 읽을 수 있도록 한다. |
| | | |

*교사가 결합정보와 예문을 제시한 뒤, 먼저 교사가 예문을 읽는다. 그 후 학생들이 예문을 따라 읽을 수 있도록 한다.

1. 언니가 책을 읽**길래** 저도 같이 책을 읽었어요.
2. 친구가 집에 오**길래** 맛있는 음식을 준비했어요.
3. 수영이 재미있**길래** 매일 수영장에 가요.
4. 몸이 아프**길래** 집에서 쉬었어요.
5. 방이 더럽**길래** 청소를 좀 했어요.

유의적 연습과 활용　　**20분**

1. 교사와 대화 연습을 해 봅시다.
　1) T: 스티브 씨, 핸드폰은 왜 샀어요?
　　　 S: 핸드폰이 고장나**길래** 샀어요.
　2) T: 툭소 씨, 우산을 샀네요.
　　　 S: 갑자기 비가 오**길래** 우산을 샀어요.
　3) T: 리에 씨, 과일을 사 왔군요.
　　　 S: 네, 과일이 맛있**길래** 사 왔어요.
　4) T: 율리아 씨, 주말에 뭐 했어요?
　　　 S: 친구가 백화점에 가**길래** 같이 갔어요.
　5) T: 리에 씨 창문을 왜 열어요?
　　　 S: 날씨가 덥**길래** 창문을 열어요.

2. 짝과 대화 연습을 해 봅시다.

원인	결과	원인과 결과
감기에 걸렸다	병원에 가다	감기에 걸렸**길래** 병원에 갔다.
집에서 쉬다	건강이 좋아지다	
비가 많이 오다	집에서 쉬다	
잠을 못 자다	지각을 하다	
새 신발을 신다	다리가 아프다	

24. -기에(-기에는)

학습목표	어떤 상황의 판단 기준과 근거를 말하는 표현 익히기

학습내용	시간 40분	교수 · 학습 활동
도입	3분	T: 티엔 씨, 오늘 피곤해 보이네요. S: 일주일 뒤에 시험을 봐요. 시험공부가 어려워요. T: 공부하기 힘들어요? S: 네. T: 한국어 시험을 갑자기 준비하**기에** 힘들어요.
의미제시	7분	어떤 상황의 판단 기준과 근거를 말하는 표현으로 사용할 수 있다. T: 이 가방을 사**기에는** 돈이 부족해요. T: 영화관에 가**기에는** 시간이 없어요. 시험공부를 해야 하거든요.
형태제시	10분	<table><tr><td>동사,</td><td>받침 ○, ×</td><td>-기에는</td></tr></table> 먹다 → 먹**기에는** 자다 → 자**기에는** 입다 → 입**기에는** 타다 → 타**기에는** 생각하다 → 생각하**기에는** *교사가 결합정보와 예문을 제시한 뒤, 먼저 교사가 예문을 읽는다. 그 후 학생들이 예문을 따라 읽을 수 있도록 한다. 이 때 낱말 카드를 제시하여 이해를 돕는다. 1. 잠을 자**기에는** 방이 너무 시끄러워요. 2. 지금 밥을 먹**기에는** 늦었다. 3. 이 옷을 입**기에는** 날씨가 춥다. 4. 택시를 타**기에는** 요금이 비싸다. 5. 내가 생각하**기에는** 이번 시험은 어려울 거 같다.

| 유의적
연습과 활용 | 20분 | 1. 교사와 대화 연습을 해 봅시다. |

1. 교사와 대화 연습을 해 봅시다.

   1) T: 리에 씨가 도서관에 가자고 해요.

     S: 도서관에 가**기에는** 시간이 늦었어요. 다음에 가요.

   2) T: 왜 이 신발을 안 샀어요?

     S: 제가 신**기에는** 신발이 너무 작아요.

   3) T: 학교에 올 때 걸어와요?

     S: 아니요, 걸어오**기에는** 학교가 너무 멀어요.

   4) T: 이 의자 어때요?

     S: 제가 보**기에는** 편해 보여요.

   5) T: 배가 고프지만 그냥 자야겠어요.

     S: 밥을 먹**기에는** 너무 늦었어요.

2. 친구과 대화 연습을 해 봅시다.

근거	상황	
밥을 먹다	시간이 너무 늦었다	밥을 먹**기에는** 시간이 너무 늦었다.
잠을 자다	자리가 너무 좁다	
피아노를 치다	너무 늦은 저녁이다	
친구 집에 가다	너무 이른 아침이다	
운동을 하다	너무 더운 날씨다	

25. -ㄴ 결과, -은 결과

학습목표	결과를 나타내는 표현 익히기

학습내용	시간 40분	교수 · 학습 활동
도입	3분	T: 여러분 어떤 음식을 좋아해요? S: 비빔밥이요/ 불고기요/갈비탕이요. T: 저는 갈비를 좋아해요. 식당에 가면 갈비를 먹어요. 하지만 갈비를 너무 많이 먹은 **결과** 살이 조금 쪘어요.
의미제시	7분	T: 요즘 애니 씨가 건강해졌어요. 왜 건강해 졌어요? S: 운동을 열심히 했어요. T: 맞아요. 열심히 운동을 **한 결과** 건강해졌어요. 　위의 예를 통해 앞 문장의 결과 뒤 문장이 상황이 생긴다는 것을 알게 한다. 　**더 알아봅시다** * 화살표 등을 이용해서 '인과 관계'와 '-ㄴ 결과'는 그 문장의 순서가 바뀐다는 것을 보여줌으로써 학습자의 이해를 도울 수 있다. * 입말 표현보다는 글말에 더 많이 쓰이므로 쓰기 연습 등을 통해 자연스럽게 문형을 익힐 수 있도록 한다.
형태제시	10분	 	동사	받침 ○	-은 결과 | 　|---|---|---| 		받침 ×	-ㄴ 결과 | 부르다 → 부른 **결과** 먹다 → 먹은 **결과** 가다 → **간 결과** 하다 → **한 결과** 울다 → **운 결과** (ㄹ 탈락)의 예시. *교사가 칠판에 판서한 표현들바르게 읽고 학생들에게 한 번씩 따라 읽도록 한다.

		1. 툭소 씨는 열심히 노래를 부른 **결과** 가수가 되었어요.
		2. 지난 여름에 채소를 많이 먹은 **결과** 살이 빠졌어요.
		3. 하루도 안 빠지고 학교에 간 **결과** 졸업할 때 상을 받았어요.
		4. 매일 매일 공부한 **결과** 한국어 실력이 많이 늘었어요.
		5. 시험을 못 보았다고 한 시간 동안 운 **결과** 눈이 붓고 말았어요.
유의적 연습과 활용	20분	1. 교사와 대화 연습을 해 봅시다 (교사는 단어카드를 준비하거나 판서를 통해 학생들의 대답을 이끌어낼 수 있다.) 　1) T: 리에 씨, 어떻게 한국어를 잘 하게 되었어요? 　　 S: 매일 단어를 외운 **결과** 한국어를 잘 하게 되었어요. 　2) T: 스티브 씨, 어떻게 한국 문화를 잘 알게 되었어요? 　　 S: 한국 드라마를 많이 본 **결과** 한국 문화를 이해하게 되었어요. 　3) T: 율리아 씨가 오늘도 지각을 했네요. 　　 S: 늦잠을 잔 **결과** 지각을 하게 되었어요. 　4) T: 티엔 씨, 어떻게 쓰기를 잘 하게 되었어요? 　　 S: 티엔 씨가 매일 일기를 열심히 쓴 **결과** 글쓰기 실력이 늘었어요. 　5) T: 스티브 씨가 대학원에 진학했어요. 　　 S: 열심히 공부한 **결과** 대학원에 갔어요. 2. 다음은 한 대학생이 인터넷에 올린 글입니다. 다음 글을 읽고 답글을 써 주십시오.

툭소 씨의 고민	안녕하세요? 저는 외국인 유학생이에요. 한국에 온 지 4개월이 됐어요. 한국어 말하기와 쓰기 실력이 늘지 않아요. 어떻게 하면 좋을까요?
여러분의 답변	① 저는 매일 일기를 쓴 **결과** 쓰기 실력이 많이 좋아졌어요. 매일 조금씩이라도 일기를 써 보세요. ② 한국 친구를 만난 **결과** 한국어 실력이 좋아졌어요. ③ 한국 드라마를 많이 본 **결과** 듣기 실력이 좋아졌어요. ④ 동아리 활동을 한 **결과** 말하기 실력이 좋아졌어요. ⑤ 학교에 지각하지 않은 **결과** 쓰기 실력이 좋아졌어요.

26. -ㄴ김에, -는김에, -은김에

두 가지 동작이 함께 또는 순차적으로 일어날 때 쓰는 표현 익히기

학습내용	시간 40분	교수 · 학습 활동
도입	3분	T: 어제 뭐 했어요? S: 그냥 있었어요./친구를 만났어요./텔레비전을 봤어요. T: 저도 친구를 만났어요. 여러분은 친구 만나면 뭐해요? S: 밥을 먹어요./이야기를 해요./쇼핑을 해요. T: 네. 저도 어제 친구를 만난 **김에** 밥도 먹고 쇼핑도 했어요. 친구 집 옆에 한국마트가 있어요. 그래서 저는 친구를 만나면 쇼핑도 해요
의미제시	7분	T: 동대문 시장에 **간 김에** 옷도 샀어요. T: 쉬**는 김에** 커피도 마셨어요. T: 도서관에 **간 김에** 책도 빌렸어요. 앞의 문장을 하는 동안 뒤의 문장도 같이 하거나 앞의 문장이 목적이지만 뒤에 일도 함께 하게 된다는 의미이다. 　**더 알아봅시다** 1) '-ㄴ/은/는 김에', '-는 길에', '-을 겸' 　세 개의 문형이 모두 앞의 문장을 하는 도중이나 기회에 뒤의 문장도 하게 됨을 나타낸다는 공통점이 있다. 그러나 '-는 길에'는 주로 '가다', '오다'와 같은 이동 동사와 함께 쓰이고 '-을 겸'은 주로 '-을 겸하다'의 문장으로 쓰여서 나열되는 상황을 함께 표현할 수 있다. 또 '-을 겸'에는 주로 의도한 행동이 추가되지만 '-은 김에'는 의도가 낮은 않은 행동이 추가된다. 예) 옷의 세탁을 맡기**는 김에** 수선도 부탁했다. 　　세탁소에 가는 길에 친구를 만났다. 　　세탁소에 들를 겸 운동도 할 겸해서 산책을 나갔다. 2) '-는 김에'와 '-은 김에'는 모두 받침 있는 동사 뒤에 쓸 수 있지만 그 의미에서 차이가 있다. '-는 김에'는 아직 진행 중인 동작이고 '-는 김에'는 이미 끝난 동작의 의미를 갖는다. 예) 사과를 먹는 김에 귤도 먹었다. (사과를 먹는 도중임) 　　사과를 먹은 김에 귤도 먹었다. (사과는 다 먹었음)

	현재	받침 ○, ×	–는 김에
동사, 있다/없다	과거	받침 ○	–은 김에
		받침 ×	–ㄴ 김에

<table>
<tr><td rowspan="3">형태제시</td><td rowspan="3">10분</td><td>

가다 → 가는/**간 김에**, 나가다 → **나간 김에**, 먹다 → 먹는/**먹은 김에**, 하다 → 하는/**한 김에**, 배우다 → 배우**는 김에**

*교사가 칠판에 판서한 표현들을 바르게 읽고 학생들에게 한 번씩 따라 읽도록 한다.

1. 친구 집에 **간 김에** 한국 요리를 해 주었어요.
2. 밖에 나**간 김에** 운동도 하고 왔어요.
3. 밥을 얻어먹**는 김에** 커피까지 얻어 마셨어요.
4. 밥을 하**는 김에** 반찬도 만들었어요.
5. 한국어를 배우**는 김에** 태권도도 배웠어요.

</td></tr>
</table>

형태제시 · 10분

가다 → 가는/**간 김에**, 나가다 → **나간 김에**, 먹다 → 먹는/**먹은 김에**, 하다 → 하는/**한 김에**, 배우다 → 배우**는 김에**

*교사가 칠판에 판서한 표현들을 바르게 읽고 학생들에게 한 번씩 따라 읽도록 한다.

1. 친구 집에 **간 김에** 한국 요리를 해 주었어요.
2. 밖에 나**간 김에** 운동도 하고 왔어요.
3. 밥을 얻어먹**는 김에** 커피까지 얻어 마셨어요.
4. 밥을 하**는 김에** 반찬도 만들었어요.
5. 한국어를 배우**는 김에** 태권도도 배웠어요.

유의적 연습과 활용 · 20분

1. 교사와 대화 연습을 해 봅시다.
T: 리에 씨가 어제 비행기를 타고 한국에 왔어요. 한국에 **온 김에** 무엇을 같이 하면 좋을까요?
S: 한국에 **온 김에** 한국어를 배워요.
S: 한국에 **온 김에** 한국 친구를 많이 만나는 게 좋겠어요.
S: 한국에 **온 김에** 한국 음식을 먹어 보는 게 좋겠어요.
S: 한국에 **온 김에** 여행을 많이 하는 게 좋겠어요.
S: 한국에 **온 김에** 경주를 가 보는 것이 좋겠어요.

2. 다음 두 문장을 'ㄴ 김에, –는 김에, –은 김에'의 문형을 사용해서 연결해 보세요.

밥을 해요/반찬도 해요	밥을 하는 김에 반찬도 해요.
세탁소에 가요/ 바지를 줄여요	세탁소에 가는 김에 바지도 줄여요.
식당에 가요/제 김밥 좀 사다주세요	식당에 가는 김에 김밥도 사요.
친구와 여행을 해요/ 사진을 많이 찍을 거예요.	친구와 여행을 하는 김에 사진도 많이 찍어요.
친구가 커피를 타요/제 커피도 만들어 주세요.	친구가 커피를 타는 김에 제 커피도 타 주세요.

27. -ㄴ다면서요, -는다면서요. -이라면서요, -라면서요.

학습목표	확인을 나타내는 표현 익히기

학습내용	시간 40분	교수·학습 활동
도입	3분	T: 티엔 씨, 다음 주에 베트남에서 친정 부모님이 오세요? S: 네. 어떻게 아셨어요? T: 리에 씨가 말해주었어요. S: 다음 주에 공항에 가서 부모님을 만나요. T: 부모님 모시고 제주도에 간**다면서요**? S: 네, 정말 재미있을 것 같아요.

의미제시	7분	구어에 많이 쓰이며, 말하는 사람이 이미 알고 있거나 들은 사실을 확인하며 물어 볼 때 쓴다.
		
		T: 오늘 일기 예보 들었어요?
		S: 아니요./네, 눈이 많이 온대요.
		T: 눈이 펑펑 **온다면서요**?
		S: 네.
		T: 이제는 눈도 내리고 정말 겨울인 것 같아요.
		
		<div>**더 알아봅시다**</div>* '았/었' 과 '겠'+ −다면서요? 와 결합한다.
		   예) 율리아 씨가 취직을 **했다면서요**?
		      스티븐 씨가 한국어 말하기 대회에 참가하**겠다면서요**?

형태제시	10분	<table><tr><td rowspan="2">동사</td><td>받침 ○</td><td>−는다면서요?</td></tr><tr><td>받침 ×</td><td>−ㄴ다면서요?</td></tr><tr><td>형용사</td><td>받침 ○, ×</td><td>−다면서요?</td></tr></table>먹다 → 먹**는다면서요**? 가다 → **간다면서요**? 예쁘다 → 예쁘**다면서요**? 입원하다 → 입원**한다면서요**? 무섭다 → 무섭**다면서요**?

		1. 아이가 김치를 잘 먹**는다면서요**?
		2. 내일 제주도로 여행 간**다면서요**?
		3. 율리아 씨 아이가 참 예쁘**다면서요**?
		4. 건강 검진을 받으려고 오늘 입원**한다면서요**?
		5. 새로 나온 영화가 무섭**다면서요**?
유의적 연습과 활용	20분	1. 교사와 대화 연습을 해 봅시다. T: 귓속말로 전달하기 놀이를 할 거예요. 제가 귓속말을 첫 번째 사람에게 하면 그 첫 번째 사람은 두 번째 사람에게 그 말을 똑같이 전달해요. 그럼, 두 번째 사람이 '–는다면서요?' 표현을 이용해서 저한테 다시 물어 볼 거예요. (귓속말로 전달하기) {표1} 2. 친구와 대화 연습을 해 봅시다. {표2}

표1:

T: 툭소 씨가 운동을 잘해요.	→ 툭소 씨가 운동을 잘 한**다면서요**?
T: 리에 씨가 이번 시험에 합격했어요.	
T: 그 영화가 정말 무서워요.	
T: 티엔 씨가 예뻐졌어요.	
T: 아이가 이번에 학교 입학해요.	
T: 친구가 집을 샀어요.	

표2:

친구	나
한국 드라마 '대장금'이 세계적으로 유명해요.	한국 드라마 '대장금'이 세계적으로 유명하**다면서요**?
여자/남자 친구가 있어요.	
내일 벼룩 시장이 열려요.	
된장 찌개를 잘 끓여요.	
한국으로 유학을 왔어요.	

28. -ㄴ 다음에, -은 다음에

학습목표	두 가지 동작이 순차적으로 일어날 때 쓰는 표현 익히기

학습내용	시간 40분	교수 · 학습 활동
도입	3분	T: 요즘 감기에 걸린 사람들이 많아요. S: 리에 씨도 감기에 걸렸어요. T: (약국 조제 봉투를 보여주며) 약사가 언제 약을 먹어야 하는 지 알려 줘요. 　이 약은 언제 먹어요? S: 하루에 3번 먹어요. 밥을 먹고 30분 후에 먹어요. T: 맞아요. 이 약은 식사**한 다음에** 30분이 지나서 먹어요.
의미제시	7분	어떤 일이 끝난 뒤라는 것을 나타낼 때 쓰는 표현이다. T: 티엔 씨, 수업이 끝**난 다음에** 무엇을 할 거예요? T: 티엔 씨는 수업이 끝**난 다음에** 밥을 먹을 거예요. 　**더 알아봅시다** 　* '-으(ㄴ) 다음에', '-으(ㄴ) 후에', '-으(ㄴ) 뒤에'로 바꿔 쓸 수 있다. 　1. 이 책은 다 읽은 **다음에** 모여서 토론해 봅시다. 　2. 이 책을 다 읽은 **후에** 모여서 토론해 봅시다. 　3. 이 책을 다 읽은 **뒤에** 모여서 토론해 봅시다.
형태제시	10분	<table><tr><td rowspan="2">동사</td><td>받침 ○</td><td>-은 다음에</td></tr><tr><td>받침 ×</td><td>-ㄴ 다음에</td></tr></table> 읽다 → 읽은 **다음에** 보다 → **본 다음에** 자르다 → 자른 **다음에** 끝나다 → 끝난 **다음에** 정리하다 → 정리한 **다음에** 1. 책을 읽은 **다음에** 독후감을 썼다.

		2. 영화를 다 **본 다음에** 잠이 들었어요.
		3. 머리를 자른 **다음에** 파마를 했다.
		4. 수업이 끝난 **다음에** 바로 집에 갔다.
		5. 책을 정리한 **다음에** 청소기를 돌렸다.
유의적 연습과 활용	20분	1. 교사와 대화 연습을 해 봅시다. (상황 : 시장에 가 보기, 뷔페에서 음식 담기, 요리 만들기) T: 여러분, 시장에 가서 장을 많이 보죠? 시장에 가면 야채, 과일, 고기, 생선 등 많이 사요. 그럼 우리 시장에 가서 무엇을 사는 지 말해 봐요. 제가 야채를 사면 다음 사람이 제가 산 야채를 포함해서 다른 것을 하나 사요. 앞 사람이 말한 것을 잘 기억해 두어야 해요. T: 시장에 가서 야채를 사요. → S1 시장에 가서 야채를 **산 다음에** 고기를 사요. → S2 시장에 가서 야채를 **산 다음에** 고기를 **산 다음에** 파를 사요. → S3… 2. 친구와 대화 연습을 해 봅시다. 하루 일과를 적어보고 '-으(ㄴ) 다음에' 표현을 써서 친구와 말해 보세요. 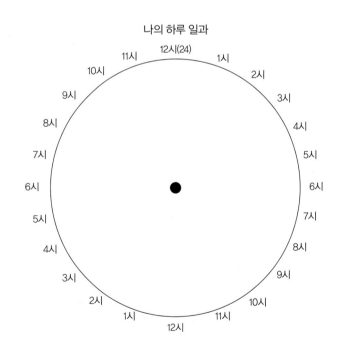 나의 하루 일과

29. -ㄴ 대로, -은 대로2, -는 대로1

학습목표	순서를 나타내는 표현 익히기

학습내용	시간 40분	교수 · 학습 활동
도입	3분	T: 티엔 씨, 수업이 몇 시에 끝나요? S: 12시 30분에 끝나요. T: 수업이 끝나고 무엇을 할 거예요? S: 식당에 갈 거예요. 배가 고파요. T: 그렇군요. 티엔 씨는 수업이 끝나**는 대로** 식당에 가요. S: 네. T: 식당에서 점심을 먹**는 대로** 선생님 방으로 오세요.
의미제시	7분	어떤 일이 나타나는 그 즉시를 나타낼 때 쓴다. 어떤 일이나 상태가 나타나는 즉시를 표현할 때 쓴다. T: 합격을 언제 알 수 있어요? 결과가 발표되**는 대로** 알려주세요. T: 스티브 씨는 아침밥을 먹**는 대로** 학교에 가요. T: 리에 씨, 쇼핑이 끝나**는 대로** 집으로 오세요. T: 같은 기숙사에 사니까 시간 나**는 대로** 놀러 오세요. ▨ **더 알아봅시다** 1. (동사에 쓰여) 어떤 모양이나 상태와 같이 　예) 요리 책에서 본 대로 재료를 샀다. 　내가 시키**는 대로** 해/선생님께 아**는 대로** 대답을 했다. 2. (형용사에 쓰여) 서로 구별되게 따로따로의 뜻 　예) 좋은 것은 좋은 **것대로** 따로 모아라. 　산은 **산대로** 좋고 물은 **물대로** 좋다. 3. '－ 자마자'와 '－는 대로' 비교 　'－는 대로'는 앞의 행위가 일어나고 그것이 유지되는 가운데 그와 관련된 뒤에 오는 행위가 일어남을 나타낸다. '－자마자'에는 그런 의미가 없고 앞의 것과 뒤의 것이 관련이 없는 상태에서 우연히 어떤 일이 같이 발생하는 것을 나타낸다.

동사, 있다/없다	받침 ○, ×	-는 대로

듣다 → 들은 **대로**('ㄷ'불규칙의 예), 도착하다 → 도착하는 **대로**, 가다 → 가는 **대로**, 만들다 → 만드는 **대로**(ㄹ불규칙), 하다 → 하는 **대로**

*교사가 칠판에 판서한 표현들을 바르게 읽고 학생들에게 한 번씩 따라 읽도록 한다.

1. 발표를 들은 **대로** 친구들에게 말하겠습니다.
2. 서울역에 도착하는 **대로** 전화를 거세요.
3. 학교를 가는 **대로** 숙제를 제출하세요.
4. 김밥을 다 만드는 **대로** 배달할게요.
5. 율리아 씨는 서류 신청을 하는 **대로** 사무실로 오세요.

형태제시 | 10분 (위 내용)

유의적 연습과 활용 | 20분

1. 교사와 대화 연습을 해 봅시다.
   1) T: 선생님은 리에 씨의 합격 결과를 빨리 알고 싶어요.
     S: 발표는 오후에 해요.
     T: 발표가 나는 **대로** 전화를 하세요.
   2) T: 공항에 도착했어요?
     S: 아직요, 공항에 도착하는 **대로** 전화할게요.
   3) T: 아침이 밝으면 바로 떠납시다.
     S: 아침이 밝는 **대로** 떠나요.
   4) T: 배가 많이 고프군요.
     S: 김밥을 만드는 **대로** 같이 먹어요.

2. 친구와 대화 연습을 해 봅시다.

상황	나	친구
불고기를 만들었어요. 친구에게 빨리 보여주고 싶어요.	불고기를 만드는 **대로** 친구에게 자랑했어요.	불고기를 만드는 **대로** 사진을 찍어요.
공항에 늦게 도착했어요.	공항에 도착하는 **대로** 버스를 타야 해요.	공항에 도착하는 **대로** 부모님께 전화할 거예요.
수업이 끝나면 무엇을 먹고 싶어요?	수업이 끝나는 **대로** 스파게티를 먹고 싶어요.	수업이 끝나는 **대로** 삼계탕을 먹고 싶어요.
언제 고향에 가고 싶어요?	공부가 끝나는 **대로** 고향에 가고 싶어요.	졸업을 하는 **대로** 고향으로 갑니다.
토픽 시험이 끝나요. 무엇을 하고 싶어요?	시험이 끝나는 **대로** 영화를 보러 갑시다.	시험이 끝나는 **대로** 고향에 갑니다.

30. -ㄴ 대신에, -는 대신에, -은 대신에

학습목표	대체하는 표현 익히기

학습내용	시간 40분	교수 · 학습 활동
도입	3분	T: 오늘 아침에 커피를 마시고 싶었어요. 그런데 커피가 없었어요. S: 선생님은 커피를 너무 많이 마셔요. T: 그래요. 선생님은 하루에 커피를 네 잔 마셔요. 밤에 잠을 잘 못자요. 　　그래서 커피를 마시**는 대신에** 우유를 마시기로 했어요. S: 우유를 마시면 건강에 좋아요. T: 티엔 씨도 콜라를 마시**는 대신에** 우유를 마셔요.
의미제시	7분	앞 문장의 행동이 뒤 문장의 행동으로 대체될 때 사용한다. T: 택시비는 버스비보다 비싸요. 그래서 율리아 씨는 택시를 타**는 대신에** 　　버스를 타요. T: 동생은 공부를 싫어해요. 그래서 동생은 대학을 가**는 대신에** 취직을 　　했어요. T: 기숙사는 싸지만 불편해요. 그래서 기숙사에 사**는 대신에** 하숙을 해요. T: 서울은 집값이 비**싼 대신** 교통이 편리해요. **더 알아봅시다** 　1. '앞 행동을 하지 않고 그에 상응하는 다른 것으로 보상한다'는 의미가 있다. 　　　조사 '에'가 생략된 '형용사/동사+-(으)ㄴ/는 대신'의 형태로도 사용되며, 　　　명사 뒤에 '-대신에'가 바로 연결되어 쓰인다. 　　　예) 밥을 먹는 대신 죽을 먹었다. 　2. '형용사+-(으)ㄴ 대신(에)'는 '-지만'의 의미로 해석된다. 　　　예) 도시는 교통이 편한 대신(에) 복잡해요. 　　　동생은 키가 작은 대신(에) 귀여워요.
형태제시	10분	<table><tr><td rowspan="2">동사, 있다/없다</td><td>받침 ○</td><td>-은 대신에</td></tr><tr><td>받침 ×</td><td>-는 대신에</td></tr><tr><td rowspan="2">형용사, 이다/아니다</td><td>받침 ○</td><td>-은 대신에</td></tr><tr><td>받침 ×</td><td>-는 대신에</td></tr></table> 타다 → 타**는 대신에**, 공부하다 → 공부하**는 대신에**,

		마시다 →마시는 대신에, 예쁘다 → 예쁜 대신에, 먹다 → 먹는 대신에
		*교사가 칠판에 판서한 표현들을 바르게 읽고 학생들에게 한 번씩 따라 읽도록 한다.
		1. 율리아 씨는 지하철을 **타는 대신에** 버스를 타요. 2. 선생님은 학생들에게 공부하**는 대신에** 운동장을 달리라고 했어요. 3. 리에 씨는 홍차를 마시**는 대신에** 녹차를 마셔요. 4. 스티브 씨 동생은 예쁜 **대신에** 키가 작아요. 5. 밥을 먹**는 대신에** 떡을 먹어요.
유의적 연습과 활용	20분	1. 교사와 대화 연습을 해 봅시다. 　1) T: 커피가 마시고 싶어요. 그런데 커피가 없어요. 홍차는 있어요. 　　S: 커피를 마시**는 대신에** 홍차를 마셔요. 　2) T: 길이 막혀요. 택시를 타면 더 늦어요. 　　S: 택시를 타**는 대신에** 지하철을 타요. 　3) T: 리에 씨는 귀여워요. 그런데 키가 작아요. 　　S: 리에 씨는 귀여**운 대신에** 키가 작아요. 　4) T: 해외여행을 가고 싶어요. 그런데 시간이 없어요. 비행기를 타고 싶어요. 　　S: 선생님, 해외여행을 가**는 대신에** 제주도에 가세요. 　5) T: 이 전자 사전은 비싸요. 하지만 기능이 많아요. 　　S: 이 전자 사전은 비**싼 대신에** 기능이 많아요. 2. 친구와 대화 연습을 해 봅시다.

어떻게 해야 할까요?	나	친구
수영장에 가고 싶어요. 수영복이 없어요.	수영장에 가**는 대신에** 계곡에 가세요.	수영장에 가**는 대신에** 산에 가세요.
컴퓨터가 고장났어요. 심심해요.	게임을 하**는 대신에** 운동을 하세요.	컴퓨터를 하**는 대신에** 친구와 전화하세요.
다이어트를 하고 있어요. 배가 고파요.	콜라를 먹**는 대신에** 우유를 드세요.	밥을 먹**는 대신에** 고구마를 먹어요.
포크가 없어요.	포크를 사용하**는 대신에** 숟가락을 사용하세요.	포크를 사용하**는 대신에** 젓가락을 사용하세요.
시험공부를 해야 해요. 집이 시끄러워요.	집에서 공부를 하**는 대신에** 도서관에서 공부를 해요.	집에서 공부하**는 대신에** 친구 집에서 공부해요.

31. -ㄴ들, -은들

학습내용	시간 40분	교수 · 학습 활동
도입	3분	T: 티엔 씨, 오늘은 바람이 많이 불어서 춥지요? S: 네, 추워요. T: 여러분은 춥지만 공부하러 왔어요. S: 추워도 공부해요. T: 그래요. 여러분은 한국어를 공부하러 한국까지 왔는데 **추위인들** 무섭겠어요.
의미제시	10분	어떤 상황을 가정하여 인정한다고 할지라도 그 결과가 예상과 다르다는 것을 강조 할 때 사용한다. T: 돈이 많은 사람을 '부자'라고 하지요. 돈이 많이 있으면 하고 싶은 일을 마음대로 할 수 있어요. 그러나 부자라고 할지라도 할 수 없는 일이 있어요. 어떤 것이 있을까요? 네, 대표적인 것이 '시간'이에요. 부자라고 할지라도 하루는 24시간 똑 같아요. 부자**인들** 하루가 더 길겠어요? 이와 같이 '-라고 할지라도' 대신 쓸 수 있는 말입니다. 1. 이 몸이 새라면 바다**인들** 못 건너겠어요? 2. 죽음 앞에서 의사**인들** 최선을 다하지 않겠어요? 3. 돈이 아무리 많**은들** 행복하지 못하면 무슨 소용이 있겠어요. 4. 아무리 술이 취**한들** 자기 집을 못 찾아가겠어요? **더 알아봅시다** 1. '-으(ㄴ)들 + 반문하는 형식'으로 의미를 심화시킨다. 엄마도 아무 방법이 없어요. → 엄마**인들** 무슨 방법이 있겠어요? 외국이라도 갈 수 있어요. → 외국**인들** 못 가겠어요? 죽음도 두렵지 않을 거예요. → 죽음**인들** 두렵겠어요? 돌도 무겁지 않습니다. → 돌**인들** 무겁겠습니까?

형태제시	10분	동사, 형용사	받침 ○	−은들
		있다/없다, 이다/아니다	받침 ×, 받침 ㄹ	−ㄴ들

음식이다 → 음식**인들**, 먹다 → 먹**은들**, 좋다 → 좋**은들**, 예쁘다 → 예**쁜들**, 바쁘다 → 바**쁜들**

1. 그 사람은 요리사인데 어떤 음식**인들** 못 만들겠어요?

2. 젊은 사람인데 무엇을 먹**은들** 소화를 못 시키겠습니까?

3. 호텔이 아무리 좋**은들** 내 집만 하겠어요?

4. 네가 아무리 예**쁜들** 클레오파트라만 하겠니?

5. 아무리 바**쁜들** 찾아온 사람을 안 만날 수는 없지요.

유의적 연습과 활용 — 17분

1. 교사와 대화 연습을 해 봅시다.

교사가 제시한 말을 '−ㄴ들, −은들'을 사용한 문장으로 바꾸어 말한다. 서술어가 반대로 바뀌는 점에 유의하며 연습한다.

1) T: 읽기도 어려운데 쓰기는 더 어렵겠지요?

　　S: 읽기도 어려운데 쓰기**인들** 쉽겠어요?

2) T: 밥을 굶었으니 어떤 음식이라도 맛있다.

　　S: 밥을 굶었으니 어떤 음식**인들** 맛없겠어요?

3) T: 같은 인간인데 선생도 모르는 게 있다.

　　S: 같은 인간인데 선생**인들** 모르는 게 없겠어요?

4) T: 사랑에 빠진 로미오와 줄리엣은 죽음도 두렵지 않다.

　　S: 사랑에 빠진 로미오와 줄리엣이 죽음**인들** 두렵겠어요?

5) T: 아무리 세월이 흘러간다고 해도 그 일을 못 잊는다.

　　S: 아무리 세월이 흘러간다 **한들** 그 일을 잊겠어요?

2. 친구와 대화 연습을 해 봅시다.

학교에 안 오다/숙제를 하다	학교에 안 오는데 (숙제**인들**) 하겠어요?(숙제)
밤낮 공부만 하다/몸살이 나다	밤낮 공부만 하니 (몸살**인들**) 안 나겠어요?(몸살)
김치를 잘 먹다/떡볶이를 먹다	김치도 잘 먹는데 (떡볶이**인들**) 못 먹겠어요?(떡볶이)
축구를 잘하다/달리기를 잘하다	축구를 잘하는데 (달리기**인들**) 못하겠어요?(달리기)
원숭이도 나무에서 떨어지는 날이 있다	(원숭이**인들**) 나무에서 떨어지는 날이 없겠어요?(원숭이)
모든 사람이 놀라다/나도 놀라다	모든 사람이 놀랐는데 (**난들**) 놀라지 않았겠어?(나)

32. -ㄴ 듯, -는 듯, -은 듯

학습목표	짐작이나 추측을 나타내는 표현 익히기

학습내용	시간 40분	교수 · 학습 활동
도입	3분	T: 여러분, 어제 배운 내용을 복습할게요. S: 어제요? 어, 무엇을 배웠더라? T: 전혀 배운 적이 없는 **듯** 모르는 체 하기예요? 어제는 한국 음식에 대해서 배웠어요. 어제는 다 아는 **듯**하더니, 전부 잊어버렸어요?
의미제시	10분	동사, 형용사, 이다/아니다, 있다/ 없다와 결합하여 짐작이나 추측을 나타내는 표현이다. '-(으)ㄴ/는 것 같다'와 동일한 자리에서 활용한다. 춥다 → 추운 것 같아요. → 추**운 듯**해요. 좋다 → 좋은 것 같아요. → 좋**은 듯**해요. 잘하다 → 잘하는 것 같아요. → 잘하**는 듯**해요. 가다 → 가는 것 같아요. → 가**는 듯**해요.(지금 가고 있음) 　　　　간 것 같아요. → **간 듯**해요.(이미 가 버렸음) 먹다 → 먹는 것 같아요.→ 먹**는 듯**해요.(지금 먹고 있음) 　　　　먹은 것 같아요. → 먹**은 듯**해요. (이미 다 먹었음) 1. 한국의 겨울이 태국 사람에게는 매우 추**운 듯**해요. 2. 남자는 기분이 좋**은 듯** 콧노래를 부르며 걸어갔다. 3. 그 사람은 한국말을 꽤 잘하**는 듯**해요. 4. 툭소 씨는 내일 출장을 가**는 듯**하던데요. 5. 율리아 씨는 이제야 점심을 먹고 있**는 듯**해요. 　**더 알아봅시다** 　1. 확신하기 어려운 경우, 동사 +'-는 듯 마는 듯'의 표현을 쓰기도 한다. 　　하다 → 하**는 듯** 마는 듯, 먹다 → 먹**는 듯** 마는 듯 　2. 동사/형용사 + (으)ㄹ의 구성으로 미래형을 만들기도 한다. 　　가다 → 갈 듯, 먹다 → 먹을 듯, 재미있다/없다 → 재미있을 듯/없을 듯, 예쁘다 → 예쁠 듯, 좋다 → 좋을 듯, 학생이다/아니다 → 학생일 듯/아닐 듯

동사, 있다/없다	현재	받침 ○, ×	–는 듯
		받침 ○	–은 듯
	과거	받침 ×	–ㄴ 듯
형용사, 이다/아니다	받침 ○		–은 듯
	받침 ×, 받침 ㄹ		–ㄴ 듯

형태제시	10분	가다 → 가**는 듯**, 간 **듯**, 먹다 → 먹**는 듯**, 먹**은 듯**, 재미있다 → 재미있**는 듯**, 재미있**은 듯**, 맛없다 → 맛없**는 듯**, 맛없**은 듯**, 학생이다/아니다 → 학생**인 듯**/아**닌 듯**
		1. 스티브 씨는 지난주에 고향으로 **간 듯**합니다.
		2. 그릇이 깨끗이 비워진 것을 보니 맛있게 먹**은 듯**해요.
		3. 코끼리의 걸음걸이가 재미있**는 듯** 아이가 눈을 못 떼는군요.
		4. 햄버거가 맛이 없**는 듯** 아이가 얼굴을 찌푸립니다.
		5. 저 사람은 옷차림으로 보아 학생이 아**닌 듯**합니다.

유의적 연습과 활용	17분	1. 교사와 대화 연습을 해 봅시다.
		  1) T: 지금 밖에 눈이 오고 있나요?
		    S: 네, 눈이 오**는 듯**해요.
		  2) T: 오늘은 날씨가 좋을 것 같은데 공원에서 도시락을 먹을까요?
		    S: 네, 모두들 좋아**할 듯**해요.
		  3) T: 요즘 스티브 씨가 안 보이네요.
		    S: 연말이 되어서 매우 바**쁜 듯**해요.
		  4) T: 율리아 씨와 이야기를 하고 있는 사람은 누구예요?
		    S: 글쎄요, 남자 친구**인 듯**해요.

2. 친구와 대화 연습을 해 봅시다.

그 사람은 해외출장을 가다/바쁘게 공항으로 가다	그 사람은 해외 출장을 가**는 듯** 바쁘게 공항으로 가고 있어요.
리에 씨는 감기에 걸리다/약을 먹고 있다	리에 씨는 감기에 걸**린 듯** 약을 먹고 있어요.
만화 영화가 재미있다/아이들이 웃고 있다	만화 영화가 재미있**는 듯** 아이들이 웃고 있어요.
짜증이 나다/얼굴을 찌푸리다	짜증이 **난 듯** 얼굴을 찌푸리고 있어요.
저 사람은 의사이다/그 사람은 청진기를 들고 있다	저 사람은 의사**인 듯** 청진기를 들고 있다.
한국 사람이 아니다/발음이 이상하다	한국 사람이 아**닌 듯** 발음이 이상하다.
오늘 사장님이 기분이 좋다/한 턱을 내다	오늘 사장님이 기분이 좋**은 듯** 한턱을 냈어요.

33. -ㄴ 만큼, -는 만큼, -은 만큼

| 학습목표 | 앞 문장의 내용과 비슷한 정도나 수량을 나타내는 표현 익히기 |

학습내용	시간 40분	교수 · 학습 활동
도입	3분	T: 티엔 씨, 내일은 학교에서 시험을 보는 날이에요. S: 시험공부는 너무 힘들어요. T: 열심히 공부했지요? S: 네, 어제 잠도 못 자고 공부 했어요. T: 열심히 공부**한 만큼** 결과도 좋을 거예요. 걱정하지 마세요.

의미제시	7분	앞 문장의 내용과 비슷한 정도나 수량을 나타낼 때 사용한다.
		
		T: 스티브 씨, 꾸준히 운동을 **한 만큼** 살을 많이 빠졌어요.
		T: 리에 씨, 운전 연습을 많이 **한 만큼** 운전 면허증을 땄어요.
		
		더 알아봅시다
		
		앞 내용이 과거에 관한 것이라면 동사에 '-은 만큼'을 쓰거나, 동사나 형용사에 '-았던 만큼'을 쓴다.
		  예) 어머니께서 돈을 준**만큼** 과자를 사 와라.
		    그 사람은 돈이 많**았던 만큼** 고민도 많이 했다.

형태제시	10분	<table><tr><td>동사, 있다/없다</td><td>받침○,×</td><td>-는 만큼</td></tr><tr><td rowspan="2">형용사, 이다/아니다</td><td>받침 ○</td><td>-은 만큼</td></tr><tr><td>받침×,받침ㄹ</td><td>-ㄴ만큼</td></tr></table> 먹다 → 먹**는 만큼**, 자다 → 자는 **만큼**, 작다 → 작**은 만큼**, 크다 → 큰 **만큼**, 일하다 → 일**한 만큼**, 비싸다 → 비**싼 만큼** *교사가 결합정보와 예문을 제시한 뒤, 먼저 교사가 예문을 읽는다. 그 후 학생들이 예문을 따라 읽을 수 있도록 한다. 1. 밥을 많이 먹**은 만큼** 운동을 해야 돼요. 2. 아기 때는 자는 **만큼** 키가 커요.

		3. 작은 **만큼** 더 특별한 결혼식을 합니다.
		4. 키가 **큰 만큼** 멀리까지 볼 수 있어요.
		5. 월급은 일**한 만큼** 받아야 해요.
		6. 이 자전거는 비**싼 만큼** 튼튼해요.

유의적
연습과 활용
	20분	1. 교사와 대화 연습을 해 봅시다.
		  1) T: 밖에 눈이 많이 오는군요.
		     S: 눈이 많이 오**는 만큼** 조심해야겠어요.
		  2) T: 학교 축제에서 상을 받았다면서요?
		     S: 네, 그동안 열심히 연습한 **만큼** 좋은 결과가 나왔어요.
		  3) T: 툭소 씨, 이 빵이 참 맛있어요.
		     S: 이 빵은 재료가 좋**은 만큼** 맛도 좋아요.
		  4) T: 리에 씨는 많이 먹어도 살이 안 쪄요.
		     S: 저는 먹**는 만큼** 살이 쪄요.
		  5) T: 툭소 씨는 봉사활동을 많이 해요.
		     S: 봉사를 많이 하**는 만큼** 복을 받을 거예요.

2. 친구와 대화 연습을 해 봅시다.

상황	문장 만들기
늦게 자다/학교에 늦다	늦게 잔 **만큼** 학교에 늦을 거예요.
성격이 좋다/친구가 많다	
여행을 가다/기분이 좋다	
집이 넓다/청소하기 힘들다	
열심히 일하다/돈을 받다	

34. -ㄴ 반면에, -는 반면에, -은 반면에

학습목표	앞 내용과 뒤 내용이 대조되는 표현 익히기

학습내용	시간 40분	교수·학습 활동
도입	3분	T: 티엔 씨, 한국어 시험을 잘 봤어요? S: 듣기는 잘 봤어요. 그런데 쓰기 시험은 못 봤어요./점수가 안 좋아요. T: 티엔 씨는 듣기 시험을 잘 **본 반면에** 쓰기 시험은 잘 못 봤군요.

의미제시	7분	앞 내용과 뒤 내용이 대조되는 것을 나타낼 때 사용한다.
		
		T: 여행을 가면 기분이 좋**은 반면에** 돈이 너무 비싸요.
		T: 여러분들은 불고기를 좋아하**는 반면에** 저는 잡채를 좋아해요.
		
		더 알아봅시다
		1. 큰 의미 차이가 없는 경우에 '-지만'과 바꾸어 쓸 수 있다. '-는 데 반해'와
		  같은 의미이다.
		  예) 나는 키가 **큰 반면에** 내 동생은 키가 작다.
		    나는 키가 크지만 내 동생은 키가 작다.
		    나는 키가 큰 데 반해 내 동생은 키가 작다.
		2. 조사 '-에'가 생략된 '-는 반면'의 형태로도 쓰인다.
		  예) 착한 사람이 있**는 반면에** 나쁜 사람도 있다.
		    착한 사람이 있**는 반면** 나쁜 사람도 있다.
		3. 앞 내용이 과거에 관한 것이라면 동사에 '-은 반면에'를 쓰거나 동사나 형
		  용사에 '-았던 반면에'를 쓴다.
		  예) 일이 힘든 **반면에** 돈을 많이 번다. (현재)
		    친구가 밥을 먹**었던 반면에** 나는 국수를 먹었다. (과거)

형태제시	10분	<table><tr><td rowspan="2">동사, 있다/없다</td><td>받침 ○</td><td rowspan="2">-는 반면에</td></tr><tr><td>받침 ×</td></tr><tr><td rowspan="2">형용사, 이다/아니다</td><td>받침 ○</td><td>-은 반면에</td></tr><tr><td>받침 ×</td><td>-ㄴ 반면에</td></tr></table> 재미있다 → 재미있**는 반면에**, 힘들다 → 힘든 **반면에**, 못하다→ 못하는 **반면에**, 빠르다 → 빠른 **반면에**, 꼼꼼하다 → 꼼꼼**한 반면에**

		*교사가 결합정보와 예문을 제시한 뒤, 먼저 교사가 예문을 읽는다. 그 후 학생들이 예문을 따라 읽을 수 있도록 한다.

*교사가 결합정보와 예문을 제시한 뒤, 먼저 교사가 예문을 읽는다. 그 후 학생들이 예문을 따라 읽을 수 있도록 한다.

1. 그 영화는 재미있**는 반면에** 싸우는 장면이 많이 나온다.
2. 그 회사는 일이 힘**든 반면에** 월급을 많이 준다.
3. 애니 씨는 노래를 못하**는 반면에** 운동을 잘한다.
4. 비행기는 빠**른 반면에** 표값이 비싸다.
5. 그 사람은 꼼꼼**한 반면에** 느리다.

유의적
연습과 활용
	20분	1. 교사와 대화 연습을 해 봅시다.
		  1) T: 시험 성적이 나왔어요?
		    S: 한국어는 잘 **본 반면에** 수학은 잘 못 봤어요.
		  2) T: 커피숍에서 무엇을 마셨어요?
		    S: 저는 커피를 마**신 반면에** 친구는 차를 마셨어요.
		  3) T: 티엔 씨는 부모님을 닮았어요?
		    S: 저는 아빠를 닮**은 반면에** 동생은 엄마를 닮았어요.
		  4) T: 이번 아르바이트가 힘들어요?
		    S: 일이 힘**든 반면에** 돈을 많이 받아요.
		  5) T: 리에 씨 동생은 운동을 잘 하지요?
		    S: 운동을 잘 하**는 반면에** 공부는 조금 못해요.

2. 친구와 대화 연습을 해 봅시다.

상황	문장 만들기
1. 고기를 좋아하다/야채를 싫어하다	고기를 좋아하는 **반면에** 야채를 싫어해요.
2. 택시는 편리하다/요금이 비싸다	
3. 친구는 용돈을 많이 받는다/나는 용돈을 적게 받는다	
4. 친구는 부지런하다/나는 게으르다	

35. -ㄴ 셈 치다, -는 셈 치다, -은 셈치다

학습목표	인정하거나 가정하는 표현 익히기

학습내용	시간 40분	교수 · 학습 활동
도입	3분	T: 주말 잘 보냈어요? 주말에 뭐 했어요? S: 친구 만났어요./텔레비전 봤어요. T: 저는 너무 피곤해서 주말 내내 잤어요. 일어나니까 월요일이었어요. 그래서 주말이 없었**던 셈 치**려고 해요.

의미제시	7분	위의 도입을 통해 실제로 주말이 없었던 것은 아니지만 그렇게 생각하겠다는 의미로 '-(으)ㄴ/는 셈치다'를 쓸 수 있다는 것을 설명한다. 즉, 실제 상황과는 다르게 생각하겠다는 의미로 쓰인다.
		
		T: 친구에게 돈을 빌려 주었어요. 그런데 못 받을 것 같아요. 그래서 그냥 없는 셈 치려고요.
		
		### 더 알아봅시다
		1. 미래 표시로 쓰이는 '-(으)ㄹ-'은 쓰이지 않는다.
		  (예) 먹을 **셈 치려고요.**(×)
		2. 의도의 의미로 쓰이는 '-려고 하다' 또는 '-겠-' 등과 함께 자주 쓰인다.
		  (예) 먹은 **셈 치려고 해요.**
		      먹은 **셈 치겠어요.**
		3. '-(으)ㄴ/는 셈 치다'는 모두 받침 있는 동사 뒤에 쓸 수 있지만 그 의미에서 차이가 있다. '-는 셈 치다'는 아직 진행 중인 동작이고 '-은 셈 치다'는 이미 끝난 동작의 의미를 갖는다.
		  (예) 속는 **셈치다** (아직 안 끝난 동작에 대해 속는 것으로 생각하겠다는 의미임)
		     속은 **셈치다** (이미 끝난 동작에 대해 속은 것으로 생각하겠다는 의미임)
		4. 비교문형 '-(으)ㄴ/는 셈이다'와 '-(으)ㄴ/는 셈치다'
		  '-는 셈이다'는 어떤 일이 자신이 생각한 것과 비슷하게 완성되었다고 판단할 때 사용하는 반면 '-는 셈치다'는 현실과는 반대이지만 그렇더라도 완성되었다고 생각한다는 의미이다.
		  예) (이번 시험은 너무 어려워서 70점이라도 잘 본 셈이에요.
		    (시험이 어려워서 70점도 잘 본 것이라는 의미이다)
		    (이번 시험은 준비를 못했으니)70점이라도 잘 본 셈 치려고요.
		    (실제로 잘 본 것은 아니지만 그렇게 생각하겠다는 의미이다.)

형태제시	10분		

동사. 없다/있다.	받침 ○	-은/-는 셈치다
	받침 ×	-는 셈치다
형용사, 이다/아니다	받침 ○	-은 셈치다
	받침 ×	-ㄴ 셈치다

먹다 → 먹은 **셈치다**, 속다 → 속는 **셈치다**, 끝나 가다 → 끝나 가는 **셈치다**, 기부하다 → 기부한 **셈치다**, 없다 → 없는 **셈치다**

1. 점심시간에 시간이 없어서 커피만 마셨어요. 밥은 먹은 **셈** 치려고요.
2. 친구와 영화를 볼 거예요. 친구가 재미있을 것 같다고 했지만 저는 재미없을 것 같아요. 그래도 속는 **셈치**고 같이 보려고요.
3. 일이 아직 덜 끝났지만 이 정도면 잘 끝나 가는 **셈** 치려고요.
4. 가난한 친구가 있어서 기부하는 **셈치**고 돈을 빌려주었어요.
5. 조금 전까지 있던 지우개가 없어졌어요. 없는 **셈치**고 하나 새로 사야겠어요.

유의적 연습과 활용 — 20분

1. 교사와 대화 연습을 해 봅시다.
(교사는 단어카드를 준비하거나 판서를 통해 학생들의 대답을 이끌어낼 수 있다.)
 1) T: 친구에게 빌려주고 못 받은 물건이 있어요. 어떻게 할까요?
    S: 없는 **셈쳐요**.
 2) T: 어제 외운 단어가 기억이 안나요. 어떻게 할까요?
    S: 안 외운 **셈쳐요**.
 3) T: 그래요. 안 외운 **셈치**고 다시 외워요.
    T: 시험을 못 봤어요. 어떻게 할까요?
 4) S: 잘 본 **셈쳐요**.
    T: 맞아요. 이번엔 잘 본 **셈치**고 다음에 더 열심히 하세요.
 5) T: 아르바이트가 끝났는데 돈을 안 줘요.
    S: 불쌍한 사람 도운 **셈치려고요**.

2. 친구와 대화 연습을 해 봅시다.

못/안 한 것	한 셈 치려고 하는 것
비빔밥을 안 먹어 보았다	비빔밥을 먹어 **본 셈** 치려고요.
제주도를 못 가 보았다	
음악을 못 들었다	
여행을 못 갔다	
커피를 못 마셨다	

36. -ㄴ 줄 알다/모르다, -은 줄 알다/모르다, -는 줄 알다/모르다

학습목표	사실과 다르게 알고 있었음을 나타내는 표현 익히기

학습내용	시간 40분	교수 · 학습 활동
도입	3분	T: 티엔 씨 안녕하세요? 아침밥은 먹었어요? S: 네/ 아니요 T: 티엔 씨, 아침 안 먹었어요? S: 네. 늦게 일어났어요. T: 티엔 씨는 부지런해서 일찍 일어나**는 줄 알**았어요. 그리고 아침을 꼭 먹**는 줄 알**았어요.
의미제시	7분	'알다'와 '모르다'의 기본 의미를 환기시키면 학습자들이 문형에 쉽게 접근할 수 있다. T: 어제 아침에 학교 식당에 갔었어요. 그런데 식당 문을 안 열었어요. 저는 일찍 여**는 줄 알**았어요. 위의 예문을 통해 사실 여부를 잘 못 알고 있었을 때 쓰는 표현임을 설명한다. **더 알아봅시다** 1. -ㄹ/을 줄 알다 는 사실을 잘 못 알고 있다는 의미 외에 능력 여부가 있다/없다의 경우에도 쓰인다. 　예) 저는 파아노를 칠 줄 알아요. 　　　티엔 씨는 대부분의 한국 요리를 만들 줄 알아요. 2. '-은 줄 알다'와 '-는 줄 알다'는 모두 받침 있는 동사 뒤에 쓸 수 있지만 그 의미에서 차이가 있다. '-는 줄 알다'는 아직 진행 중인 동작이고 '-은 줄 알다'는 이미 끝난 동작의 의미를 갖는다. 　예) 밥을 먹는 줄 알았다. (진행 중인 동작) 　　　밥을 먹은 줄 알았다 (끝난 동작) 3. '명사+이다'의 경우 '-인 줄 알다'의 형태로 쓰인다. 　예) 토끼인 줄 알았어요.

동사, 있다/없다	받침 ○	−는 줄 알다/모르다
	받침 ×	−ㄴ 줄 알다/모르다
형용사	받침 ○	−은 줄 알다/모르다
이다/아니다	받침 ×	−ㄴ 줄 알다/모르다

가다 → **간 줄 알다**, 먹다 → **먹은/는 줄 알다**, 보다 → **본 줄 알다**, 하다 → **하는 줄 알다**, 있다 → **있는 줄 알다**

1. 저는 툭소 씨가 집에 **간 줄 알았어요.**
2. 저는 스티브 씨가 밥을 **먹은/는 줄 알았어요.**
3. 저는 리에 씨가 벌써 이 영화를 **본 줄 알았어요.**
4. 저는 율리아 씨가 숙제를 **하는 줄 알았어요.**
5. 저는 집에 사과가 **있는 줄 알았어요.**

형태제시 — 10분

유의적 연습과 활용 — 20분

1. 교사와 대화 연습을 해 봅시다.

	사실	잘못 알고 있었던 사실
약속 시간	3시	4시
약속 장소	경복궁	덕수궁
약속 날짜	9월 10일	9월 11일
만나는 사람	동아리 친구들	반 친구들

1) T: 약속이 3시예요. 그런데 몇 시인 줄 알았어요?
   S: 약속이 4시**인 줄 알았**어요.
2) T: 경복궁에서 만나요. 그런데 어디서 만나는 줄 알았어요?
   S: 덕수궁**인줄 알았**어요.
3) T: 9월 10에 만나요. 그런데 언제 만나는 줄 알았어요?
   S: 9월 11일에 만나**는 줄 알았**어요.
4) T: 동아리 친구들을 만나요. 누구를 만나는 줄 알았어요?
   S: 반 친구들을 만나**는 줄 알았어요.**

2. 친구와 대화 연습을 해 봅시다.

사실	잘 못 알고 있었던 사실
차가 안 막힌다	차가 막히**는 줄 알았다**
비가 안 온다	비가 오**는 줄 알았다.**
노래를 잘 못 부른다	
한국 요리를 할 줄 모른다	
피아노를 칠 줄 모른다	

37. -ㄴ 탓, -는 탓, -은 탓

학습목표	부정적인 인과를 나타내는 표현 익히기

학습내용	시간 40분	교수 · 학습 활동
도입	3분	T: 티엔 씨, 오늘 어디가 아파요? S: 네, 감기에 걸렸어요. T: 감기에 걸린 **탓**에 그렇게 힘이 없군요. 약은 먹었어요? S: 네, 먹었어요. 졸려요. T: 티엔 씨가 약을 먹**은 탓**에 졸려요.
의미제시	10분	부정적인 결과가 생긴 이유를 나타낼 때 쓴다. 1) T: 리에 씨, 오늘 좀 늦었네요. 　　S: 아침에 늦게 일어났어요. 　　T: 아침에 늦게 일어난 **탓**에 늦었군요. 2) T: 스티브 씨, 옷이 젖었네요. 　　S: 밖에 비가 와요. 바람도 불고요. 　　T: 스티브 씨는 비가 **온 탓**에 옷이 젖었어요. **더 알아봅시다** <table><tr><td></td><td>-는 탓</td><td>-ㄴ/는 덕분에</td></tr><tr><td>1. 의미</td><td>부정적인 결과를 초래하는 원인과 같이 쓸 때</td><td>결과가 좋을 때</td></tr><tr><td>2. 주어 제약 관계</td><td>앞, 뒤 문장의 주어 제약 없음</td><td>앞, 뒤 문장의 주어 제약 없음</td></tr><tr><td>3. 결합관계</td><td>제약 없음</td><td>명령문, 청유문과 결합 (×)</td></tr><tr><td>4. 예문</td><td>친구가 감기에 걸린 **탓에** 나까지 감기에 걸렸다.</td><td>선생님께서 잘 가르쳐 주신 덕분에 시험을 잘 봤어요.</td></tr></table>
형태제시	10분	<table><tr><td>동사, 있다/없다</td><td>받침 ○, ×</td><td>는 탓</td></tr><tr><td rowspan="2">형용사</td><td>받침 ○</td><td>은 탓</td></tr><tr><td>받침×, 받침 ㄹ</td><td>ㄴ 탓</td></tr></table>

| | | 내리다 → 내린 **탓**
과식하다 → 과식**한 탓**
비싸다 → 비**싼 탓**
놀다 → **논 탓**
없다 → 없**는 탓**

1. 버스에서 잘못 내린 **탓**에 지각하고 말았어요.
2. 저녁에 과식**한 탓**에 배탈이 났어요.
3. 채소와 과일 값이 비**싼 탓**에 살 수가 없어요.
4. 하루 종일 **논 탓**에 숙제할 시간이 없었어요.
5. 집에 남은 밥이 없**는 탓**에 라면을 먹었어요. |
| 유의적
연습과 활용 | 17분 | 1. 교사와 대화 연습을 해 봅시다. |

왜 실수를 많이 해요?	성격이 급**한 탓**에 실수를 많이 해요.
왜 차가 막혀요?	(사고가 나다)
왜 화가 났어요?	(옆집이 너무 시끄럽다)
왜 엉뚱한 곳에서 내렸어요?	(버스를 잘못 타다)
왜 시험에 떨어졌어요?	(공부를 안 하다)

2. 친구와 대화 연습을 해 봅시다.

친구	나
친구와 싸웠어요?	친구가 약속을 (어**긴 탓**에) 영화 보는 시간이 늦었어요. (어기다)
길이 막혀요.	(출퇴근 시간이다) _____ 길이 막혀요.
밖이 너무 시끄러워요.	(큰 소리로 노래를 부르다) _____ 밖이 너무 시끄러워요.
살이 많이 쪘어요.	(저녁에 많이 먹다) _____ 살이 많이 쪘어요.
방이 너무 더러워요.	(청소를 안 하다) _____ 방이 너무 더러워요.
국이 너무 짜요.	(소금을 너무 많이 넣다) _____ 국이 너무 짜요.

38. -ㄴ다, -는다, -다2

<table>
<tr><td>학습목표</td><td>현재의 행동이나 사실, 습관 등을 객관적으로 나타내는 표현 익히기</td></tr>
</table>

학습내용	시간 40분	교수 · 학습 활동
도입	10분	2013년 12월 8일 날씨 : 추움 나의 꿈은 피겨 스케이트 선수다. 왜냐하면 김연아처럼 멋진 세계적인 선수가 되고 싶어서이다. 피겨 스케이트를 잘 타면, 인라인도 쉽게 탈 수 있다. '고통 없이는 얻는 것도 없다.'라는 말이 있다. 그래서 나는 빙판에 엉덩방아를 쪄도 포기하지 않을 것이다. 피겨 스케이팅은 정말 재미있을 것 같다. 재미있을 테니까 잘 할 수 있을 것 같다. T: 여기를 보세요. 무슨 글이에요? S: 일기예요. T: 네. 맞아요. 일기는 하루 지냈던 일 중에 가장 기억나고 인상 깊었던 일을 적는 글이에요. 여러분은 일기를 매일 써요? S: 아니요. T: 이 일기는 초등학교 1학년 학생이 썼어요. 이 일기를 읽어보면 문장 끝이 어떻게 끝났나요? S: 선수**다**. 싶어서이**다**. 있**다**. 것이**다**. 같**다**.
의미제시	5분	현재의 행동이나 사실, 습관 등을 객관적으로 나타낸다. (신문이나 일기 같은 글말에서 쓰인다.) **더 알아봅시다** 1. (글말)신문이나 일기 같은 글에 쓰여 어떤 일을 중립적으로 기술한다. 　예) 봄이 뿌린 씨앗은 가을에 거두어들**인다**. 2. (입말) 　1) 어떤 행위를 현재형으로 기술하여 친근감을 표현한다.(친구, 아랫사람에 쓰인다.) 　　예) 나는 밥을 먹**는다**. 　2) 계획하고 있거나 확정된 미래 사실을 나타낸다. 　　예) 난 내년에 초등학생이 **된다**.

		3) 곧 있을 행동을 명령, 지시한다.

3) 곧 있을 행동을 명령, 지시한다.

예) 자리에 앉**는다**. 실시!

4) 감탄을 나타낼 때 쓰인다.

예) 귀엽**다**. 예쁘**다**. 아름답**다**.

5) 시제를 나타내는 '-았-', '-겠-'에 '다'를 붙여 쓰인다.

예) 어제는 종일 비가 왔**다**.

비가 그치고 나면 엄청 춥겠**다**.

형태제시	10분	

동사	받침 ○	-는다
	받침 ×, 받침 ㄹ	-ㄴ다
형용사	받침 ○, ×	-다

결혼하다 → 결혼**한다**, 마시다 → 마**신다**, 졸업하다 → 졸업**한다**, 좋다 → 좋**다**, 즐겁다 → 즐겁**다**

1. 민석 씨와 은경 씨가 다음 달에 결혼**한다**.

2. 공부할 때 피곤하면 커피를 마**신다**.

3. 나는 내년에 대학교를 졸업**한다**.

4. 요즘은 날씨가 참 좋**다**.

5. K-POP을 들으니 마음이 즐겁**다**.

유의적 연습과 활용	15분	

1. 다음 문장을 '-ㄴ다'로 고쳐 쓰세요.

서울 시청 앞에서 눈썰매를 탑시다.

"눈썰매를 타며 신나는 겨울을 보내세요."

서울 시청 앞에서 눈썰매를 탈 수 있게 되었습니다. 입장료는 3,000원, 자유이용권은 5,000원으로 저렴합니다. 12월 13일 개장 예정이며 내년 2월까지 운영됩니다. 운영시간은 오전 9시부터 오후 6시까지입니다. 멀리 가지 않아도 도심 속에서 즐겁게 눈썰매를 타 보십시오. 방학을 맞은 아이들, 연인, 가족 여러분의 많은 이용바랍니다.

예) 서울 시청 앞에서 눈썰매를 탑시다 → 서울 시청 앞에서 눈썰매를 **탄다**.

2. 친구와 아래 속담의 뜻을 생각해 봅시다.

- 가는 말이 고와야 오는 말이 곱**다**.
- 먼 친척보다 가까운 친척이 낫**다**.
- 길고 짧은 것은 대보아야 **안다**.
- 남의 떡이 더 커 보**인다**.
- 말이 씨가 **된다**.

39. -ㄴ다거나1, -는다거나1, -다거나1, -라거나

학습목표	나열하면서 설명하는 표현 익히기

학습내용	시간 40분	교수 · 학습 활동
도입	3분	T: 티엔 씨, 어디 아파요? S: 네, 어제 잠을 못 잤어요. 커피를 많이 마셨어요. T: 밤에 커피를 **마신다거나** 술을 마시면 잠이 안 와요. S: 시험 공부하느라 커피를 많이 마셨어요. T: 티엔 씨, 커피보다는 밖에 나가 **걷는다거나** 스트레칭을 하면 좋아요.

의미제시	10분	여러 가지 사실을 나열하거나 그 중에서 선택함을 나타낼 때도 쓰이지만 여기서는 여러 가지 행위나 상태를 예를 들어 나열하면서 설명할 때 사용하는 용법을 가르친다.
		
		T: 제 친구가 혼자 살아요. 그래서 제가 강아지를 **키운다거나** 꽃을 키우면 좋다고 했어요.
		T: 동생은 산을 좋아해요. 그래서 방학이 되면 설악산에 **간다거나** 지리산에 가요.
		T: 수업을 할 때 **떠든다거나** 음식을 먹으면 다른 학생들이 싫어해요.
		T: 우울할 때 맛있는 음식을 **먹는다거나** 음악을 들으면 좋아요.
		
		  더 알아봅시다
		1. 주로 '-다거나', '-다거나 하다'의 꼴로 쓰인다.
		   예) 음식이 비싸**다거나** 하면 다른 곳으로 가요.
		2. '-ㄴ다거나' 보다는 '-거나'를 더 많이 쓴다.
		   예) 바다에 가**거나** 하면 여러 벌의 옷이 필요해요.
		3. 명사와 함께 쓸 때는 '-이라거나'가 맞지만 일반적으로 '-이나'를 쓴다.
		   예) 카드나 통장이나 이런 거 있나요?
		       빵이나 과자나 모두 비싸다.

형태제시	10분	<table><tr><td rowspan="2">동사, 있다/ 없다</td><td>받침 ○</td><td>-는다거나</td></tr><tr><td>받침 ×</td><td>-ㄴ다거나</td></tr><tr><td>형용사</td><td>받침 ○, ×</td><td>-다거나</td></tr><tr><td>이다/아니다</td><td>받침 ○, ×</td><td>-라거나</td></tr></table>

가다 → **간다거나**, 뛰다 → **뛴다거나**, 먹다 → **먹는다거나**, 아프다 → 아프**다거나**, 카드이다 → 카드이**라거나**

*교사가 칠판에 판서한 표현들을 바르게 읽고 학생들에게 한 번씩 따라 읽도록 한다.

1. 여행을 **간다거나** 하면 준비를 많이 해요. 옷도 준비하고 먹을 것도 준비해요.
2. 교실에서 **뛴다거나** 소리를 지르면 수업을 할 수 없어요.
3. 아침밥을 잘 **먹는다거나** 운동을 하면 건강에 도움이 돼요.
4. 지난번처럼 머리가 아프**다거나** 하면 빨리 병원에 가세요.
5. 카드이**라거나** 통장이**라거나** 그런 거 있어요?

| 유의적
연습과 활용 | 17분 | (내용) |

1. 선생님과 함께 대화 연습을 해 봅시다.
    1) T: 스티브 씨는 주말에 뭐해요?
        S: 저는 청소를 한**다거나** 부모님을 도와 집안일을 해요.
    2) T: 공연장에서 지켜야할 규칙이 있어요.
        S: 떠든**다거나** 사진을 찍어서는 안돼요.
    3) T: 교실에서 뛰면 안 돼요. 떠들어도 안 돼요.
        S: 교실에서 뛴**다거나** 떠들면 안 돼요.

2. 친구와 함께 대화 연습을 해 봅시다.
    다음 보기와 같이 해 보세요.

〈보기〉
날씬해지다(뛰다/걷다) → **뛴다거나 걷는다거나** 하면 날씬해져요.

상황	나	친구
다이어트를 해요.	수영, 테니스 수영이라거나 테니스를 하면서 다이어트를 해요.	요가를 한다, 축구를 하다
방학을 했어요.	여행을 가다. 아르바이트를 하다.	고향에 가요, 여행을 해요
엄마가 보고 싶어요.	채팅을 해요, 메일을 써요	고향에 가요, 사진을 봐요
감기에 걸렸어요.	약을 먹어요, 잠을 자요.	병원에 가요, 약을 먹어요.
혼자 살아요.	친구를 만나요, 결혼을 해요.	강아지를 키워요. 꽃을 키워요.

40. -ㄴ다고1, -는다고1, -다고1, -라고3

학습목표	목적이나 의도를 나타내는 표현 익히기

학습내용	시간 40분	교수 · 학습 활동
도입	3분	T: 티엔 씨는 도서관에 가요. 매일 매일 도서관에 가요. S: 티엔 씨는 우리 반 일등이에요. T: 티엔 씨는 공부를 한**다고** 매일 도서관에 가요. 공부하러 도서관에 가요. S: 스티브 씨도 도서관에 가요. T: 스티브 씨는 티엔 씨를 만**난다고** 도서관에 가요.
의미제시	10분	앞의 문장과 같은 목적이나 의도 때문에 뒤 문장의 행위를 할 때 사용한다. T: 리에 씨는 아침에 일찍 일어나서 학원에 가요. 영어를 공부하러 학원에 가요. 리에 씨는 영어를 공부한**다고** 일찍 일어나요. 학원에 **간다고** 일찍 일어나요. T: 율리아 씨는 백화점에 갔어요. 백화점에 옷을 사러 갔어요. 율리아 씨는 옷을 **산다고** 백화점에 갔어요. **더 알아봅시다** 1. '-다고'는 형용사의 '았/겠'에 붙어 어떤 상황의 근거나 이유를 나타날 때도 사용된다. 　예) 이번 시험 성적이 나빴**다고** 포기하면 안 돼요. 2. '-라고'는 '이다/아니다'에 붙어 근거나 이유를 나타낼 때 사용한다. 　예) 선생님이라고 모든 것을 다 아는 것은 아니다. 　　　이렇게 작은 것도 사과**라고** 참 달아요. 3. '다고', '-라고'는 주로 속담이나 관용구와 함께 쓰여 그에 빗대어 어떤 상황을 나타날 때도 사용한다. 　예) '가는 말이 고와야 오는 말이 곱**다**'고 말을 신중히 하세요. 　　　'쥐구멍에도 볕들 날이 있**다**'고 언젠가 좋은 날이 올 겁니다. 　　　'이웃사촌'이라고 그들은 서로 먼 친척보다 더 친하게 지낸다. 　　　'사필귀정'이라고 착하게 살면 복을 받게 된다.
형태제시	10분	<table><tr><td rowspan="2">동사, 있다/없다</td><td>받침 ○</td><td>-는다고</td></tr><tr><td>받침 ×</td><td>-ㄴ다고</td></tr></table>

형용사	받침 ○, ×	-다고
명사	받침 ○	-이라고
	받침 ×	-라고

배우다 → 배**운다고**, 공부하다 → 공부**한다고**, 마시다 →마**신다고**, 예쁘다 → 예쁘**다고**, 학생이다 → 학생**이라고**

1. 리에 씨는 한국어를 배**운다고** 다문화센터에 가요.
2. 스티브 씨는 공부**한다고** 도서관에 갔어요.
3. 율리아 씨는 홍차를 마**신다고** 카페에 갔어요.
4. 아버지는 막내 동생이 예쁘**다고** 장난감을 많이 사 오세요.
5. 동생도 학생**이라고** 용돈을 많이 달라고 했어요.

유의적 연습과 활용	17분	1. 교사와 대화 연습을 해 봅시다.

1) T: 리에 씨는 일본어를 배우고 싶어요. 일본어를 배우려면 어디에 가요?
   S: 일본어 학원에 가요. 인터넷 강의를 들어요.
   T: 일본어를 배**운다고** 인터넷 강의를 들어요. 일본어를 배**운다고** 학원에 가요.
2) T: 방이 더러워요, 청소를 하고 싶어요. 청소를 하려면 창문을 열어요.
   S: 청소를 **한다고** 창문을 열어요.
3) T: 율리아 씨는 사과가 먹고 싶어요. 그런데 집에 사과가 없어요.
   사과를 사러 마트에 가요.
   S: 율리아 씨는 사과를 **산다고** 마트에 가요.
4) T: 선생님은 해외여행을 가고 싶어요. 그런데 옷이 없어요.
   그래서 옷을 사고 싶어요.
   S: 선생님은 해외여행을 가**신다고** 옷을 사요.
5) T: 낮말은 새가 듣고 밤 말은 쥐가 듣**는다고** 말을 조심하세요.
   S: 소문이 나면 여러 사람이 힘들어요.

2. 친구와 대화를 해 봅시다.

상황	나	친구
쌀이 없어요.	쌀을 **산다고** 마트에 가요.	쌀을 얻**는다고** 친구네 가요.
친구를 만나요.	친구를 만**난다고** 공항에 가요.	친구를 만**난다고** 학교에 가요.
다이어트를 해요.	다이어트를 **한다고** 운동을 해요.	다이어트를 **한다고** 수영을 해요.
한국어 책을 읽고 싶어요.	한국어 책을 읽**는다고** 사전을 사요.	한국어 책을 읽**는다고** 열심히 공부해요.
장학금을 받고 싶어요.	장학금을 받**는다고** 수업이 끝나면 도서관에 가요.	장학금을 받**는다고** 열심히 공부해요.

41. -ㄴ지, -는지, -은지

학습목표	막연한 의문이나 추측을 나타내는 표현 익히기

학습내용	시간 40분	교수 · 학습 활동
도입	3분	T: 여러분, 이번 주말에 우리 반 학생들 모두같이 영화 볼까요? S: 와, 좋아요. T: 그런데 요즘 어떤 영화를 하**는지** 잘 모르겠어요. 어떤 영화가 재미있**는지** 알아요? S: '친구'가 좋아요./'괴물'이 좋아요. T: 그럼 어떤 영화를 보는 것이 좋**은지** 조사해봐야겠어요. 자 '친구'가 좋은 사람 손들어 보세요.
의미제시	10분	막연한 의문이나 추측을 나타낼 때 쓰이고, 반어법으로 강조할 때도 쓰인다. 1. 보고서에 무슨 문제는 없**는지** 더 검토해 봅시다. 2. 지금쯤 시험이 끝났**는지** 모르겠네. 3. 툭소 씨가 얼마나 한국어를 잘 하**는지** 몰라요. 4. 당신이 내 곁을 떠나간 후에 얼마나 눈물을 흘렸**는지** 몰라요. **더 알아봅시다** 1. 문장의 종결형처럼 쓰여 화자의 의문이나 감탄을 나타내기도 하고, '요'가 붙으면 높임표현이 된다. 　예) 고향을 떠날 때 얼마나 슬펐**는지**! 　예) 아기가 얼마나 귀여웠**는지**요! 2. '-았/었/겠-'에는 모두 '-**는지**'가 붙는다. 　예) 갔**는지**, 먹었**는지**, 재미있었**는지**, 좋았**는지**, 학생이었**는지** 3. 미래는 '-으(ㄹ)지'와 결합한다. 　예) 가다 → 갈지　좋다 → 좋을지 4. 'ㄹ' 받침의 동사, 형용사 어간에서는 받침 'ㄹ'이 탈락하고 받침 없는 동사, 형용사와 같은 형태로 결합한다. 　예) 만들다 → 만드**는지**, 멀다 → 먼지

동사, 있다/없다.	받침 ○, ×	-는지
형용사, 이다/아니다	받침 ○	-은지
	받침 ×, 받침ㄹ	-ㄴ지

좋아하다 → 좋아하는지, 먹다 → 먹는지, 재미있다 → 재미있는지, 맛이 없다 → 맛이 없는지, 좋다 → 좋은지, 예쁘다 → 예쁜지, 학생이다 → 학생인지

1. 나는 그 사람이 어떤 음악을 좋아하는지 알고 있다.
2. 툭소 씨가 어떤 한국 음식을 잘 먹는지 알아요?
3. 내 말이 재미있는지 그 사람은 내가 무슨 말만 하면 웃어요.
4. 내가 만든 음식이 맛이 없는지 별로 많이 먹지 않네요.
5. 새로 산 컴퓨터가 좋은지 하루 종일 컴퓨터에만 매달려있네요.
6. 내 여자 친구는 성격도 좋고 얼굴도 얼마나 예쁜지 몰라요.
7. 이틀에 한 번은 결석을 하니 학생인지 아닌지 모르겠군요.

형태제시 10분

1. 교사와 대화 연습을 해 봅시다.
 1) T: 어머, 리에 씨가 안 왔네요. 무슨 연락이라도 있었나요?
  S: 아니요, 무슨 일이 있다(있는지) 전화도 안 받아요.
 2) T: 오늘은 전철에 사람이 많네요.
  S: 네, 주말이라서 다들 소풍을 가다(가는지) 사람이 정말 많아요.
 3) T: 스티브 씨는 계속 싱글벙글 웃고 있네요.
  S: 무슨 좋은 일이 있다(있는지) 아까부터 자꾸 웃어요.

2. 친구와 대화 연습을 해 봅시다.

애니 씨가 어디에 있다/알다	애니 씨, 어디 (있는지) 알아요?(있다)
어제 밤에 비가 오다/길이 젖어있다	어제 밤에 비가 (왔는지) 길이 젖어있네요.(오다)
암바르 씨는 돈이 많다/또 새 차를 사다	암바르 씨는 돈이 (많은지) 또 새 차를 샀어요.(많다)
감기에 걸리다/열이 나다	감기에 (걸렸는지) 열이 나요.(걸리다)
선생님께서 기분이 좋다/계속 웃다	선생님께서 기분이 (좋은지) 계속 웃어요. (좋다)
만화영화가 재미없다/아이들이 떠들다	만화영화가 (재미없는지) 아이들이 떠들어요.(재미없다)
숙제가 어렵다/밤늦게까지 공부를 하다	숙제가 (어려운지) 밤늦게까지 공부를 해요.(어렵다)

유의적 연습과 활용 17분

42. 나마, 이나마

학습목표	주어진 상황에 대한 아쉬움을 나타내는 조사 익히기

학습내용	시간 40분	교수 · 학습 활동
도입	3분	T: 티엔 씨, 비가 많이 오네요. 우산이 있어요? S: 작은 우산이 하나 있어요. T: 작은 우산**이나마** 있어서 다행이에요.
의미제시	7분	만족스럽지는 않으나 다른 선택의 여지가 없음을 나타낼 때 사용한다. T: 툭소 씨, 우유**나마** 마시고 학교에 와서 배가 덜 고프겠어요. T: 스티브 씨, 쓰던 공책**이나마** 있어서 다행이네요. **더 알아봅시다** '(이)**나마**'와 '-(이)라도' 1. '(이)**나마**'는 화자가 만족하지 못하지만 선택의 여지가 없을 때 사용한다. 　'-(이)라도'는 이것저것 가리지 않고 선택해야 함을 뜻하고 '누구, 무엇, 무슨, 언제, 어디, 어떤'과 같이 쓸 수 있다. 　예) 빵이**나마** 먹고 공부합시다. 　　(빵을 먹어야 하는 것이 불만이지만 그래도 먹자는 의미이다.) 　　빵이라도 먹고 공부합시다. 　　(빵이 선택할 수 있는 것의 차선이니 그냥 먹자는 의미이다.) 2. '-나마'에 일부 부사를 사용할 수 있다. 　예) 작게**나마** 성의를 표현했다. 　　멀리서**나마** 그녀의 성공을 기도했다. 3. '-나마'에 부사어 '로'가 붙어 '-로나마'로도 사용될 수 있다. 어떤 일의 수단·도구적 의미를 강조할 때 사용할 수 있다. 　예) 전화로나마 친구와 연락할 수 있었다. 4. '-나마'에 부사어 '게'가 붙어 '-게나마'로도 사용될 수 있다. 앞 내용이 뒤 내용에서 결과로 나타날 때 사용한다. 　예) 작게나마 성의를 표현했다.
형태제시	10분	<table><tr><td rowspan="2">명사</td><td>받침 ○</td><td>이나마</td></tr><tr><td>받침 ×</td><td>나마</td></tr></table>

		물→ 물이**나마**, 가방 → 가방이**나마**, 친구 → 친구**나마**, 학교 → 학교**나마**, 자전거 → 자전거**나마** *교사가 결합정보와 예문을 제시한 뒤, 먼저 교사가 예문을 읽는다. 그 후 학생들이 예문을 따라 읽을 수 있도록 한다. 1. 냉장고에 물이**나마** 있었다면 마셨을 텐데. 2. 낡은 가방이**나마** 있어서 두꺼운 책을 넣을 수 있었어요. 3. 못난 친구**나마** 옆에 있어서 든든해요. 4. 학교**나마** 가까워서 등교하기가 편해요. 5. 언니가 쓰던 자전거**나마** 있어서 다행입니다.
유의적 연습과 활용	20분	1. 교사와 대화 연습을 해 봅시다. 　1) T: 리에 씨, 새 책을 사 가지고 왔군요. 　　　S: 적은 돈이**나마** 모아서 하나 샀어요. 　2) T: 스티브 씨, 피곤하지 않아요? 　　　S: 괜찮아요. 커피**나마** 마셔서 덜 피곤해요. 　3) T: 툭소 씨, 많이 피곤해 보이네요. 언제 쉬어요? 　　　S: 휴가 때**나마** 집에서 푹 쉬려고요. 　4) T: 스티브 씨는 왜 그렇게 봉사활동을 열심히 해요? 　　　S: 작은 힘이**나마** 도움이 되었으면 해서요. 　5) T: 율리아 씨, 텔레비전이 고장 나서 심심하겠네요. 　　　S: 라디오**나마** 들었으면 좋겠어요. 2. 친구와 대화 연습을 해 봅시다. 　1) 가: 평일에 아르바이트를 한다면서요? 　　　나: 주말이**나마** 공부할 시간이 있어요. 　2) 가: 핸드폰이 고장 났다면서요? 　　　나: 중고 핸드폰이**나마** 사야겠어요. 　3) 가: 잠을 잘 잤어요? 　　　나: 잠시**나마** 잤더니 덜 피곤해요. 　4) 가: 집안일이 너무 많아요. 　　　나: 제가 작은 일이**나마** 도와드릴게요. 　5) 가: 가족들이 한국에 없어서 심심하겠어요. 　　　나: 인터넷이**나마** 있어서 소식을 전할 수 있어요.

43. -ㄴ가 보다, -는가 보다, -은가 보다, -나 보다

학습목표	사실이나 상황을 근거로 추측하는 표현 익히기

학습내용	시간 40분	교수 · 학습 활동
도입	3분	T: 비가 와서 학생들이 조금 늦게 오**나 봐요**. S: 네./그래요./내 친구도 안 왔어요. T: 비가 많이 와서 친구들이 학교에 늦**나 봐요**.
의미제시	7분	어떤 사실이나 상황을 근거로 해서 그런 것 같다고 추측할 때 쓴다. T: 배가 아픈 걸 보니 음식을 너무 많이 먹었**나 봐요**. ■ 더 알아봅시다 1. '-나 보다, -(으)ㄴ가 보다 , -는가 보다'의 유사문형 1) -ㄴ/는가 보다 　주어 제약에 의해 말하는 사람이 직접 경험한 사실에 대해서는 쓸 수 없다. 　예) 은영이는 잠을 자는**가보다**.(○) 　　　나는 잠을 자는**가 보다**.(×) 　여기서 화자는 은영이가 아니기 때문에 '-ㄴ/는가 보다'를 쓸 수 있지만, 은영이 자신은 이 표현을 쓸 수 없는 것이다. 2) -나 보다 　위와 같이 주어 제약에 의해 말하는 사람이 직접 경험한 사실에 대해서는 쓸 수 없다. 간접 경험이나 단서를 가지고 추측해서 표현할 때 쓴다. 　예) 은영이가 청소를 하**나 보다**.(○) 　　　내가 청소를 하**나 보다**.(×) 3) -ㄴ/는 것 같다 　위의 1,2와는 다르게, 말하는 사람이 직접 경험한 사실에도 쓸 수 있다. 다만 이 경우엔 동사에는 주어 제약이 있으나 형용사의 경우 둘 다 사용할 수 있다. 　예) 은영이는 잠을 자는 **것 같다**.(○) 　　　나는 잠을 자는 **것 같다**.(×) 　　　은영이는 게으른 **것 같다**.(○) 　　　나는 게으른 **것 같다**.(○) 2. 앞 문장의 내용으로 '-(으)ㄴ 걸 보니까'를 쓰면 추측의 근거라는 내용이 강조된다. 　예) 커피가 쓴 걸 보니까 설탕을 안 넣었**나 봐요**.

	받침 ○, ×	–나 보다, –는가 보다
동사, 있다/없다		
형용사, 이다/아니다	받침 ○	–은가 보다
	받침 ×	–ㄴ가 보다

고프다 → 고픈가 봐요, 피곤하다 → 피곤한가 봐요, 쪘다 → 쪘나 봐요, 기르고 싶다 → 기르고 싶나 봐요, 학생이다 → 학생인가 봐요

1. 툭소 씨가 밥을 많이 먹는 걸 보니 정말 배가 고픈가 봐요.
2. 스티브 씨가 일찍 집에 가는 걸 보니 많이 피곤한가 봐요.
3. 옷이 작은 걸 보니 살이 쪘나 봐요.
4. 리에 씨가 예쁜 강아지를 보더니 기르고 싶어지나 봐요.
5. 대학 도서관에서 공부하는 것을 보니 학생인가 봐요.

형태제시 | 10분

1. 교사와 대화 연습을 해 봅시다.
　1) T: 율리아 씨가 전화를 안 받네요.
　　S: 율리아 씨가 바빠서 전화도 못 받나 봐요.
　2) T: 리에 씨가 내일 눈썰매장에 간다고 해요.
　　S: 눈썰매장에 가는 걸 보니 이제 겨울이 다 되었나 봐요.
　3) T: 리에 씨를 아무리 불러도 대답을 안 해요.
　　S: 리에 씨가 자는가 봐요.

2. 친구와 대화 연습을 해 봅시다.
주어진 상황을 보고, 각 상황에서 추측하여 말하는 연습을 해 본다

상황	친구 1	친구 2
학교에 늦다	밤에 늦게 잤다	버스를 놓쳤다
배탈이 나다	아이스크림을 많이 먹다	상한 음식을 먹다
노래를 부르다	기분이 좋다	신이 난다
시험에 합격하다	똑똑하다	열심히 노력하다

유의적 연습과 활용 | 20분

1. 1) 학교에 늦는 걸 보니 <u>밤에 늦게 잤나 봐요.</u>
　2) 학교에 늦는 걸 보니 <u>버스를 놓쳤나 봐요.</u>
2. 1) 배탈이 난 걸 보니 _____.
　2) 배탈이 난 걸 보니 _____.
3. 1) 노래를 부르는 걸 보니 _____.
　2) 노래를 부르는 걸 보니 _____.
4. 1) 시험에 합격한 걸 보니 _____.
　2) 시험에 합격한 걸 보니 _____.

44. -나 싶다

학습목표	추측하는 표현 익히기

학습내용	시간 40분	교수 · 학습 활동
도입	3분	T: 티엔 씨, 곧 시험이에요. 공부 많이 했어요? S: 아니요. 조금밖에 못 했어요. T: 한국어 공부는 재미있지만 시험은 힘들죠? S: 네. T: 한국어시험이 언제 끝나**나 싶**어도 목요일이면 끝나니까 조금만 참으세요.

의미제시	7분	이 문형은 주로 확신 가능성이 낮은 일에 쓰이고 부정적인 문장에서는 탄식의 의미로도 쓰인다.
		
		T: 말로 들었을 때는 과연 사람들이 그렇게 많이 왔**나 싶**었어요.
		T: 여러분이 언제 한국말을 잘 하**나 싶**었는데 이제 모두들 한국말을 잘 하네요.
		
		더 알아봅시다
		1. [-았-/-겠-]과 함께 쓰이는 경우가 많다.
		2. 변이형 '-가 싶다. -은가 싶다'는 형용사와 결합한다.
		3. 비교 문형 '-나 싶다'와 '-ㄹ까 싶다'
		  부정적 추측일 때 '**-나 싶다**'와 '-(으)ㄹ까 싶다'는 바꿔 쓸 수 있다. 그러나 '-ㄹ까 싶다'는 일부 동사와 결합하여 쓰이고 확신 가능성보다는 오히려 생각한 일들이 일어날까봐 걱정하는 마음을 나타낸다.
		  예) 차가 막힐까 싶어 일찍 출발했어요. (차가 막힐 것을 걱정함)
		    오늘도 차가 막히(겠)나 싶어요. (차가 안 막힐 것이라고 추측함)

형태제시	10분		동사, 있다/없다	받침 ○, ×	-나 싶다 | 하다 → 하**나 싶**다, 읽다 → 읽**나 싶**다, 가다 → 가**나 싶**다, 되다 → 되**나 싶**다, 먹었다 → 먹었**나 싶**다 *교사가 칠판에 판서한 표현들을 바르게 읽고 학생들에게 한 번씩 따라 읽도록 한다.

		1. 이 많은 숙제를 언제 다 하**나 싶**어요.
		2. 저 많은 한국어 책을 어떻게 다 읽**나 싶**어요.
		3. 차가 막히는데 어떻게 집에 가**나 싶**어요.
		4. 동생이 장난이 심해서 언제 어른이 되**나 싶**어요.
		5. 이 많은 음식을 언제 다 먹었**나 싶**어요.
유의적 연습과 활용	20분	1. 교사와 대화 연습을 해 봅시다. – 오늘 배운 문형을 사용해서 선생님의 질문에 대답해 보세요.

1. 교사와 대화 연습을 해 봅시다.

– 오늘 배운 문형을 사용해서 선생님의 질문에 대답해 보세요.

   1) T: 시험기간인데 도서관에 자리가 있을까요?

      S: 시험기간인데 도서관에 자리가 있겠**나 싶**어요.

   2) T: 겨울인데 시장에 수박이 팔까요?

      S: 겨울이라서 시장에 수박이 있겠**나 싶**어요.

   3) T: 학교에서 집이 먼데 금방 올 수 있을까요?

      S: 학교에서 집이 먼데 금방 올 수 있겠**나 싶**네요.

   4) T: 왜 다시 집으로 돌아가세요?

      S: 가스를 안 잠갔**나 싶**어서요.

   5) T: 자꾸 냉장고 문을 열어요?

      S: 뭐 먹을 것이 있**나 싶**어서요.

2. 친구와 대화 연습을 해 봅시다.

질문	대답
돈이 없는데 친구의 선물을 살 수 있을까요?	돈이 없는데 친구의 선물을 사**겠나 싶**어요.
공부를 안 했는데 시험을 잘 볼 수 있을까요?	공부를 안 했는데 시험을 잘 볼 수 있**겠나 싶**어요.
밤이 늦었는데 집에 잘 갈 수 있을까요?	
감기에 걸렸는데 운동을 할 수 있을까요?	
키가 많이 컸는데 작년 옷을 입을 수 있을까요?	

45. -나4, -으나

학습목표	반대를 나타내는 표현 익히기

학습내용	시간 40분	교수 · 학습 활동
도입	3분	T: 티엔 씨, 동생이 예뻐요? S: 네. 저보다 예뻐요. 그런데 저보다 키가 작아요. T: 아, 티엔 씨 동생은 예쁘나 키가 작군요.
의미제시	7분	반대되는 사실을 대등하게 이어줄 때 쓰는 문형이다. T: 아침 먹었어요? S: 아니요, 안 먹었어요. 배가 고파요. T: 저는 먹었으나 배가 고프네요. **더 알아봅시다** 문형 비교 '-(으)나'와 '-지만' 　반대되는 사실을 이어줄 때 -(으)나 와 -지만은 서로 바꿔 쓸 수 있다. 그러나 -지만이 첨가의 의미를 나타내는 경우에는 -(으)나로 바꿔 쓸 수 없다. 　(예) 노래도 잘하지만 춤도 잘 춘다. (○) 　　　 노래도 잘하나 춤도 잘 춘다. (×)
형태제시	10분	<table><tr><td>동사 형용사, 있다/없다</td><td>받침 ○</td><td>-으나</td></tr><tr><td>동사 형용사, 이다/아니다</td><td>받침 ×, 받침 ㄹ</td><td>-나</td></tr></table>갔다 → 갔으나, 했다 → 했으나, 있다 → 있으나, 없다 → 없으나, 누웠다 → 누웠으나 *교사가 칠판에 판서한 표현들을 바르게 읽고 학생들에게 한 번씩 따라 읽도록 한다. 1. 친구 집에 갔으나 친구가 없었다. 2. 친구에게 전화를 했으나 받지 않았다. 3. 할 말이 있었으나 하지 못했다. 4. 요리가 맛이 없었으나 맛있는 척했다. 5. 침대에 누웠으나 잠이 오지 않았다.

유의적 연습과 활용	20분	1. '-(으)나'의 문형을 사용해서 다음 문장을 연결해 보세요. 　　1) T: 찜질방에 갔다./목욕은 하지 않았어요. 　　　　S: 찜질방에 갔**으나** 목욕은 하지 않았어요. 　　2) T: 이름을 기억하려고 했다./기억나지 않아요. 　　　　S: 이름을 기억하려 했**으나** 기억나지 않아요. 　　3) T: 컴퓨터는 있다./고장이 났어요. 　　　　S: : 컴퓨터는 있**으나** 고장이 났어요. 　　4) T: 학교에 갔다./공부는 하지 않았어요. 　　　　S: 학교에 갔**으나** 공부는 하지 않았어요. 　　5) T: 책은 읽었다./내용을 이해하지 못했어요. 　　　　S: 책은 읽었**으나** 내용을 이해하지 못했어요. 2. 친구와 대화 연습을 해 봅시다.

친구	나
이름을 불렀다/ 듣지 못했다	이름을 불렀**으나** 듣지 못했다.
글씨를 썼다/보이지 않는다	글씨를 썼**으나** 보이지 않는다.
책을 샀다/잃어버렸다	책을 샀**으나** 잃어버렸다.
커피를 마셨다/졸리다	커피를 마셨**으나** 졸리다.
공부를 했다/시험을 못 봤다	공부를 했**으나** 시험을 못 봤다.

46. -나요

학습목표	의문 표현 익히기

학습내용	시간 40분	교수·학습 활동
도입	5분	T: 여러분, 한국 노래를 듣는 거 좋아해요? S: 네. T: 오늘은 조성모 노래 '아시**나요**?'를 들어 볼 거예요. 　(노래) 아시나요? 얼마나 사랑했는지 그대 보면 자꾸 눈물이 나서~ T: 느낌이 어때요? 조성모의 목소리가 부드럽**나요**? S: 네, 부드러워요.
의미제시	10분	*'-ㅂ니까'보다 부드러운 느낌이 있음을 설명한다. T: 여기 군인과 학생이 도서관이 어디에 있는지 몰라서 물어봐요. 군인은 　'도서관을 어떻게 가야 합니까?'이렇게 물어봐요. 학생은요? S: '도서관을 어떻게 가야 해요?' T: 네, 좋아요. 이렇게도 말할 수 있어요. '도서관을 어떻게 가야 하**나요**?' **더 알아봅시다** '-나요'의 쓰임 1. 좀 더 부드러운 표현 2. 낯선 상황에서 사용하는 표현 3. 친밀하지 않은 관계에서 사용하는 표현 4. 주로 여성들이 많이 사용하는 표현
형태제시	10분	<table><tr><td>동사, 있다/없다</td><td>받침 ○, ×</td><td>-나요?</td></tr><tr><td rowspan="2">형용사, 이다/아니다</td><td>받침 ○</td><td>-은가요?</td></tr><tr><td>받침 ×</td><td>-ㄴ가요?</td></tr></table> 하다 → 하**나요**?, 오다 → 오**나요**?, 있다 → 있**나요**?, 이해가 되다 → 이해가 되**나요**?, 재미있다 → 재미있**나요**?, 예쁘다 → 예**쁜가요**?, 귀엽다 → 귀여**운가요**?('ㅂ' 불규칙)

<table>
<tr>
<td></td>
<td></td>
<td>

1. 숙제를 언제까지 해야 하**나요**?

2. 저는 일이 다 끝났는데, 스티븐 씨는 언제 오**나요**?

3. 지금 학교에 있**나요**?

4. 오늘 어려운 문법을 배웠는데, 이해가 되**나요**?

5. 이 영화가 재미있**나요**?

6. 리에 씨가 아이를 낳았다는데, 아이는 건강하고, 예**쁜가요**?

7. 어느 강아지가 더 귀여**운가요**?

</td>
</tr>
<tr>
<td>유의적
연습과 활용</td>
<td>15분</td>
<td>

1. 교사와 대화 연습을 해 봅시다.

다음은 오늘 배운 문형을 '–나요?'을 사용하여 문장을 바꾸어 보세요.

    1) T: 아직도 밖에 비가 와요.

        S: 아직도 밖에 비가 오**나요**?

    2) T: 요즘에도 매일 저녁에 운동해요

        S: 요즘에도 매일 저녁에 운동하**나요**?

    3) T: 그 사람 키가 작아요.

        S: 그 사람 키가 작**은가요**?

    4) T: 연습이 7시에 끝나요.

        S: 연습이 7시에 끝나**나요**?

    5) T: 비가 오는데 밖에 나가요.

        S: 비가 오는데 밖에 나가**나요**?

2. 친구와 대화 연습을 해 봅시다.

다음 상황에서 제시된 문장으로 역할극을 만들어 대화해 본다.

<table>
<tr>
<td>상황1) 길을 몰라서 물어 본다.</td>
<td>1) 여기가 어디쯤 **인가요**?
2) (도서관, 병원, 지하철)이 어디에 있**나요**?
3) 어떻게 가야 하**나요**?</td>
</tr>
<tr>
<td>상황2) 옷가게에서 옷을 산다.</td>
<td>1) 다른 색깔 있**나요**?
2) 어울리**나요**?
3) 예**쁜가요**?
4) 얼마**인가요**?
5) 반바지도 있**나요**?
6) 입어 봐도 되**나요**?</td>
</tr>
</table>

</td>
</tr>
</table>

47. -네2

학습목표	새로 알게 된 사실에 대한 감탄을 나타내는 표현 익히기

학습내용	시간 40분	교수·학습 활동
도입	3분	T: (전화 받는 척) 바람이 부니 춥네. 　요즘 바쁜 것 같네. 다음 주가 되면 그래도 좀 한가해지겠네? 　그럼 다음 주에 만나. 　제가 누구하고 전화한 것 같아요? S: 친구/동생이요.
의미제시	10분	말하는 사람이 직접 경험하여 새롭게 알게 된 사실에 대해 감탄함을 나타낸다. T: 오늘은 우리가 친한 친구 사이예요. 그래서 '아/어요.'를 쓰지 않고 '-네'를 사용해서 말해 볼 거예요. 　**더 알아봅시다** 1. '-네'는 친구 관계나 그 밖에 아주 친한 사이에서 또는 말하는 사람보다 아랫사람에게 일반적으로 여성스럽고 부드러운 느낌을 준다. 2. 어미 '-겠' 뒤에 붙여 말하는 사람이 추측하거나 짐작한 내용에 대해 듣는 사람에게 동의를 구할 때 쓴다. 보통 문장 끝 억양이 올라간다.
형태제시	10분	동사, 있다/없다 형용사, 이다/아니다 　　받침 ○, ×　　　-네 하다 → 하네, 부르다 → 부르네, 끝나다 → 끝나네, 이상하다 → 이상하네, 어렵다 → 어렵네, 좋다 → 좋네, 팔리다 → 팔리네 1. 힘들어 할 줄 알았는데 열심히 하네. 2. 직접 들어보니 정말 소문대로 잘 부르네! 3. 수업이 방금 시작한 것 같은데 벌써 끝나네. 4. 편지를 쓰고 나니 내용이 좀 이상하네. 5. 대학 입학하는 게 정말 어렵네.

		6. 친구들이 많이 와서 좋네!
		7. 갑자기 비가 내리니까 우산이 잘 팔리네.
유의적 연습과 활용	17분	1. 교사와 대화 연습을 해 봅시다. '-네'를 이용해서 문장을 완성하시오. 　1) T: 2014년이 얼마 안 남았어. 　　S: _____.(한 해가 또 간다) 　2) T: 리에 씨, 소문대로 노래를 정말 잘하는 것 같아. 　　S: _____.(직접 들어보니 가수 같다) 　3) T: 청소를 안 한 사람은 혼나야겠어. 　　S: 아이고, 무서워서 _____.(다음부터 꼭 청소 해 　　　야겠다) 　4) T: 내일부터 비가 오고 바람이 분대. 　　S: _____.(춥겠다) 　5) T: 일주일째 야근이야. 　　S: _____.(피곤하겠다) 2. 친구와 대화 연습을 해 봅시다. 다음 상황에서 제시된 문장으로 역할극을 만들어 대화해 본다. 　상황: 갑자기 100만원이 생긴다면? → 기분이 좋겠네. 　　　　　　　　　　　　　　　하늘을 날겠네.

상황: 한국에 살면서 경험한 것	1) 김치가 맵네. 2) 한국 사람들이 인심이 좋네. 3) 시어머니가 어렵네. 4) 한국어가 재미있네. 5) 걸 그룹이 인기네. 6) 제주도로 신혼여행을 많이 가네.

48. -느라고

학습목표	원인이나 핑계 대는 표현 익히기

학습내용	시간 40분	교수 · 학습 활동
도입	3분	T: 티엔 씨, 피곤해요? S: 네, 주말에 식당에서 아르바이트를 했어요. T: 식당 아르바이트는 힘이 들어요. 용돈을 벌기 위해 아르바이트를 해요? S: 아니요, 다음 학기 등록금을 내야 해요. T: 티엔 씨는 등록금을 버**느라고** 주말에 아르바이트를 하는군요.
의미제시	7분	앞 문장이 뒤 문장에 대한 원인이나 이유(핑계)가 됨을 나타낸다. 앞 문장이 뒤 문장에 대한 목적이 됨을 나타낸다. T: 리에 씨는 한국 드라마를 좋아해요. 매일 드라마를 봐요. 드라마를 보**느라고** 숙제를 못했어요. T: 툭소 씨는 지각을 했어요. 어젯밤에 게임을 하**느라고** 늦게 잤어요. T: 율리아 씨는 요즘 바빠요. 결혼 준비를 하**느라고** 바빠요. T: 스티브 씨 동생은 돈을 버**느라고** 주말에도 공장에 가요. **더 알아봅시다** 1. 앞 문장과 뒤 문장의 주어가 같아야 한다. 　예) 영화를 보**느라고** 숙제를 못 했어요. 2. 뒤 문장에 명령문이나 청유문이 올 수 없다. 　예) 밥을 먹느라고 밖에 나가자(×), 숙제를 하느라고 청소를 해라(×) 3. '-느라(고)'앞에 과거의 '-았-'이나 미래의 '-겠-'과 같은 시상어미와 함께 쓸 수 없다. 4. 주어의 의지가 필요한 동사만 사용 가능하다. 　예) 아침에 늦게 일어나느라고 지각을 했어요.(×) 5. '안, 못' 등의 부정문이 올 수 없다. 6. '-느라(고)', '-는 바람에' 비교 　'-는 바람에'는 앞의 동사 때문에 뒤의 일이 일어남을 나타내는데 나의 상황에 맞게 부정적이고 나쁜 일이 일어남을 이야기하지만 '-느라(고)'는 원인을 나타낼 뿐 반드시 나쁜 결과를 동반하지는 않는다.

동사	받침 ○, ×	-느라고

공부하다 → 공부**하느라고**, 자다 → 자**느라고**, 벌다 → 버**느라고**, 만나다
→ 만나**느라고**, 만들다 → 만드**느라고**

1. 리에 씨는 공부하**느라고** 잠을 못 자요.
2. 율리아 씨는 잠을 자**느라고** 전화를 못 받았어요.
3. 티엔 씨는 돈을 버**느라고** 결혼을 못 했어요.
4. 선생님은 고향에서 온 친구들을 만나**느라고** 바빠요.
5. 혼자서 음식을 만드**느라고** 시간이 오래 걸렸어요.

형태제시 10분

1. 교사와 대화 연습을 해 봅시다.
 1) T: 리에 씨, 어제 전화를 했어요. 왜 전화를 안 받았어요?
   S: 잠을 자**느라고** 못 받았어요. 죄송해요.
 2) T: 스티브 씨 요즘 바빠요?
   S: 네, 요즘 토픽 공부를 하**느라고** 바빠요.
 3) T: 우리 모두 같이 점심 먹으러 갔는데 왜 혼자만 안 왔어요?
   S: 죄송합니다. 여자 친구를 기다리**느라고** 못 갔어요.
 4) T: 율리아 씨, 주말에 숙제를 안 했어요?
   S: 죄송해요, 아르바이트를 하**느라고** 숙제를 못했어요.
 5) T: 티엔 씨, 어제 학교에 왜 안 나왔어요?
   S: 배가 아파서 병원에 가**느라고** 못 갔어요.

2. 친구와 대화 연습을 해 봅시다.

유의적
연습과 활용 20분

질문	나	친구
왜 늦게 왔어요?	(늦잠을 자다) 늦잠을 자**느라고** 늦게 왔어요.	(아침밥을 먹다) 아침밥을 먹**느라고** 늦게 왔어요.
요즘 바빠요?	(입학 준비를 하다) 입학 준비를 하**느라고** 바빠요.	(아르바이트를 하다) 아르바이트를 하**느라고** 바빠요.
생일파티에 오지 않았어요?	(여행을 가다) 여행을 가**느라고** 생일파티에 가지 못했어요.	(친구를 만나다) 친구를 만나**느라고** 생일파티에 가지 못했어요.
요즘 무슨 일 있어요?	(다이어트를 하다) 다이어트를 하**느라고** 기운이 없어요.	(취업 준비를 하다) 취업 준비를 하**느라고** 요즘 바빠요.
왜 어제 전화를 안 받았어요?	(공부를 하다) 공부를 하**느라고** 도서관에 가서 전화를 못 받았어요.	(친구를 만나다) 백화점에서 친구를 만나**느라고** 전화를 못 받았어요.

49. - 는 길에

학습목표   일을 하는 도중이나 기회를 나타내는 표현 익히기

학습내용	시간 40분	교수 · 학습 활동
도입	3분	T: 어제 저는 명동에 갔어요. 명동에서 친구를 만나려고 갔어요. S: 저도 명동에 갔어요. T: 맞아요, 명동에 가는 **길에** 티엔 씨를 만났어요. 깜짝 놀랐어요. S: 저도 선생님을 만나서 깜짝 놀랐어요. T: 집에 오는 **길에** 티엔 씨를 만나서 같이 오고 싶었어요.

의미제시	7분	어떠한 일을 하는 도중이나 기회에 라는 뜻을 나타낼 때 사용한다.
		
		T: 친구를 만나러 가는 **길에** 선생님을 만났어요. 길을 가다가 만났어요.
		T: 우체국에 가는 **길에** 은행에서 돈을 찾았어요.
		   우체국에 가다가 은행에도 갔어요.
		T: 시험공부를 하려고 도서관에 가는 **길이**에요. 지금 가고 있어요.
		T: 지금 공항에 가요? 공항에 가는 **길이**면 선생님과 같이 가요.
		
		더 알아봅시다
		〈'-는 길에', '-는 도중에' 비교〉
		1. '-는 길에'는 오다, 가다의 동사 뒤에 쓰인다. '- 도중에'는 다양한 동사 뒤에 쓰일 수 있다.
		  예) 집에 오는 길에 엄마를 만났다.
		     퇴근하는 도중에 엄마를 만났다.
		2. '-는 길이다'의 형태로 어떠한 일을 하고 있는 중이라는 뜻을 나타낸다.
		  예) 운동장에 가는 길이다.
		3. '-는 도중이다'로 쓸 수 있으나 '-중이다'로 쓰는 것이 자연스럽다. 어떠한 일을 하는 중이라는 뜻이다.
		  예) 출근하는 도중입니다.(○) 출근하는 중입니다.(○)

형태제시	10분	<table><tr><td>동사(주로 가다, 오다)</td><td>-는 길에</td></tr></table> 가다 → 가는 **길에**, 오다 → 오는 **길에**, 돌아오다 → 돌아오는 **길에**, 퇴근하다 → 퇴근하는 **길에**

		*교사가 칠판에 판서한 표현들을 바르게 읽고 학생들에게 한 번씩 따라 읽도록 한다. 1. 은행에 가**는** 길에 고향 친구를 만났다. 2. 도서관에 가**는** 길에 리포트를 복사했어요. 3. 제주도에 가**는** 길에 부산에 들렀어요. 4. 여행에서 돌아오**는** 길에 예쁜 꽃을 샀어요. 5. 퇴근하**는** 길에 시계를 고쳤어요.
유의적 연습과 활용	20분	1. 교사와 대화 연습을 해 봅시다. 　1) T: 집에 오고 있어요. 오다가 엄마를 만났어요. 기분이 좋았어요. 　　 S: 집에 오**는** 길에 엄마를 만나서 기분이 좋았어요. 　2) T: 친구를 만나러 명동에 가요. 가다가 넘어져서 구두가 망가졌어요. 　　 S: 친구를 만나러 가**는** 길에 구두가 망가졌어요. 　3) T: 쌀을 사러 마트에 가야 해요. 그런데 돈이 없어요. 　　 S: 마트에 가**는** 길에 은행에 가서 돈을 찾아요. 　4) T: 선생님은 부산에 가요. 그리고 경주에 가서 불국사도 보고 싶어요. 　　 S: 선생님은 부산에 가**는** 길에 경주 불국사에 들렀어요. 　5) T: 리에 씨, 어디에서 꽃을 샀어요? 　　 S: 퇴근하**는** 길에 꽃집을 지나다가 샀어요. 2. 친구와 대화 연습을 해 봅시다.

나	-는 길에	친구
학교에 가**는** 길에 예쁜 꽃을 보았어요.	학교 가는 길에	학교에 가**는** 길에 편의점에 들었어요.
고향에 가**는** 길에 선생님을 만났어요.	고향에 가는 길에	고향에 가**는** 길에 부산에 갔어요.
출근하**는** 길에 편의점에 들렀어요.	출근하**는** 길에	출근하**는** 길에 택배 아저씨를 만났어요.
외할머니 댁에 가**는** 길에 시장에 들렀어요.	외할머니 댁에 가**는** 길에	외할머니 댁에 가**는** 길에 오래된 집을 보았어요.
집에 오**는** 길에 친구를 만났어요.	집에 오는 길에	집에 오**는** 길에 무서운 개를 만났어요.

50. 는커녕, 은커녕

학습목표	비교함으로써 범주를 한정하는 조사 익히기

학습내용	시간 40분	교수 · 학습 활동
도입	3분	T: 티엔 씨, 오늘은 날씨가 따뜻하지요? S: 아니요, 추워요. 어제보다 추워요. T: 따뜻하**기는커녕** 춥다고요?

의미제시	10분	*'A커녕 B다'의 구성으로 A는 물론이고 A보다 수월한 B도 아니다 라는 뜻과 강한 부정의 의미를 나타내는 표현이다. '~는 고사하고', '~는 말할 것도 없고'와 비슷한 의미가 된다.
		
		1. 그 사람은 고마워하**기는커녕** 아는 체도 안하던데요.
		2. 교통사고 때문에 달리**기는커녕** 걷기도 힘들어요.
		3. 좋아하**기는커녕** 도리어 화를 내던데요.
		4. 자가용**은커녕** 자전거도 없어요.
		5. 결혼**은커녕** 연애도 못해봤어요.
		6. 재미있**기는커녕** 지루하기만 한걸요.
		
		더 알아봅시다
		
		1. '-은/는커녕' 다음에는 반드시 앞의 말보다 수월한 상황을 부정하는 표현이 와야 된다.
		  예) 자가용**은커녕** 자전거도 없어요. (○)
		     자가용**은커녕** 전용비행기도 없어요. (×)
		
		2. 동사, 형용사 어간에 명사형 어미 '-기'를 붙인 다음 '-는커녕'과 결합한다.
		  예) 사다 → 사기**는커녕**
		     팔다 → 팔기**는커녕**
		     귀엽다 → 귀엽기**는커녕**
		     싸다 → 싸기**는커녕**

명사	받침 ○	–은커녕
	받침 ×	–는커녕
동사, 형용사의 어간 + 기		–는커녕

<table>
<tr><td rowspan="2">형태제시</td><td rowspan="2">10분</td></tr>
</table>

| 형태제시 | 10분 | 칭찬 → 칭찬**은커녕**, 고기 → 고기**는커녕**, 달리다 → 달리기**는커녕**, 좋다 → 좋기**는커녕**, 빠르다 → 빠르기**는커녕**

1. 과제를 열심히 해서 냈는데 칭찬**은커녕** 꾸지람만 들었다.
2. 고기 사준다고 하더니 고기**는커녕** 차 한 잔 하자는 소리도 없다.
3. 아직 어려서 달리기**는커녕** 제대로 걷지도 못한답니다.
4. 품질이 좋기**는커녕** 일 년도 안돼서 고장이 났다.
5. 새로 산 컴퓨터는 속도가 빠르기**는커녕** 옛날 것보다 더 느리다. |
| 유의적
연습과 활용 | 17분 | 1. 교사와 대화 연습을 해 봅시다.
　1) T: 오늘 지각했나요?
　　S: 아니요. 지각**은커녕** 30분이나 일찍 온걸요.
　2) T: 오늘 눈이 와서 좋지요?
　　S: 아니요. 좋기**는커녕** 길이 미끄러워서 아주 힘들어요.
　3) T: 이번 연말에 부모님께 선물을 보냈나요?
　　S: 아니요. 너무 바빠서 선물**은커녕** 전화도 못했어요.
　4) T: 스티브 씨는 애인이 있나요?
　　S: 아니요. 애인**은커녕** 친구도 없어요.
　5) T: 그동안 저축은 많이 하셨나요?
　　S: 수입이 적어서 저축**은커녕** 생활비도 모자라요.

2. 친구와 대화 연습을 해 봅시다. |

밥은 먹었어요?	너무 바빠서 (밥**은커녕**) 물도 한 잔 못 마셨어요.(밥)
부모님께 칭찬을 받았나요?	(칭찬**은커녕**) 꾸중만 들었어요.(칭찬)
선물을 주니까 여자 친구가 좋아하던가요?	(좋아하기**는커녕**) 마음에 안 든다고 짜증을 내던걸요. (좋아하다)
그 회사는 보너스가 많이 나오나요?	(보너스**는커녕**) 월급이나 제때 받았으면 좋겠어요.(보너스)
사장님께 인사는 드렸나요?	(인사**는커녕**) 만나지도 못했어요.(인사)
그 사람, 한국어를 아주 잘 한다면서요?	(잘하기**는커녕**) 기본적인 인사도 못해요.(잘하다)

51. –는 바람에

학습내용	시간 40분	교수·학습 활동
도입	3분	T : 티엔 씨, 오늘 비가 와서 학교 오기에 힘들었지요? S : 네, 옷이 다 젖었어요. T : 어이쿠, 비가 오**는 바람에** 옷이 다 젖었군요. 그런데 리에 씨는 왜 늦었어요? S : 저는 늦잠을 자서 버스를 못 탔어요. T : 아, 늦잠을 자**는 바람에** 버스를 못 탔군요. 다음부터 일찍 일어나야겠어요.
의미제시	10분	뒤 문장의 원인이 되는 앞 문장에 붙어 원망스럽고 안타까운 기분을 표현하는 문형으로, '–는 탓에/ –는 통에'등과 같은 의미이다. T : 오늘 새로 산 옷을 입고 기분 좋게 집을 나왔어요. 그런데 갑자기 비가 왔어요. 비가 오**는 바람에** 옷이 다 젖어버리고 말았어요. T : 어제는 온 가족이 함께 외식을 하러 나갔어요. 그런데 남편이 빨리 가자고 재촉을 하는 거예요. 남편이 너무 서두르**는 바람에** 지갑을 두고 나왔어요. T : 지난주에는 우연히 고향친구를 만났어요. 친구가 반가워하며 눈물을 흘렸어요. 친구가 우**는 바람에** 저까지 따라 울고 말았어요. ### 더 알아봅시다 1. 앞의 상황이 뒤의 행동에 부정적인 영향을 미치거나, 말하는 사람의 의도와는 다른, 혹은 예상외의 결과를 가져왔을 때 사용하며 긍정적인 영향을 미치는 상황에서는 잘 쓰지 않는다. 버스를 잘못 타**는 바람에** 학교에 늦었어요. (○) 버스를 잘못 타**는 바람에** 기분이 좋아졌어요. (×) 2. 'ㄹ' 받침의 동사어간에서는 받침 'ㄹ'이 탈락하고 '–는 바람에'와 결합한다. 만들다 → 만드**는 바람에** 울다 → 우**는 바람에**

<table>
<tr>
<td>형태제시</td>
<td>10분</td>
<td>
<table>
<tr><td>동사</td><td>받침 ○, ×</td><td>-는 바람에</td></tr>
</table>
가다 → 가는 바람에, 떠들다 → 떠드는 바람에(ㄹ탈락), 넘어지다 → 넘어지는 바람에, 웃다 → 웃는 바람에, 먹다 → 먹는 바람에

1. 오늘 병원에 가는 바람에 학교도 못 갔어요.
2. 옆 사람이 떠드는 바람에 안내방송을 못 들었어요.
3. 오다가 넘어지는 바람에 무릎이 까졌어요.
4. 옆 친구가 수업시간에 웃는 바람에 공연히 나까지 혼이 났어요.
5. 동생이 케이크를 다 먹는 바람에 나는 구경도 못했어요.
</td>
</tr>
<tr>
<td>유의적
연습과
활용</td>
<td>17분</td>
<td>
1. 교사와 대화 연습을 해 봅시다.
1) T: 툭소 씨, 오늘 굉장히 피곤해 보이네요.
S: 네, 어제 옆집에서 파티를 하다(하는 바람에) 시끄러워서 잠을 못 잤어요.
2) T: 율리아 씨, 어쩌다가 팔을 다쳤나요.
S: 전철에서 옆 사람이 넘어지다 (넘어지는 바람에)저까지 넘어지고 말았어요.
3) T: 어제 파티는 재미있었나요?
S: 친구가 일찍 가다 (가는 바람에) 재미없게 끝났어요.
4) T: 교실이 너무 덥네요.
S: 네, 난방을 너무 세게 틀어놓다 (틀어놓는 바람에) 이렇게 되고 말았어요.
5) T: 툭소 씨 어쩌다 감기에 걸렸어요?
S: 어제 비를 맞다(비를 맞는 바람에) 감기에 걸렸어요.
<table>
<tr><td>왜 숙제를 못했어요?</td><td>갑자기 친구가 놀러오다(놀러오는 바람에) 숙제를 못했어요.</td></tr>
<tr><td>왜 이렇게 옷이 더러워요?</td><td>오다가 넘어지다(넘어지는 바람에) 옷을 버렸어요.</td></tr>
<tr><td>선생님이 화가 많이 나신 것 같아요.</td><td>네, 우리들이 수업시간에 떠들다(떠드는 바람에) 선생님이 화가 많이 나셨어요.</td></tr>
<tr><td>왜 그렇게 눈이 빨개요?</td><td>어제 늦게까지 놀다(노는 바람에) 잠을 못 잤어요.</td></tr>
<tr><td>어제 모임 재미있었어요?</td><td>애니 씨가 갑자기 울다(우는 바람에) 분위기가 이상해지고 말았어요.</td></tr>
<tr><td>제주도 여행은 즐거웠나요?</td><td>네, 그런데 돈이 다 떨어지다(떨어지는 바람에) 기념품도 못 사왔어요. 미안해요.</td></tr>
<tr><td>크리스마스에 파티를 했나요?</td><td>친구들이 모두 고향으로 돌아가다(돌아가는 바람에) 혼자 쓸쓸히 보냈어요.</td></tr>
</table>
</td>
</tr>
</table>

52. -ㄴ사이, -는 사이

| 학습목표 | 행동이나 상황이 발생하는 짧은 시간을 나타내는 표현 익히기 |

학습내용	시간 40분	교수 · 학습 활동
도입	3분	T: 여러분, 내일이면 여름 방학이 시작됩니다. 벌써 6개월이 지났어요. S: 네, 한국어 공부를 6개월 동안 했어요. T: 네, 여러분이 열심히 공부하는 **사이**에 벌써 그렇게 시간이 흘렀어요. 한국어는 좀 늘었나요? S: 네, 이제 한국어로 간단한 말은 할 수 있어요. T: 자기도 모르는 **사이**에 늘어난 한국어 실력이 놀랍지요. 수고하셨어요.
의미제시	10분	어떤 동작이 일어난 시간이 별로 길지 않음을 나타내는 문형이다. T: 전철을 타고 오다가 너무 피곤했는지 잠깐 졸았어요. 그런데 꿈을 꾸었어요. 잠깐 조는 **사이**에 꿈을 꾸었어요. T: 우리 집에 친구들이 놀러왔어요. 그런데 먹을 것이 없어서 친구들이 이야기를 나누고 있는 **사이**에 얼른 슈퍼에 갔다 왔어요. T: 리에 씨와 스티브 씨는 오늘 처음 만났어요. 그런데 벌써 친구가 되었어요. 몇 마디 주고받는 **사이**에 정이 들었나 봐요. 더 알아봅시다 1. '가다, 잠들다, 가시다' 등의 동사의 경우 '-ㄴ사이'로 쓰면 그 동작이 완료되어있던 시간동안이라는 의미가 추가된다. 　예) 가다 → 간 사이/ 가는 사이 2. ㄹ어간의 동사는 ㄹ이 탈락하고 '-는 사이'와 결합한다. 　예) 만들다 → 만드는 **사이** 울다 → 우는 **사이**
형태제시	10분	<table><tr><td>동사</td><td>받침 ○, ×</td><td>-는 사이(-ㄴ사이)</td></tr></table> 가다 → 가는 **사이**, 간 **사이**, 먹다 → 먹는 **사이**, 하다 → 하는 **사이**, 보다 → 보는 **사이**, 읽다 → 읽는 **사이** 1. 엄마가 시장에 간 **사이**에 아기가 울었어요.

		2. 우리 아들은 밥을 먹**는 사이**에도 손에서 책을 놓지 않아요. 3. 예습과 복습을 꾸준히 하**는 사이**에 나도 모르게 실력이 늘었어요. 4. 잠깐 딴 곳을 보**는 사이**에 누가 지갑을 훔쳐갔어요. 5. 도서관에서 책을 읽**는 사이**에 날이 어두워졌어요.
유의적 연습과 활용	17분	1. 교사와 대화 연습을 해 봅시다. 　1) T: 오늘 왜 늦었어요? 　　S: 잠깐 딴 생각을 하다(하**는 사이**에) 내려야 할 역을 지나치고 말았 　　　어요. 　2) T: 누가 왔었어요? 　　S: 네, 선생님이 자리를 비우시다(비우**신 사이**에) 손님이 오셨어요. 　3) T: 스티브 씨, 벌써 숙제를 다 했어요? 　　S: 점심시간에 다른 친구들이 농구를 하**는 사이**에 저는 숙제를 했 　　　어요. 　4) T: 스티브 씨, 많이 피곤한가 봐요. 수업시간에 졸기까지 하고. 　　S: 하하, 선생님 잠깐 조**는 사이** 꿈까지 꾸었어요. 　5) T: 언제 일본어를 배웠어요? 　　S: 애니메이션을 보다가 나도 모르**는 사이**에 배웠어요. 2. 친구와 대화 연습을 해 봅시다. | 어머, 벌써 출석을 불렀어요?	리에 씨가 화장실에 가다(**간 사이**)에 출석을 불렀어요.
온 세상이 하야네요.	네, 우리가 잠들다(잠든 **사이**)에 눈이 내렸어요.
벌써 봄이 되었어요.	우리가 여행을 하다(하**는 사이**)에 계절이 바뀌 었어요.
이 요리 직접 만들었어요?	제가 청소를 하다(하**는 사이**)에 남편이 만들었 어요.
어제 왜 잠을 못 잤나요?	재미있는 책을 읽다(읽**는 사이**)새벽이 되고 말 았어요.
어머, 기차를 놓치셨군요.	밥을 먹다(먹**는 사이**) 기차가 떠나버렸어요.	

53. -는 한

학습목표	뒤의 행동과 상태에 대한 조건을 나타내는 표현 익히기

학습내용	시간 40분	교수 · 학습 활동
도입	3분	T: 티엔 씨, 요즘 어떤 공부를 하고 있어요? S: 한국어 공부를 하고 있어요. T: 왜 한국어를 공부해요? S: 학교에서 공부할 때 필요해요. T: 티엔 씨가 학교에서 공부하**는 한** 한국어 공부가 꼭 필요하군요.
의미제시	7분	뒤의 행동과 상태에 대한 조건을 나타낼 때 쓴다. T: 밤늦게 저녁을 먹**는 한** 살을 빼기가 어렵거든요. T: 선풍기를 틀지 않**는 한** 교실은 더울 거예요. **더 알아봅시다** 1. '-으면'과 바꿔 쓸 수 있으나 '-는 한'을 쓰면 뜻이 더 강조된다. 　예) 네가 포기하지 않으면 공부를 잘 할 수 있다. 　　　네가 포기하지 않**는 한** 공부를 잘 할 수 있다. 2. '될 수 있는 한', '관한 한'처럼 관용적으로 사용되기도 한다. 　예) 될 수 있는 **한** 필요한 말만 하세요. 　　　이 일에 관한 **한** 이 분이 전문가이십니다.
형태제시	10분		동사, 있다/없다	받침 ○, ×	-는 한
---	---	---	 먹다 → 먹**는 한**, 뛰다 → 뛰**는 한**, 있다 → 있**는 한**, 없다 → 없**는 한**, 살다 → 사**는 한** 1. 과자만 먹**는 한** 날씬해질 수 없다. 2. 뛰지 않**는 한** 제 시간에 도착할 수 없다. 3. 어린 동생이 집에 있**는 한** 일찍 집에 들어가야 한다. 4. 네가 없**는 한** 나는 외로울 것이다. 5. 고향에서 사**는 한** 부모님과 함께 살아야 한다.

| 유의적
연습과 활용 | 20분 | 1. 교사와 대화 연습을 해 봅시다.

  1) T: 이번 숙제가 좀 어렵지 않았어요?
     S: 친구들이 도와주지 않**는 한** 숙제를 할 수 없었을 거예요.

  2) T: 툭소 씨, 아직도 많이 아픈가요?
     S: 치료를 꾸준히 받지 않**는 한** 완전히 낫긴 어려울 거예요.

  3) T: 스티브 씨, 명절에 어디 가세요?
     S: 아니요. 표를 미리 예매하지 않**는 한** 고향에 가기 어려울 것 같아요.

  4) T: 다음 학기에도 한국에 있을 건가요?
     S: 모르겠어요. 부모님이 학비를 보내주시지 않**는 한** 어려울 것 같아요.

  5) T: 리에 씨는 늘 툭소 씨와 함께 다녀요?
     S: 친구가 있**는 한** 유학 생활이 외롭지 않아요. |

2. 친구와 대화 연습을 해 봅시다.

청소를 하지 않는다/방이 더러워지다	청소를 하지 않**는 한** 방이 더러워질 것이다.
친구들이 도와주지 않는다/밀린 숙제를 다 하기 어렵다	
술을 많이 마신다/건강해지기는 힘들다	
담배를 피우다/계속 기침을 할 것이다	
수업 시간에 조용히 하지 않는다/선생님께 꾸중을 듣는다	

54. -니1, -이니

| 학습목표 | 여러 종류의 명사를 이어 주면서 예를 들거나 나열하는 표현 익히기 |

학습내용	시간 40분	교수 · 학습 활동
도입	3분	T: 티엔 씨. 필통이 왜 이렇게 커요? S: 어제 문구점에서 연필을 샀어요, 지우개도 샀어요. T: 문구점에서 여러 가지를 샀군요. S: 저는 문구점에 가는 것을 좋아해요. T: 그래서 티엔 씨의 필통에는 연필**이니** 볼펜**이니** 지우개**니** 가득 들어 있군요.

의미제시	7분	여러 종류의 명사를 이어 주면서 예를 들거나 나열하는 표현 익히기
		
		T: 소풍 때 김밥**이니** 도시락**이니** 많이 가져가는군요.
		T: 리에 씨, 도시락 안의 밥**이니** 반찬**이니** 참 맛있네요.
		
		더 알아봅시다
		
		1. '-니1'는 같은 기능을 하는 조사 '다1', '며1'나 '하고', '하며'로 바꿔 쓸 수 있다.
		  예) 그 가방의 모양이니 색깔이니 모두 예쁩니다.(그 외의 것도 포함)
		  그 가방의 모양이다 색깔이다 모두 예쁩니다.(모양과 색깔 위주로 말함)
		  그 가방의 모양이며 색깔이며 모두 예쁩니다.(그 외의 것도 포함)
		  그 가방의 모양하고 색깔하고 모두 예쁩니다.(모양과 색깔 위주로 말함)
		  그 가방의 모양하며 색깔하며 모두 예쁩니다.(그 외의 것도 포함)

형태제시	10분	 명사 / 받침 ○ / -이니 명사 / 받침 × / -니 밥 → 밥**이니**, 차 → 차**니**, 성격 → 성격**이니**, 의자 → 의자**니**, 비누 → 비누**니** *교사가 결합정보와 예문을 제시한 뒤, 먼저 교사가 예문을 읽는다. 그 후 학생들이 예문을 따라 읽을 수 있도록 한다.

		1. 밥이니 반찬이니 골고루 먹도록 해라. 2. 차니 커피니 언제든지 드세요. 3. 성격이니 외모니 모두 마음에 든다. 4. 의자니 책상이니 너무 낡았다. 5. 화장실에 비누니 휴지니 아무것도 없다.
유의적 연습과 활용	20분	1. 교사와 대화 연습을 해 봅시다. 　1) T: 스티브 씨, 왜 이렇게 교실이 지저분해요? 　　S: 어제 빗자루니 쓰레받기니 청소도구가 없었어요. 　2) T: 어머니께서 요리를 잘 하시니? 　　S: 김치찌개니 된장찌개니 못하는 요리가 없으세요. 　3) T: 정말 냉장고에 과일이 가득하군요. 　　S: 손님이 오신다기에 배니 사과니 과일이 잔뜩 샀어요. 　4) T: 리에 씨는 노래를 참 잘 불러요. 　　S: 맞아요, 노래니 춤이니 못하는 게 없어요. 　5) T: 뷔페에 가서 점심을 너무 많이 먹었어요. 　　S: 일식이니 중식이니 정말 맛있었어요. 2. 친구와 대화 연습을 해 봅시다. 상황/나/친구 표

2. 친구와 대화 연습을 해 봅시다.

상황	나	친구
왜 가방이 무거울까?	책이니 공책이니 가득 들어있다.	과자니 음료수니 잔뜩 들어있다.
왜 청소를 오래 했을까?	먼지니 쓰레기니 잔뜩 쌓여있다.	
등산을 할 때 중요한 물건은 무엇일까?	등산화니 등산 가방이니 모두 준비해야 한다.	
우리 반에서 누가 제일 외국어를 잘 할까?	티엔 씨가 한국어니 중국어니 못 하는 외국어가 없다.	
우리 반에서 누가 운동을 제일 잘 할까?	스티브 씨가 수영이니 스키니 다양한 운동을 잘 한다.	

55. -니4, -으니2

학습목표	원인과 결과를 나타내는 표현 익히기

학습내용	시간 40분	교수 · 학습 활동
도입	3분	T: 티엔 씨, 오늘 날씨 어때요? S: 추워요/더워요 T: 맞아요. 겨울(/여름)이 되니 날씨가 추워(/더워)지네요.
의미제시	7분	'-니'는 앞 문장이 뒤 문장의 근거가 될 때 쓰인다. -니까의 형태로도 쓸 수 있다. T: (문형을 칠판에 큰 글자로 쓴다) 이 글자 보여요? 크게 썼으니(까) 잘 보일 거예요. **더 알아봅시다** 1. 알게 됨을 나타내는 '-니'는 '-고 보니', 또는 '-고 나니'와 같은 표현으로 많이 쓰인다. 2. 문형 비교: 인과의 '-(으)니'와 알게 됨의 '-(으)니' 　예) 높은 산에 올라오니 멀리까지 보였다. (인과) 　　　높은 산에 올라오니 세상에서의 일들이 작게 느껴졌다. (깨달음) 3. 문형 비교: -니(까)와 -아/ -어서 　'-아/어서'는 객관적 원인에 쓰이고 앞 뒤 문장의 주어는 같아야 한다는 제약이 있다. 　예) 은영 씨는 오늘 몸이 안 좋아서 집에 일찍 들어갔어요. 4. '-니까'는 화자의 주관적 느낌 또는 둘 다 안다고 생각하는 사실에 쓰인다. 　-았-, -겠- 결합 가능하고 명령, 청유형에도 쓸 수 있다. 　예) 오늘은 몸이 안 좋으니까 집에 일찍 갈게요.
형태제시	10분	 | 동사, 없다/있다	받침 ○	-으니
형용사, 이다/아니다	받침 ×	-니 | 걸리다 → 걸리니, 착하다 → 착하니, 가다 → 가니, 하다 → 하니, 읽다 → 읽으니

		*교사가 칠판에 판서한 표현들을 바르게 읽고 학생들에게 한 번씩 따라 읽도록 한다. 1. 감기에 걸렸**으니** 쉬는 게 좋겠어요. 2. 애니 씨는 착하**니까** 부탁을 들어 줄 거예요. 3. 지하철로 가**니** 약속 시간에 늦지 않을 거예요. 4. 매일 한국어 공부를 하**니** 금세 잘 할 수 있을 거예요. 5. 하루에 한 권씩 책을 읽**으니** 똑똑해 지는 건 당연해요.
유의적 연습과 활용	20분	1. 교사와 대화 연습을 해 봅시다. 　1) T: 열이 나요. 머리가 아파요 어떻게 하죠? 　　S: 열이 나고 머리가 아프**니** 집에서 쉬세요./약을 드세요./병원에 　　　가 보세요. 　2) T: 오늘 한국 친구들과 약속이 있어요. 　　S: 한국말을 잘하**니** 걱정하지 마세요./재미있을 거예요. 　3) T: 차가 막혀요. 　　S: 차가 막히**니** 지하철을 타세요./집에서 일찍 출발하세요. 　4) T: 어제 등산을 했어요. 　　S: 다리가 아프**니** 좀 쉬어요./산에 가**니** 기분이 좋았겠군요. 　5) T: 이번 시험에 합격했어요. 　　S: 공부를 열심히 했**으니** 그렇지요./준비를 했으니 합격했지요. 2. 친구와 대화 연습을 해 봅시다.

상황	대답
한국 사람들이 너무 빨리 말해요.	못 들었**으니까** 천천히 말해 주세요.(못 듣다)
음식이 너무 뜨거워요.	뜨거우**니까** 천천히 드세요.(뜨겁다)
한국어 발음이 어려워요.	CD가 있으**니까** 듣고 따라해 보세요./한국 친구들이 많이 있으**니까** 만나서 이야기해 보세요(있다).
길이 미끄러워요.	길이 미끄러우**니까** 천천히 가세요.(미끄럽다)
날씨가 너무 더워요.	날씨가 더우**니까** 시원한 냉면을 드세요./에어컨을 틀어 주세요./창문을 열어 주세요.(덥다)

56. -다가, -다5

| 학습목표 | | 전환을 나타내는 표현 익히기 |

학습내용	시간 40분	교수 · 학습 활동
도입	3분	T: 티엔 씨, 수업 전에 뭐 하고 있었어요? S: 커피를 마시고 있었어요. T: 커피를 마시**다가** 제가 오니까 자리에 앉았군요. 　오늘, 하늘 봤어요? 저는 오늘 학교에 오**다가** 하늘을 봤는데 정말 맑고 깨끗하더라고요.
의미제시	10분	어떤 행위에서 다른 행위로 바뀌었을 때 전환의 의미로 쓰인다. 1. 어떤 동작이나 상태가 중간에 멈추고 이어서 다른 동작이나 상태가 시작된다. 2. 어떤 행위나 상태가 원인이나 근거가 되어 뒤에 부정적인 결과가 나타난다. 3. 두 개의 동작이 교대로 반복해서 일어난다. T: 1. 아기가 잘 자**다가** 갑자기 울기 시작했어요. 　2. 동생이 숙제를 하**다가** 게임을 하기 시작했어요. 　3. 친구가 책상 앞에서 졸**다가** 결국 엎으려 갔어요. 　**더 알아봅시다** 1) 일반적으로 앞 문장과 뒤 문장의 주어가 같아야 한다. 　저는 책을 읽**다가** 잠이 들었어요.(○) 　티엔 씨는 책을 읽**다가** 툭소 씨는 화장실에 갔어요.(×) 2) 행위를 하는 주어의 동작 전환이 아니고, 시간에 따른 상황의 전환을 나타내는 경우는 앞 문장과 뒤 문장의 주어가 다를 수 있다. 　그 자전거는 형이 타**다가** 지금은 제가 타고 있어요. 3) 하던 행위를 중단하고 다른 행위를 할 때는 '-았/-었'을 쓰지 않고, 하던 행위가 다 끝난 후에 다른 행위를 할 때 쓴다. 　학교에 가**다가** 집으로 돌아왔어요. 　학교에 갔**다가** 집으로 돌아왔어요. 4) 미래를 나타내는 어미시제와 잘 어울리지 않는다. 　은행에 가**겠다가** 우체국에 들렀어요.(×) 5) '-다가'는 '-다'로 줄여 쓸 수 있다.

형태제시	10분	동사, 있다/없다 형용사, 이다/아니다	받침 ○, ×	−다가

듣다 → 듣**다가**

무리하다 → 무리**하다가**

울다 → 울**다가**

춤을 추다 → 춤을 추**다가**

시끄럽다 → 시끄럽**다가**

1. 음악을 듣**다가** 잠이 들었어요.

2. 리에 씨가 시험 때문에 무리**하다가** 결국 병이 났어요.

3. 영화를 보면서 두 시간 내내 울**다가** 웃**다가** 했어요.

4. 즐겁게 춤을 추**다가** 그대로 멈춰라.

5. 교실이 시끄럽**다가** 갑자기 조용해졌어요.

유의적 연습과 활용 (17분)

1. 교사와 대화 연습을 해 봅시다.

(게임) 노래 '즐겁게 춤을 추**다가** 그대로 멈춰라'에 맞춰 행동해 보기

      예) 즐겁게 박수치**다가** 그대로 멈춰라.

(장난치다, 움직이다, 노래하다, 농구하다, 공부하다, 전화하다)

2. 친구와 대화 연습을 해 봅시다.

어제 언제 잤어요?	(음악을 듣**다가**) 잠이 들어서 몰라요.
무슨 소리예요?	(설거지를 하**다가**) 그릇을 떨어뜨렸어요.
오늘 본 영화 재미있었어요?	아니요, (영화를 보**다가**) 잠이 들었어요.
왜 아까 전화가 끊겼어요?	(전화하**다가**) 배터리가 없어서 끊겼어요.
왜 이렇게 늦게 집에 도착했어요?	(집에 가**다가**) 옷가게에 들렀어요.
왜 음식을 잘 못 먹어요?	(뜨거운 물을 마시**다가**) 입을 데였어요.

57. -다가는

학습목표	전환의 의미 표현 알아보기

학습내용	시간 40분	교수 · 학습 활동
도입	3분	T: 티엔 씨, 커피를 많이 마시는 것 같아요. 오늘 몇 잔 마셨어요? S: 다섯 잔을 마셨어요. T: 그렇게 커피를 많이 마시**다가는** 밤에 잠이 안 올 지도 몰라요.

의미제시	12분	어떤 동작을 하면 그것이 원인이 되어 안 좋은 결과가 나오게 된다는 뜻을 나타낸다.(충고할 때 많이 쓰인다.)
		
		T: 밤에 라면을 매일 먹**다가는** 살이 찔 거예요.
		T: 시험기간인데 그렇게 놀**다가는** 낙제할 거예요.
		T: 그렇게 소리를 지르**다가는** 목이 금방 쉴 거예요.
		
		  더 알아봅시다
		1. '-다가는'은 '-다가'으로 줄여 쓸 수 있다.
		  예) 이렇게 계속 텔레비전을 가까이 봤**다가는** 눈이 나빠지기 쉬워요.
		                        (=봤**다가**)
		2. '-다가는'은 '-다가'로 바꿔 쓸 수 있는데, '-다가'에 비해 '-다가는'이 바뀐 뒤의 행위나 상태 또는 부정적인 상황을 더 강하게 표현하는 느낌이 있다.
		  예) 자꾸 거짓말을 하**다가는** 혼난다.
		     자꾸 거짓말을 하**다가** 혼난다.
		3. 이렇게
		  저렇게 + 동사 -다가는 + 안 좋은 일
		4. 그렇게
		  1) 앞 문장의 행동을 반복하면 나쁜 일이 발생 할 거라는 예상, 추측을 의미.
		  2) 앞 문장의 행동으로 인해 뒤 문장의 결과가 일반적으로 나타남.

형태제시	10분	<table><tr><td>동사</td><td>받침 ○, ×</td><td>-다가는</td></tr></table>걷다 → 걷**다가는**, 하다 → 하**다가는**, 졸다 → 졸**다가는**, 먹다 → 먹**다가는**, 쓰다 → 쓰**다가는**

		1. 그렇게 비를 맞고 걷**다가는** 감기에 걸릴 지도 몰라요. 2. 이렇게 공부를 안 하**다가는** 진급이 어려울 거예요. 3. 수업시간에 계속 졸**다가는** 선생님께 걸려 혼날 거예요. 4. 그렇게 먹**다가는** 살이 찔 거예요. 5. 카드를 정신없이 쓰**다가는** 나중에 후회할거예요.
유의적 연습과 활용	15분	1. 교사와 대화 연습을 해 봅시다. 〈아래의 문장을 완성 하세요.〉 　1) 한국어를 못한다고 _____영영 말을 못할 지도 몰라 　　요.(집에만 있다) 　2) 음식 만들기 귀찮다고 _____생활비가 모자랄 수도 있어 　　요.(계속 시켜먹다) 　3) 전화를 하면서 _____사고가 날 수도 있어요.(운전하 　　다) 　4) 덥다고 계속 _____ 배탈이 날 거예요.(찬 음식을 먹다) 　5) 게임을 그렇게 _____ 눈이 나빠집니다.(오래 하다) 2. 친구와 대화 연습을 해 봅시다. <table><tr><td colspan="2">상황 : 나쁜 습관을 가지고 있는 친구에게 충고하기</td></tr><tr><td>저녁에 늦게 잡니다.</td><td>그렇게 저녁 늦게 자**다가는** 학교에 매 일 지각을 할 거예요.</td></tr><tr><td>컴퓨터 게임을 하루 종일 합니다.</td><td></td></tr><tr><td>인터넷으로 물건을 많이 삽니다.</td><td></td></tr><tr><td>아침을 먹지 않습니다.</td><td></td></tr><tr><td>씻는 것을 좋아하지 않습니다.</td><td></td></tr></table>

58. -다가도

학습목표	행위나 상태가 쉽게 바뀜을 나타내는 표현 익히기

학습내용	시간 40분	교수·학습 활동
도입	3분	T: 티엔 씨, 아기는 몇 살이에요? S: 두 살이에요. T: 아기 키우기가 참 힘들지요? 잘 자**다가도** 금방 깨서 울어요. 그렇죠? S: 네, 밤에 자다가 깨면 아주 힘들어요. T: 잘 자**다가도** 깨는 아기들의 마음을 알 수 있으면 좋겠어요.

의미제시	7분	어떤 행위나 상태가 다른 행위나 상태로 쉽게 바뀌는 것을 표현할 때 사용한다.
		T: 스티브 씨는 차를 타면 졸아요. 그런데 내릴 때가 되면 꼭 깨요. 스티브 씨는 자**다가도** 내릴 때가 되면 꼭 깨요.
		T: 아기가 우유를 먹고 잠이 들었어요. 엄마가 청소를 하려고 일어났어요. 아이가 깨서 울어요. 아기가 자**다가도** 엄마가 없으면 금방 깨요.
		T: 스티브 씨는 건강이 나빠졌어요. 의사 선생님이 담배를 끊으라고 했어요. 그래서 담배를 끊었지만 다시 피워요. 스트레스가 많아지면 담배를 끊었**다가도** 다시 피우게 돼요.
		T: 리에 씨는 율리아 씨와 있을 때는 많이 웃어요. 하지만 스티브 씨를 보면 웃지 않아요. 웃**다가도** 스티브 씨를 보면 웃지 않아요.
		
		더 알아봅시다
		'-다가는'과 '-다가도' 비교
		1. '-다가는' 어떤 동작이나 상태 등이 그치고 다른 상태나 동작으로 옮겨짐을 나타낸다.
		  예) 등잔불이 환하다가는 꺼져 버렸다.
		    지워졌다가는 다시 보이고 다시 지워졌다.
		2. '-다가도'는 어떤 행위나 상태가 다른 행위나 상태로 쉽게 바뀌는 것을 표현할 때 사용한다.
		  예) 아이는 울**다가도** 사탕만 주면 금세 울음을 멈춘다.
		    동생은 공부를 잘 하**다가도** 딴 생각을 자주 한다.

동사, 있다/없다 형용사	받침 ○, ×	-다가도

하다 → 하**다가도**, 괜찮다 → 괜찮**다가도**, 먹다 → 먹**다가도**, 놀다 → 놀**다가도**, 기분이 좋다 → 기분이 좋**다가도**

교사가 칠판에 판서한 표현들을 바르게 읽고 학생들에게 한 번씩 따라 읽도록 한다.

1. 동생은 열심히 공부를 하**다가도** 컴퓨터 게임에 빠져요.
2. 기분이 괜찮았**다가도** 맥스 씨만 보면 기분이 나빠진다.
3. 밥을 먹**다가도** 헤어진 여자 친구가 생각이 난다.
4. 아이들은 잘 놀**다가도** 싸울 때가 많다.
5. 율리아 씨는 기분이 좋**다가도** 공부만 시작하면 짜증을 낸다.

형태제시 / 10분

유의적 연습과 활용 / 20분

1. 교사와 대화 연습을 해 봅시다.
   1) T: 여자 친구와 헤어졌어요. 그런데 자꾸 생각이 나요. 밥을 먹을 때도 책을 읽을 때도 생각이 나요.
      S: 책을 읽**다가도** 여자 친구가 생각이 나요.
   2) T: 동생은 공부를 열심히 해요. 그런데 텔레비전에서 소녀시대가 나오면 텔레비전만 봐요.
      S: 공부를 열심히 하**다가도** 소녀시대가 나오면 공부를 안 해요.
   3) T: 티엔 씨는 남편과 사이가 좋아요. 하지만 쇼핑을 가면 싸워요. 쇼핑이 끝나면 다시 사이가 좋아요.
      S: 남편과 사이가 좋**다가도** 쇼핑을 가면 싸워요.
   4) T: 남자들이 말해요. 어떤 때는 여자들의 마음을 알지만 어떤 때는 모르겠다고 해요. 그래서 힘들다고 해요.
      S: 여자들의 마음을 알**다가도** 모르겠다!

2. 친구와 대화 연습을 해 봅시다.
아래와 같이 문장을 만들어 봅시다.

> 아기가 잠을 잘 자다(소리가 나다, 깨서 울다)
> – 아기가 잠을 잘 자**다가도** 소리가 나면 깨서 운다.

상황	나	친구
비가 내리다	(구름이 사라지다/ 햇빛이 나오다) 비가 내리**다가도** 구름이 사라지면 햇빛이 나온다.	(날씨가 추워지다/ 눈이 오다) 비가 내리**다가도** 추워지면 눈이 올 때가 있다.
일요일 오전에는 기분이 좋다	(오후에 숙제를 하다/ 우울해지다). 일요일 오전에는 기분이 좋**다가도** 숙제를 하면 우울해진다.	(빨래를 하다/ 짜증나다) 일요일 오전에는 기분이 좋**다가도** 빨래를 하면 짜증이 난다.
피곤하다	(축구를 보다/정신이 번쩍 나다) 피곤하**다가도** 축구만 보면 정신이 번쩍 난다.	(부모님께 전화를 하다/ 피곤하지 않다) 피곤하**다가도** 부모님과 전화통화를 하면 기운이 난다.
사이가 좋다	(텔레비전을 보다/싸우다) 사이가 좋**다가도** 텔레비전을 보면 싸운다.	(농구를 하다/ 싸우다) 사이가 좋**다가도** 농구를 하면 싸우게 된다.
재미있게 놀다	(시험 생각을 하다/걱정이 되다) 재미있게 놀**다가도** 시험 생각을 하면 걱정이 된다.	(게임을 하다/싸움을 하다) 재미있게 놀**다가도** 게임을 하면 싸움을 한다.

MEMO

59. -다(가) 보니(까)

학습목표	결과적으로 어떤 상태가 되거나 사실을 나타내는 표현 익히기

학습내용	시간 40분	교수·학습 활동
도입	3분	T: 티엔 씨, 한국 음식이 매워서 먹기 힘들지요? S: 처음에는 매웠어요. 하지만 지금은 잘 먹어요. T: 그렇군요. 티엔 씨가 한국에 온 지 1년이 넘었어요. 한국 음식을 먹**다 가 보니까** 매운 음식도 잘 먹어요. S: 맞아요. 매운 음식을 자주 먹었어요. T: 매운 음식을 자주 먹**다 보니** 잘 먹게 되었어요.
의미제시	7분	어떤 행동을 이전부터 하는 과정에서 새로운 사실을 알게 되거나 결과적으로 어떤 상태가 되었을 때 사용한다. **더 알아봅시다** '-고 보니'와 '-다(가) 보니(까)'의 비교 {표}

더 알아봅시다 표:

고 보니-	-다(가) 보니(까)
1. 동사의 행동이 끝난 다음 결과를 나타낼 때 사용한다. 예) 노래를 하고 보니 기분이 좋아졌어요.	1. 동사의 행동을 하는 과정에서 결과가 나올 때 사용한다. 예) 노래를 하**다 보니까** 기분이 좋아졌어요.
2. 어떤 행동을 한 번 한 다음에 그 결과를 알 수 있을 때 사용한다. 예) 스티브를 만나고 보니 좋은 사람 같았어요.	2. 어떤 행동을 여러 번 하는 과정에서 그 결과를 알 수 있을 때 사용한다. 예) 스티브를 자주 만나**다 보니까** 좋아하게 되었어요.
3. 다음 문장에서는 새로운 사실을 알게 되거나 이전에 생각했던 사실과는 달랐다는 내용을 표현할 때 쓴다. 예) 컴퓨터를 오래 하고 보니 눈에 이상이 생겼어요.	3. 다음 문장에서 새로운 사실을 알게 되거나 결과적으로 어떤 상태가 되었다는 내용을 표현할 때 쓴다. 예) 컴퓨터를 오래 하**다 보니까** 눈이 나빠졌어요.

		동사, 있다/없다	받침 ○, ×	– 다(가) 보니(까)

형태제시	10분	먹다 → 먹**다(가) 보니(까)**, 보다 → 보**다(가) 보니(까)**, 만들다 → 만들**다(가) 보니(까)**, 듣다 → 듣**다(가) 보니(까)**, 하다 → 하**다(가) 보니(까)** 1. 햄버거를 자주 먹**다 보니** 살이 쪄서 고민이에요. 2. 몽골 인형을 보**다 보니** 몽골에 관심이 생겼어요. 3. 베트남 음식을 만들**다 보니까** 베트남어를 배우게 되었어요. 4. 선생님의 설명을 듣**다 보니** 이해가 되었어요. 5. 야간 업무를 하**다 보니까** 늘 잠이 부족해요.

유의적
연습과 활용
	20분	1. 교사와 대화 연습을 해 봅시다.
		  1) T: 리에 씨가 만든 떡볶이가 매워요. 그러나 티엔 씨는 매운 음식을
		    잘 먹어요.
		    S: 티엔 씨는 매운 음식을 먹**다 보니** 떡볶이도 잘 먹어요.
		  2) T: 선생님의 설명을 잘 들어보세요. 잘 모르면 또 설명해 줄 수 있어요.
		    S: 선생님의 설명을 듣**다 보니** 알게 됐어요.
		  3) T: 우리 반 모두 토픽 시험에 합격했어요. 매일 공부를 많이 했어요.
		    S: 열심히 공부를 하**다 보니** 시험에 합격해어요.
		  4) T: 친구와 싸웠어요. 화가 많이 났어요. 그런데 친구에게 전화가 왔어요.
		    S: 친구와 전화를 하**다 보니** 화가 풀렸어요.
		  5) T: 리에 씨와 친하게 지냈어요. 그러다 사랑하게 되었어요.
		    S: 친하게 지내**다 보니** 사랑하게 되었어요.
		
		2. 친구와 대화 연습을 해 봅시다.

상황	나	친구
책을 많이 읽었어요.	책을 많이 읽**다 보니** 한국어가 쉬워졌어요.	책을 많이 읽**다 보니** 퀴즈 왕이 되었어요.
야식을 매일 먹었어요.	야식을 매일 먹**다 보니까** 살이 쪘어요.	야식을 매일 먹**다가 보니까** 건강이 나빠졌어요.
주말마다 한국 드라마를 꼭 봐요.	한국 드라마를 보**다 보니까** 한국 사람들을 이해하게 되었어요.	한국 드라마를 보**다 보니** 한국 남자가 좋아졌어요.
아르바이트를 많이 해요.	아르바이트를 많이 하**다 보니** 공부할 시간이 없어요.	아르바이트를 많이 하**다 보니** 잠이 부족해요.
매일 운동을 해요	매일 운동을 하**다 보니** 날씬해 졌어요.	매일 운동을 하**다 보니** 친구가 생겼어요.

60. -다(가) 보면

| 학습목표 | 지속 반복되는 상황이나 행동이 뒤 문장의 결과를 가져오는 표현 익히기 |

학습내용	시간 40분	교수 · 학습 활동
도입	3분	T: 여러분, 쓰기 공부가 어려운가요? S: 네, 선생님, 쓰기가 제일 어려워요. T: 네, 쓰기는 어려워요. 그렇지만 쓰기 연습을 하**다 보면** 정확한 한국어로 말 할 수 있게 돼요. S: 그럼, 한국 사람처럼 말할 수 있게 되나요? T: 그럼요. 쓰기 연습을 열심히 하**다(가) 보면** 말하기나 듣기를 잘하게 됩니다.
의미제시	10분	앞의 상황이나 행동이 지속 혹은 반복되면 자연히 뒤의 상황이 된다는 의미의 표현이다. 1. 작년에서 6개월간 남아메리카 여행을 했어요. 그런데 해외여행을 하**다 보면** 고향음식이 그리워져요. 2. 툭소 씨는 남자 친구가 있지요? 남자 친구와 함께 있**다 보면** 시간 가는 줄 모르겠죠? 4. 요즘 한국 가요가 세계적으로 인기를 모으고 있어요. 그런데 한국 가요를 많이 듣**다 보면** 한국 사람들을 이해 할 수 있을 거예요. 5. 이긴 자가 강한 것이 아니고 강한 자가 이기는 거야. 이 책을 읽**다 보면** 내가 왜 그런 말을 했는지 알게 될 거야. 6. 친구가 남자 친구와 헤어졌다고 자꾸 울었어요. 그래서 그냥 내버려 두었어요. 울**다 보면** 마음도 좀 풀릴 테니까요. **더 알아봅시다** 　'**-다가 보면**'은 '**-다 보면**'보다 입말에서 많이 쓰인다. 다만 형용사의 경우에는 '**-다가 보면**'을 결합하면 자연스럽지 않은 경우도 있다.
형태제시	10분	<table><tr><td>동사, 형용사</td><td>받침 ○, ×</td><td>-다(가) 보면</td></tr></table>가다 → 가**다 보면**, 먹다 → 먹**다 보면**, 살다 → 살**다 보면**, 바쁘다 → 바쁘**다 보면**, 피곤하다 → 피곤하**다 보면**

		1. 지금은 찾아가기가 어렵겠지만 자주 가**다 보면** 금방 익숙해 질 거예요.
		2. 처음에는 너무 매워도 자꾸 먹**다 보면** 좋아하게 될 거예요.
		3. 외국이라고 해도 오래 살**다 보면** 고향처럼 느껴질 거예요.
		4. 생활이 너무 바쁘**다 보면** 건강에 소홀하기 쉬워요.
		5. 너무 피곤하**다 보면** 친구 만나기도 귀찮아져요.
유의적 연습과 활용	17분	1. 교사와 대화 연습을 해 봅시다. 　1) S: 선생님, 쓰기가 너무 어려워요? 　　T: 네, 쓰기가 어렵지요? 그렇지만 (연습하**다 보면**) 쉬워질 거예요. 　　S: 자꾸 (연습하**다 보면**) 정말 쉬워질까요? 　2) S: 김치는 너무 매워요. 　　T: 그렇지만 자주 (먹**다 보면**) 좋아하게 될 거예요. 　　S: 정말 자주 (먹**다 보면**) 괜찮아질까요? 　3) S: 선생님, 늦어서 죄송합니다. 　　T: 아니에요. 집이 (멀**다 보면**) 그럴 수도 있지요. 　　S: 지각을 (되풀이하**다 보면**) 습관이 되는 것 같아요. 죄송합니다. 　4) T: 어제 약속을 깜빡 잊어버렸어요. 죄송합니다. 　　S: 아니에요. (바쁘시**다 보면**) 잊어버릴 수도 있지요. 　5) T: 가구가 많이 망가져서 속상해요. 　　S: 이사를 자주 (하**다 보면**) 가구가 망가져요. 2. 친구와 대화 연습을 해 봅시다. | 요즘, 많이 피곤하죠?	열심히 일하다(일하**다 보면**) 피곤한 줄도 모르겠어요.
마음이 좀 가벼워졌나요?	친구와 즐겁게 이야기를 하다(하**다 보면**) 걱정근심이 사라져요.
음식 포장을 부탁했군요.	맛있는 것을 먹다(먹**다 보면**) 아이들이 생각나서요.
야근을 계속했더니 너무 피곤하네요.	피곤하다(피곤하**다 보면**) 실수를 하기 쉬워요.
아직은 한국어로 메일을 못 쓰겠어요.	쓰기 연습을 열심히 하다(하**다 보면**) 금방 쉬워질 거예요.
앞으로 3년간 한국에서 살게 되었어요.	살다(살**다 보면**) 기쁜 일도 있고, 슬픈 일도 있을 거예요.
집에서 학교가 너무 멀어요.	집이 멀다(멀**다 보면**) 학교 오기가 귀찮아 질수도 있어요.	

61. -다고 해도, -라고 해도

학습목표	앞 문장을 인정하지만 그에 상관없이 뒤 내용을 추진한다는 표현 익히기

학습내용	시간 40분	교수 · 학습 활동
도입	3분	T: 여러분, 이번 주말에 토픽 시험이 있지요? 모두 준비를 잘하고 있나요? S: 네, 그런데 저는 고급 토픽이라서 너무 어려울 것 같아요. T: 티엔 씨는 열심히 공부했으니까, 문제가 아무리 어렵**다고 해도** 틀림없이 합격할 거예요. S: 시험장이 여기서 먼가요? T: 아무리 멀**다고 해도** 시내에 있으니까, 한 시간이면 갈 수 있을 거예요.
의미제시	10분	앞문장의 내용을 인정을 하지만 그에 상관없이 뒤 내용이 가능하다는 표현 1. 집에서 역까지 한 시간은 걸리는데, 집에서 늦게 나왔어요. 지금 서둘러 **간다고 해도** 12시에 출발하는 기차를 타기에는 늦었어요. 2. 한국어 배우기가 힘들다는 말을 합니다. 그러나 한국에서 생활하려면 아무리 외국인**이라고 해도** 한국어 기본회화는 알아야 해요. **더 알아봅시다** 1. '-았, -겠'에는 동사 형용사, 명사 모두 '-다고 해도'와 결합한다. 　예) 보았**다고 해도**, 보겠**다고 해도**, 좋았**다고 해도**, 좋겠**다고 해도** 2. 존경의 '-시'는 '-ㄴ다고 해도'와 결합한다. 　예) 가**신다고 해도**, 주무**신다고 해도** 3. ㄹ 어간의 동사는 'ㄹ탈락'이 적용되어 '-ㄴ다고 해도'와 결합하나, 형용사의 경우에는 'ㄹ탈락'이 적용되지 않는다. 　예) 동사: 만들다 → 만든**다고 해도** 　　　형용사: 멀다 → 멀**다고 해도**
형태제시	10분	<table><tr><td rowspan="2">동사, 있다/없다.</td><td>받침 ○</td><td>-는다고 해도</td></tr><tr><td>받침 ×, 받침ㄹ</td><td>-ㄴ다고 해도</td></tr><tr><td>형용사</td><td>받침 ○, ×</td><td>-다고 해도</td></tr><tr><td>이다</td><td>받침 ○</td><td>-이라고 해도</td></tr><tr><td>아니다</td><td>받침 ×</td><td>-라고 해도</td></tr></table>가다 → **간다고 해도**, 먹다 → 먹**는다고 해도**, 재미있다 → 재미있**다고 해도**,

좋다 → 좋**다고 해도**, 예쁘다 → 예쁘**다고 해도**
학생이다 → 학생**이라고 해도**

1. 당신이 바람같이 **간다고 해도** 언제라도 난 안 잊겠어요.
2. 아무리 많이 먹**는다고 해도** 한 끼에 삼 인분은 못 먹어요.
3. 만화영화가 아무리 재미있**다고 해도** 숙제부터 해야 돼요.
4. 물건이 아무리 좋**다고 해도** 너무 비싸면 못 사요.
5. 아무리 얼굴이 예쁘**다고 해도** 성격이 나쁜 사람은 싫어요.
6. 너무 어려 보여서 학생**이라고 해도** 믿겠어.

유의적 연습과 활용 (17분)

1. 교사와 대화 연습을 해 봅시다.

  1) S: 드라마를 보느라 숙제를 못했다고요?

    T: 아무리 드라마가 재미있**다고 해도** 숙제를 먼저 했어야 하는데 죄송해요.

  2) T: 가난한 나라 사람들은 불행할까요?

    S: 아니요, 가난하**다고 해도** 행복한 사람도 얼마든지 있어요.

  3) T: 약을 먹으면 감기가 낫나요?

    S: 감기는 약을 먹는**다고 해도** 금방 낫지는 않아요.

  4) T: 월드컵에서 한국 팀을 응원 해 주어서 고마워요.

    S: 외국인**이라고 해도** 한국에 살면 한국을 응원하게 돼요.

  5) T: 저는 리에 씨와 똑같은 운동화를 비싸게 샀어요.

    S: 같은 상품**이라도 해도** 상점마다 가격이 달라요.

2. 친구와 대화 연습을 해 봅시다.

아이가 야채를 싫어해서 걱정이에요.	아이가 야채를 싫어하다(싫어**한다고 해도**) 골고루 먹여야 돼요.
내일 비가와도 소풍을 가나요?	내일 비가 오다(**온다고 해도**) 소풍은 예정대로 갑니다.
불고기가 맛있어서 너무 많이 먹었더니 배가 아파요.	아무리 맛이 있다(맛이 있**다해도**) 과식을 하면 몸에 해로워요.
이제 밥을 먹어도 되나요?	배탈이 다 나았으니까 이제 밥을 먹다(먹**는다 해도**) 괜찮을 거예요.
우리, 기분도 좋은데 여기서 노래나 부를까?	아무리 기분이 좋다(좋**다고 해도**) 늦은 밤에 길에서 노래를 부르면 안돼요.
그렇게 바쁘니 데이트 할 시간도 없겠네요.	아무리 바쁘다(바쁘**다고 해도**) 데이트 할 시간을 있어요.
한국어 문법이 너무 어려워요.	아무리 문법이 어렵다(어렵**다고 해도**) 꼭 필요한 부분이니까 외우세요.

62. -다시피

학습목표	듣는 사람이 지각하는 바와 동일함을 나타내는 표현 익히기

학습내용	시간 40분	교수 · 학습 활동
도입	3분	T: 티엔 씨, 왜 영화를 못 봤어요? S: 표가 다 팔렸어요./관람 시간에 늦었어요. T: 알**다시피** 주말에는 표를 구하기가 힘들어요.
의미제시	7분	듣는 사람이 지각하는 바와 동일함을 나타내는 표현을 나타낸다. T: 툭소 씨는 보시**다시피** 불고기를 좋아해요. T: 아까 들으셨**다시피** 리에 씨는 버스를 놓쳤거든요. **더 알아봅시다** 1. '-다시피'와 '-다시피 하다'의 비교 　'-다시피'는 듣는 사람이 이미 알고 있다고 생각하는 정보를 다시 확인할 때 사용한다. 특히 '알다, 보다, 듣다, 배우다 느끼다'등의 감각 동사와 자주 사용된다. 　반면, '-다시피 하다'는 어떤 일을 실제로 하는 것은 아니지만 거의 비슷하게 행동할 때 사용한다. 　예) 알**다시피** 이번 축제는 금요일에 하기로 했어요. 　　　불고기를 좋아해서 매일 먹**다시피** 해요. 3. 동사와 결합하는데, 이 때 '알다, 보다, 듣다, 느끼다'등의 감각 동사들과 자주 사용되는 경향이 있다.
형태제시	10분	 | 동사	받침ㅇ, ×	-다시피
---	---	---	 교사가 결합정보와 예문을 제시한 뒤, 먼저 교사가 예문을 읽는다. 그 후 학생들이 예문을 따라 읽을 수 있도록 한다. 알다 → 알**다시피**, 보다 → 보**다시피**, 듣다 → 듣**다시피**, 느끼다 → 느끼**다시피** *교사가 결합정보와 예문을 제시한 뒤, 먼저 교사가 예문을 읽는다. 그 후 학생들이 예문을 따라 읽을 수 있도록 한다.

		1. 여러분도 알**다시피** 스티브 씨는 다음 주에 전학을 가기로 했어요.
		2. 어제 텔레비전에서 보**다시피** 출근길이 눈 때문에 많이 막힌다고 해요.
		3. 지난주에 들으셨**다시피** 이번 주부터 대청소를 할 거라고 해요.
		4. 여러분도 느끼**다시피** 날씨가 점점 따뜻해졌지요?
유의적 연습과 활용	20분	1. 교사와 대화 연습을 해 봅시다. 　1) T: 왜 이렇게 교실이 지저분해요? 　　 S: 보시**다시피** 오늘 교실에서 생일 파티를 했거든요. 　2) T: 이 반에서는 누가 노래를 제일 잘해요? 　　 S: 들**다시피** 율리아 씨는 노래를 참 잘해요. 　3) T: 요즘 왜 자전거를 타고 다녀요? 　　 S: 아시**다시피** 자전거를 타면 운동도 되고 학교에도 빨리 올 수 있 　　　　어요. 　4) T: 왜 이렇게 바빠요? 　　 S: 보**다시피**, 요즘은 밥 먹을 시간도 없어요. 　5) T: 바다에서 대형 사고가 났어요. 사람들이 많이 다쳤대요. 　　 S: 보고 들어 알**다시피** 많은 사람들이 다쳐서 병원에 갔대요. 2. 친구와 대화 연습을 해 봅시다. – 다음 상황을 보고 어떤 말을 할 수 있을지 생각해 봅시다. <table><tr><th>상황</th><th></th></tr><tr><td>리에 씨가 자전거를 타다가 넘어지다</td><td><u>보시</u>**다시피** 자전거를 타다 넘어져서, 병원에 가야 할 것 같아요. (보다)</td></tr><tr><td>스티브 씨가 토픽 시험을 잘 보다</td><td><u>알</u>**다시피** 스티브 씨는 토픽 시험을 잘 봐서, 장학금을 받을 것 같아요. (알다)</td></tr><tr><td>어제 눈이 많이 오다</td><td>뉴스에서 <u>들</u>**다시피** 어제 눈이 많이 와서 출근하기가 힘들 것 같아요. (듣다)</td></tr><tr><td>연말에 친구들을 만나다</td><td>여러분도 <u>느끼</u>**다시피** 연말에 친구들을 만나다보면 기분이 좋아질 거예요. (느끼다)</td></tr></table>

63. 대로

학습목표	앞 내용의 근거가 뒤 내용에도 계속됨을 나타내는 조사 익히기

학습내용	시간 40분	교수 · 학습 활동
도입	3분	T: 티엔 씨, 오늘은 비가 많이 오네요. S: 비가 많이 와요. T: 비가 많이 오면 차가 많이 막히지요? S: 차가 많이 막혀요/걸어가기 불편해요 T: 오늘은 집에 일찍 가는 것이 좋겠어요. S: 선생님 말씀**대로** 오늘은 집에 일찍 가는 것이 좋겠어요.
의미제시	7분	앞 내용에 오는 말이나 상황, 방법, 내용에 근거하거나 달라지는 것이 없음을 나타낸다. T: 교과서**대로** 연습하면 빨리 외울 수 있어요. T: 계획**대로** 실천하는 학생이 됩시다. T: 의사 선생님 말씀**대로** 푹 쉬었더니 감기가 다 나았군요. 　　**더 알아봅시다** 1. 의미와 형태가 유사한 연결어미 '–대로'와 구분된다. 　예) 부모님께서 말씀하신**대로** 하겠습니다. (연결어미) 　　부모님 말씀**대로** 하겠습니다. (조사)
형태제시	10분	 | 명사	받침○, ×	대로
---	---	---	 *교사가 결합정보와 예문을 제시한 뒤, 먼저 교사가 예문을 읽는다. 그 후 학생들이 예문을 따라 읽을 수 있도록 한다. 말씀 → 말씀**대로**, 방법 → 방법**대로**, 조언 → 조언**대로**, 설명 → 설명**대로**, 생각 → 생각**대로** *교사가 결합정보와 예문을 제시한 뒤, 먼저 교사가 예문을 읽는다. 그 후 학생들이 예문을 따라 읽을 수 있도록 한다.

		1. 부모님 말씀**대로** 이제 용돈을 절약하기로 마음먹었다. 2. 이 요리 방법**대로** 맛있는 된장찌개를 끓여 보도록 합시다. 3. 친구의 조언**대로** 다시 공부를 시작하기로 했다. 4. 책의 설명**대로** 조립했더니 멋진 로봇이 완성되었다. 5. 생각**대로** 살지 않으면 사는 대로 생각하게 된다.

유의적
연습과 활용
	20분	1. 교사와 대화 연습을 해 봅시다.
		  1) T: 왜 이렇게 교실이 지저분해요?
		    S: 계획**대로** 오늘 교실에서 생일 파티를 했거든요.
		  2) T: 이 반에서 누가 노래를 잘해요?
		    S: 들리던 소문**대로** 율리아 씨는 노래를 참 잘해요.
		  3) T: 요즘 왜 자전거를 타고 다녀요?
		    S: 선생님 말씀**대로** 자전거를 타면 운동도 되고 학교에도 빨리 올
		      수 있어요.
		  4) T: 비밀을 지켜 주어서 고맙습니다.
		    S: 저는 약속**대로** 비밀을 지켰습니다.
		  5) T: 무엇을 먹을까요?
		    S: 선생님 마음**대로** 시키세요.
		
		2. 친구와 대화 연습을 해 봅시다.
		
		{{TABLE2}}

1. 율리아 씨의 말/손을 드세요.	율리아 씨의 말**대로** 손을 드세요.
2. 선생님 말씀/노래를 부르세요.	
3. 친구들의 의견/축구를 합시다.	
4. 반 친구들의 말/춤을 춰요.	
5. 동생의 말/그림을 그렸어요.	
7. 선생님 말씀/눈을 감으세요.	
8. 친구들의 말/일어나세요.	

64. -더니

학습목표	경험을 나타내는 표현 익히기

학습내용	시간 40분	교수 · 학습 활동
도입	3분	T: 어제 지난주부터 배운 한국어를 복습 했어요? S: 아니요. 못 했어요. T: 어제는 모두들 한다고 약속 했어요. 그렇지요? 그런데 안 했어요. 　　어제는 꼭 **한다더니** 다른 일로 바빴나 봐요. 내일은 꼭 복습 하세요. 　　목요일이 시험이에요.
의미제시	7분	앞 문장은 경험하여 알게 된 사실이고 뒤 문장은 앞 문장과 시간적으로 이어져서 발생한 사건이거나, 반대 관계, 인과 관계 또는 첨가의 관계이다. T: 밥을 다 먹**더니** 자기 방으로 들어갔다.(이어서 발생한 사건) T: 말로는 배가 **고프다더니** 밥을 거의 안 먹었다.(반대) T: 밥을 많이 **먹더니** 배가 아프다고 했다.(인과) T: 밥을 **먹더니** 또 빵을 먹었다.(첨가) **더 알아봅시다** 1. 뒤 문장에는 미래 시제가 올 수 없다. 2. 청유문과 명령문에는 쓸 수 없다. 3. '-았/었/였-'과 결합할 수 있다. 　예) 점심을 늦게 먹었**더니** 아직도 배가 부르다.
형태제시	10분	<table><tr><td>동사, 있다/없다 형용사, 이다/아니다</td><td>받침ㅇ, ×</td><td>-더니</td></tr></table> 오다 → 오**더니**, 가다 → 가**더니**, 춥다 → 춥**더니**, 하다 → 하**더니**, 잘하다 → 잘하**더니** *교사가 칠판에 판서한 표현들을 바르게 읽고 학생들에게 한 번씩 따라 읽도록 한다.

		1. 아침엔 비가 **오더니** 지금은 그쳤어요.
		2. 매일 시장에 **가더니** 오늘은 안 가네요.
		3. 어제는 **춥더니** 오늘은 날씨가 따듯해요.
		4. 어제는 공부를 열심히 **하더니** 오늘은 텔레비전만 보네요.
		5. 예전에는 율리아 씨가 권투를 **잘하더니** 지금은 잘 못하네요.
유의적 연습과 활용	20분	1. '-더니'의 문형을 사용해서 다음 문장을 연결해 보세요. 　1) T: 어제까지 머리가 많이 아팠어요. / 오늘은 괜찮아요. 　　 S: 어제까지 머리가 많이 아프**더니** 오늘은 괜찮아요. 　2) T: 율리아 씨가 어제까지 커피를 많이 마셨어요. / 오늘부터 안 마셔요. 　　 S: 율리아 씨가 어제까지 커피를 많이 마시**더니** 오늘은 안 마셔요. 　3) T: 아까는 기분이 안 좋았어요. / 오늘은 기분이 좋아 보이네요. 　　 S: 아까는 기분이 안 좋**더니** 오늘은 기분이 좋아 보이네요. 　4) T: 전에는 치마만 입었다. / 요즘은 바지만 입어요. 　　 S: 전에는 치마만 입**더니** 요즘은 마지만 입어요. 　5) T: 어제는 퇴근길이 막혔어요. / 공사가 끝나다 / 오늘은 막히지 않아요. 　　 S: 어제는 퇴근길이 막히**더니** 공사가 끝나서 오늘은 막히지 않아요. 2. 친구와 대화 연습을 해 봅시다.

2. 친구와 대화 연습을 해 봅시다.

어제까지 인사를 잘 하다 / 이제 인사를 안 해요.	어제까지 인사를 잘 하**더니** 이제 인사를 안 해요.
지각을 안 하다 / 이번 주부터 지각을 했어요.	지각을 안 하**더니** 이번 주부터 지각을 했어요.
숙제를 잘 해 오다 / 숙제를 잘 안 해 와요.	숙제를 잘 해 오**더니** 숙제를 잘 안 해 와요.
처음엔 매운 음식을 못 먹다 / 이제 잘 먹어요.	처음엔 매운 음식을 못 먹**더니** 이제 잘 먹어요.
혼자 시장에 못 가다 / 이제 한국말로 물건 값도 깎을 수 있어요.	혼자 시장에 못 가**더니** 이제 한국말로 물건 값도 깎을 수 있어요.

65. -더라

학습목표	완료와 회상을 나타내는 표현 익히기

학습내용	시간 40분	교수 · 학습 활동
도입	3분	T: 여러분 과자 좋아하죠? S: 네 T: 여러분에게 과자를 사주고 싶어서 가게에 갔었어요. 그런데 가게가 아직 문을 안 열었어요. 알고 봤더니 학교 앞 가게가 문을 늦게 열**더라**고요. T: 아쉬워요. 다음에 사 주세요.
의미제시	7분	T: 점심 맛있게 먹었어요. 저는 김치찌개 먹었는데 좀 맵**더라**고요. 등의 예시를 사용하여 '–더라'가 직접 경험한 것을 전달할 때 쓰임을 설명한다. **더 알아봅시다** 1. 1인칭 주어와 함께 쓰이지 않는다. 　예) 나는 올 해 운동을 많이 하**더라**.(×) 2. 아랫사람이나 친한 사람에게 주로 쓰이는 표현이나 경어로 표현할 때는 '–더라고요' 와 같이 '고요'를 붙여서 쓴다. 　예) 반찬이 맛있어서 자꾸 먹게 되더라(고요).
형태제시	10분	동사, 있다/없다 형용사, 이다/아니다, 받침○, × –더라 자다 → 자**더라** 먹다 → 먹**더라** 예쁘다 → 예쁘**더라** 춥다 → 춥**더라** 아프다 → 아프**더라** *교사가 칠판에 판서한 표현들을 바르게 읽고 학생들에게 한 번씩 따라 읽도록 한다.

		1. 스티브 가 며칠 밤을 잠을 못 자더니 오늘은 잘 자**더라**.
		2. 율리아 씨는 배가 아프다더니 밥만 잘 먹**더라**.
		3. 리에가 화장을 하니까 정말 예쁘**더라**.
		4. 한국의 작년 겨울은 정말 춥**더라**.
		5. 몸살이 걸리니까 온 몸이 다 아프**더라**.

유의적
연습과 활용
	20분	1. 교사와 대화 연습을 해 봅시다.
		
		〈보기〉
		어쩐지 비싸**더라**고요. 어쩐지 예쁘**더라**고요. 어쩐지 키가 크**더라**고요.
		어쩐지 안 오**더라**고요. 어쩐지 아는 사람 같**더라**고요.
		
		  1) T: 이 지갑은 제가 직접 만들었어요.
		     S: _____.
		  2) T: 율리아 씨가 집을 못 찾겠다고 전화했어요.
		     S: _____.
		  3) T: 이 옷은 진짜 여우 털로 만들었어요.
		     S: _____.
		  4) T: 아까 그 사람 직업이 농구선수예요.
		     S: _____.
		  5) T: 아까 그 사람은 우리하고 같은 초등학교에 다녔대요.
		     S: _____.
		
		2. 다음 문장을 친구에게 전달해 주세요.
		
		<table><tr><td>툭소 씨가 운동을 안 하더니 살이 많이 쪘다.</td><td>툭소 씨가 운동을 안 하더니 살이 많이 쪘**더라**.</td></tr><tr><td>오늘부터 다이어트를 한다고 점심 때 식당에 안 갔다.</td><td>오늘부터 다이어트를 한다고 점심 때 식당에 안 가**더라**/갔**더라**.</td></tr><tr><td>운동장을 한 시간 동안이나 뛰었다.</td><td>운동장을 한 시간 동안이나 뛰**더라**. 뛰었**더라**.</td></tr><tr><td>다이어트 약만 먹고 저녁도 안 먹었다.</td><td>다이어트 약만 먹고 저녁도 안 먹**더라**/안 먹었**더라**.</td></tr><tr><td>결국 밤 12시에 라면을 끓여 먹었다.</td><td>결국 밤 12시에 라면을 끓여 먹**더라**/먹었**더라**.</td></tr></table>

66. -더라도

학습목표	가정이나 양보를 나타내는 표현 익히기

학습내용	시간 40분	교수 · 학습 활동
도입	3분	T: 티엔 씨, 숙제 다 해 왔어요? S: 네./아니요. T: 티엔 씨는 뭘 하**더라도** 열심히 해요. 다른 분들도 힘들**더라도** 숙제는 꼭 하세요.
의미제시	7분	앞 문장에서 어떤 상황을 가정하지만, 뒤 문장에는 앞에서 가정한 상황과 관계없이 어떤 일이 일어나거나 어떤 일을 하게 됨을 나타낸다. 앞 문장의 동작이나 상태를 인정하지만, 뒤에 문장에는 말하는 사람이 예상하거나 기대했던 동작 또는 상태가 나타나지 않음을 나타낸다.(양보) T: 티엔 씨 아이가 어려서 아직 말을 못해요. 하지만, 아이가 말을 못하**더라도** 엄마들은 다 알아들어요. T: 아침에 늦게 일어나면 아침이 정말 바쁘지요? 아무리 바쁘**더라도** 아침은 꼭 챙겨 드세요. **더 알아봅시다** 1. 아무리, 비록 또는 부정대명사 누가, 어디, 무엇 등과 함께 쓰이기도 한다. 2. 인정의 의미일 때 '-았/었-'과 함께 어울려 쓸 수 있으나 대개의 경우는 '-겠-'과 잘 어울리지 못한다. 툭소 씨가 옳은 말을 했**더라도** 다른 사람 마음을 다치게 하는 것은 안 좋아요.(○) 스티븐 씨가 오겠**더라도** 나는 기다리지 않을 거예요.(×) 3. '양보'를 나타내는 어구 -어/아/여도 〈 -더라도 〈 -지라도, -(으)ㄹ지 언정 순으로 강함을 표현한다.
형태제시	10분	<table><tr><td>동사, 있다/없다 형용사, 이다/아니다</td><td>받침 ○, ×</td><td>-더라도</td></tr></table> 벌다 → 벌**더라도**, 친하다 → 친하**더라도**, 귀찮다 → 귀찮**더라도**, 어리다 → 어리**더라도**, 춥다 → 춥**더라도**, 학생이다 → 학생이**더라도**

		1. 돈을 많이 벌**더라도** 인간성이 나쁘면 소용없다.
		2. 아무리 친하**더라도** 예의는 지켜야 한다.
		3. 귀찮**더라도** 다 한 빨래는 널어야 한다.
		4. 비록 어리**더라도** 알 것은 다 안다.
		5. 아무리 춥**더라도** 운동은 해야 한다.
		6. 초등학생이**더라도** 요금은 내야 합니다.
유의적 연습과 활용	20분	1. 교사와 대화 연습을 해 봅시다. (다음 문장을 '아무리 −더라도'를 이용해서 연결해 보세요) 　　1) T: 음식이 맛있어요./적당히 먹어야 해요. 　　　　S: 아무리 음식이 맛있**더라도** 적당히 먹어야 해요. 　　2) T: 바빠요./밥은 꼭 챙겨 먹어요. 　　　　S: 아무리 바쁘**더라도** 밥은 꼭 챙겨 먹어요. 　　3) T: 화가 나요./참아야 할 때가 있어요. 　　　　S: 아무리 화가 나**더라도** 참아야 할 때가 있어요. 　　4) T: 슬퍼요/울지 않아요. 　　　　S: 아무리 슬프**더라도** 울지 않아요. 　　5) T: 배가 고파요/밤에는 먹지 않아요. 　　　　S: 아무리 배가 고프**더라도** 밤에는 먹지 않아요. 2. 친구와 대화 연습을 해 봅시다.

예) 언제 택배가 도착하나요?	지금 출발하**더라도** 내일 오전이나 되어야 도착할 거예요.
수업에 꼭 가야하나요?	(　　　) 마지막 수업이니까 꼭 오세요. (아프다)
고향에 연락을 잘 못 해요 .	(　　　) 부모님께 자주 전화하세요. (바쁘다)
주말에 영화 볼 수 있어요?	(　　　) 우리 만나서 밥 먹어요.(영화를 못 보게 되다)
남편이 집에서 밥 먹는 것을 좋아해요.	그럼, (　　　) 만들어 봐야겠네요.(음식을 잘 못해요)
아이가 봄에는 감기에 걸려요.	(　　　) 꼭 챙겨 먹여 주세요.(아이가 약을 먹기 싫어하다)

67. -던

학습목표	과거를 회상하는 표현 익히기

학습내용	시간 40분	교수 · 학습 활동
도입	3분	T: 요즘에 제가 살이 많이 쪘나 봐요. S: 아니에요. T: 작년에 입**던** 옷이 많이 작아진 것 같아요. 이 옷도 제가 자주 가**던** 옷가게에서 산 건데 좀 작아 보이지요?
의미제시	7분	1. 회상을 나타내며 과거 동작의 미완료된 상태를 나타낸다. 　(과거의 한 시점이나 때를 나타내는 '어제, 아까, 지난주에, 저번에' 와 함께 쓰인다.) 　2. 과거의 어느 때까지 어떤 동작이나 상태가 반복됨을 나타내며 화자가 보거나 느끼거나 경험한 것을 나타낸다. (자주, 여러 번 등과 같이 쓰인다.) T: 옛날 사진 보면, 그 때를 많이 생각하게 돼요. 고향에서 다니**던** 학교, 가**던** 공원, 친하게 지내**던** 친구들, 자주 듣**던** 음악이 생각이 나면 나도 모르게 웃음 짓게 돼요. 　**더 알아봅시다** 　-비교 문형- 　1. '-던'과 '-았/었던' 　'-던'과 '-았/었던'은 둘 다 과거의 상황을 나타내지만, '-던'은 지속되는 상황, '-았/었던'은 완료된 상태를 나타낸다. 　　예) 이곳은 내가 어렸을 때 친구들과 같이 **가던** 빵집이었다. 　　　　이곳은 내가 어렸을 때 친구들과 같이 **갔던** 빵집이었다. 　2. '-던'과 '-(으)ㄴ' 　둘 다 과거를 나타내며 '-던'은 '-(으)ㄴ'과 달리 상황이 진행되는 상황이며 경험한 것을 회상하여 말하는 의미가 강하다. 　　예) 어제 읽**은** 책이 재미있었어요. 　　　　어제 읽**던** 책이 재미있었어요.

형태제시	10분	동사, 있다/없다 형용사, 이다/아니다	받침○, ×	−던

가다 → 가**던**, 보다 → 보**던**, 아프다 → 아프**던**, 먹다 → 먹**던**, 좋아하다 → 좋아하**던**, 좁다 → 좁**던**

1. 어렸을 때 자주 가**던** 공원이 지금은 아파트가 되었다.
2. '일요일 밤에'는 내가 어렸을 때 일요일마다 보**던** 프로그램이었다.
3. 예전에는 자주 아프**던** 아이가 요즘에는 건강하다.
4. 된장국은 내가 한국에 있을 때 자주 먹**던** 음식이다.
5. 그렇게 좋아하**던** 가수가 요즘은 TV에 안 보인다.
6. 한 달 전만해도 사람 다니기도 좁**던** 길이 지금은 자동차도 다닐 수 있는 길이 되었다.

유의적 연습과 활용 (20분)

1. 교사와 대화 연습을 해 봅시다.
'−던'을 이용해서 다음 문장을 하나로 연결하세요.
   1) T: 남편이 걸레로 방을 닦았다./그 걸레로 식탁을 닦았다.
      S: 남편이 방을 닦았**던** 걸레로 식탁을 닦았다.
   2) T: 친구가 노래를 불렀다./그 노래를 좋아한다.
      S: _____.
   3) T: 엄마는 항상 웃었다./엄마가 슬퍼한다.
      S: _____.
   4) T: 날씨가 흐렸다./날씨가 어느새 개었다.
      S: _____.
   5) T: 힘들게 한국어를 공부했다./한국어가 쉬워졌다.
      S: _____.
   6) T: 시어머니를 어렵게 느꼈다./시어머니가 친엄마 같다.
      S: _____.

2. 친구와 대화 연습을 해 봅시다.

예) 어떤 사이예요?	예전에 사귀**던** 사이예요.
여기는 어디예요?	제가 어렸을 때 자주 (　　　)놀이터예요.(놀다)
이 사진에 있는 분은 누구예요?	예전에 같이(　　　) 동료예요. (일하다)
이 노래 제목이 뭐예요?	(　　　) '사랑'이라는 노래예요. (제가 한 때 좋아하다)
이 드레스는 뭐예요?	제가 결혼할 때 (　　　) 드레스예요.(입었다)
이 책은 뭐예요?	초등학교 때 (　　　) 그림책이예요.(읽었다)

68. -던데2, -던데요

학습목표	과거 상황을 전달하며 청자의 반응을 기대하는 표현 익히기

학습내용	시간 40분	교수 · 학습 활동
도입	3분	T: 티엔 씨, 저는 어제 북한산에 갔어요. 선생님은 산을 좋아해요. S: 저도 산에 가는 것을 좋아해요. T: 티엔 씨는 어떤 산을 좋아해요? 저는 한라산이 좋**던데**. S: 저는 한라산은 못 가 보았어요. 하지만 북한산은 가 보았어요. T: 그래요? 북한산도 좋**던데요**.
의미제시	7분	과거의 어떤 일을 감탄하는 뜻을 넣어 서술함으로써, 그에 대한 청자의 반응을 기다리는 태도를 나타내는 종결어미로 쓰인다. T: 밖에서 공사를 하고 있어. 너무 시끄러워. 그래도 아기는 잘 자**던데**! T: 대형마트에 갔어요. 과일이 너무 비싸요. 시장은 과일이 싸**던데**. T: 스티브 씨 옆에 있는 여자가 동생이라고요? 제 느낌에는 여자 친구 같**던데요**. T: 어느 나라 영화가 재미있나요? 저는 프랑스 영화가 재미있**던데**. **더 알아봅시다** <연결 어미 '-던데', 종결 어미 '-던데' 비교> 1. 어미 '-던데'는 연결 어미로 사용될 경우, 주로 보충적이거나 대립적인 문장이 이어져 과거 회상적인 연결을 보이고 종결 어미로 사용될 경우는 반말체 감탄 종결의 의미를 지닌다. 2. 연결 어미로 쓰인 '-던데'의 문장에서 서술어의 주어로 '나'는 어울리지 않는다. 　예) 그 친구는 글은 잘 쓰**던데** 말을 잘 못해. 　　　남들은 잘도 참**던데** 나는 못 참아! 　　　지리산이 제일 좋**던데**. 　　　시끄러운 곳에서도 잘 자**던데**!
형태제시	10분	동사, 있다/없다 형용사, 이다/아니다　　받침 ○, ×　　-던데(요)

어렵다 → 어렵**던데(요)**, 좋다 → 좋**던데(요)**, 자다 → 자**던데(요)**, 싸다 → 싸**던데(요)**, 불다 → 불**던데(요)**

*교사가 칠판에 판서한 표현들을 바르게 읽고 학생들에게 한 번씩 따라 읽도록 한다.

1. 이번에는 토픽 고급 시험이 정말 어렵**던데요**.
2. 작년 겨울에 백화점에서 산 코트가 좋**던데요**.
3. 시끄럽게 청소를 하는데도 아기는 잘 자**던데**.
4. 인터넷 쇼핑몰보다 시장이 더 싸**던데**.
5. 바람도 시원하게 불**던데**.

유의적 연습과 활용	20분	

1. 교사와 대화 연습을 해 봅시다.
   1) T: 리에 씨, 쇼핑하기는 남대문이 좋**던데**!
      S: 맞아요, 남대문은 쇼핑하기 좋아요. 옷가게도 많고 음식점도 많아요.
   2) T: 저는 제주도가 좋**던데**, 리에 씨는 어디로 놀러 가요?
      S: 저는 강원도가 좋**던데요**.
   3) T: 과일값은 제일마트가 싸**던데요**.
      S: 과일은 제일마트가 싸요. 쌀은 동네 쌀가게가 좋**던데**.
   4) T: 저는 매운 음식이 좋아요, 스티브 씨는요?
      S: 저는 싱거운 음식이 좋**던데요**.

2. 친구와 대화 연습을 해 봅시다.

상황	나	친구
감기에 걸렸어요.	감기에는 비타민 C가 좋**던데**.	감기에 걸렸을 때는 배와 꿀이 좋**던데**.
여름방학입니다. 어디로 갈까요?	바다가 좋**던데요**.	바다와 산이 있는 동해 안이 좋**던데요**.
토요일 오후, 약속에 늦어서 택시를 탔어요.	택시가 더 늦게 가**던데**.	지하철이 더 빠르**던데**.
돌잔치에 다녀왔어요.	아이가 귀엽**던데**.	사람들이 많이 왔**던데**.
생일 선물을 고르고 있어요, 무엇이 좋을까요?	딸기 케이크가 좋**던데**.	백화점에서 본 목도리가 좋**던데요**.

69. - 도록

학습목표	행위의 방식이나 정도를 나타내는 표현 익히기

학습내용	시간 40분	교수 · 학습 활동
도입	3분	T: 어제 백화점에 갔어요. 그런데 지갑을 잃어버렸어요. S: 티엔 씨도 지난 주말에 가방을 잃어버렸어요. T: 그래요, 우리 모두 자기 물건을 잃어버리지 않**도록** 조심해야 해요. S: 물건을 잃어버리면 속상해요. T: 우리 모두 물건을 잃어버리지 않**도록** 주의합시다!
의미제시	7분	뒷 절의 내용이 일어나게끔 의도적으로 이끌어가는 목적이나 결과, 정도, 방향을 의미한다. T: 지하철을 탔어요. 그런데 옆에 앉은 사람이 크게 음악을 듣고 있어요. 다른 사람들에게 방해가 돼요. 다른 사람에게 음악소리가 들리지 않**도록** 소리를 줄여야 해요. T: 발표할 때 리에 씨는 목소리가 작아요. 친구들이 모두 들을 수 있**도록** 크게 말하세요. T: 멀리 앉아 있는 사람들이 볼 수 있**도록** 글씨를 크게 써 주세요. T: 아프리카는 물이 부족해요. 아이들이 물을 먹을 수 있**도록** 도와주세요. **더 알아봅시다** 1. 시간이나 공간 또는 그 밖의 점에 도달함을 나타내는 경우(시간의 한계) 　　예) 그는 밤이 **되도록** 안 들어왔어요. 　　　　유학생들은 **밤새도록** 술을 마셨어요. 　　　　방학이 끝나**도록** 숙제를 못 했어요. 　　　　한 달이 **넘도록** 고향에만 있었다. 2. -(으)ㄹ 정도로 (관용적인 표현) 　　예) 몸살이 나**도록** 열심히 일했다. 　　　　툭소 씨는 눈이 빠지**도록** 남편을 기다렸다. 　　　　선생님은 그 학생을 입에 침이 마르**도록** 칭찬했다. 3. + 하다 : 권유 　　예) 감기에는 이 약을 먹**도록** 하세요.

		4. '-도록' 다음에 '하다'나 그 밖에 서술어가 어울려서 사동의 뜻을 나타내는 경우 사동을 만드는 어미 '게'와 대치할 수 있다. 예) 병이 빨리 **낫도록** 치료를 열심히 합니다. 　　춥지 **않도록** 두꺼운 옷을 입으세요. 　　실수하지 **않도록** 연습합시다. 　　그릇이 깨지지 **않도록** 조심하세요. 5. '-도록 하다'를 1인칭이나 2인칭을 주어로 하여 쓰는 경우 사동의 뜻으로 쓰는 것인데 주어의 의지를 강조해서 표현하다. 예) 이제는 공부를 하**도록** 하겠어요. 　　부모님의 말씀대로 하**도록** 하겠어요. 6. 부정문: '-지 않도록'과 '-지 못하도록' 이 쓰인다. 긍정문: '-(으)ㄹ 수 있도록'이 많이 쓰인다.
형태제시	10분	<table><tr><td>동사, 있다/없다 형용사</td><td>받침○, ×</td><td>-도록</td></tr></table> 이기다 → 이기**도록**, 쉽다 → 쉽**도록**, 걸리다 → 걸리**도록**, 하다 → 하**도록**, 사다 → 사**도록** *교사가 칠판에 판서한 표현들을 바르게 읽고 학생들에게 한 번씩 따라 읽도록 한다. *4, 5번은 '-때까지'의 의미가 있다는 것을 알려준다. 1. 이번 경기에 우리 팀이 이기**도록** 열심히 응원합시다. 2. 선생님은 이해하기 쉽**도록** 그림으로 설명해 주셨어요. 3. 감기에 **걸리지 않도록** 운동을 열심히 해요. 4. 아이들이 숙제는 스스로 하**도록** 만드세요. 5. 광고는 물건을 사**도록** 만든다.
유의적 연습과 활용	20분	1. 교사와 대화 연습을 해 봅시다. 　1) T: 스티브 씨가 만든 떡볶이가 매워요. 리에 씨는 매운 음식을 못 먹어요. 　　S: 리에 씨가 먹을 수 있**도록** 맵지 않게 만들어주세요. 　2) T: 선생님 말이 빨라요? 이해할 수 있어요? 　　S: 우리들이 이해할 수 있**도록** 천천히 설명해 주세요. 　3) T: 방이 추워요. 보일러를 틀까요? 　　S: 춥지 **않도록** 보일러를 트세요.

4) T: 여자 친구가 화가 났어요. 전화를 했는데 받지 않아요. 어떻게 할까요?

    S: 화가 풀리**도록** 선물을 사세요.

5) T: 다음 대회에는 더욱 잘 합시다.

    S: 내년에는 상을 받을 수 있**도록** 충분히 연습하겠습니다.

2. 친구와 대화 연습을 해 봅시다.

*알맞은 말을 넣어 문장을 만들어 봅시다.

나	−도록	친구
여자 친구의 화가 풀리**도록** 전화를 하세요.	화가 풀리다.	부모님의 화가 풀리**도록** 편지를 쓰세요.
학교에 빨리 가**도록** 택시를 탔어요.	빨리 가다	소포가 빨리 가**도록** 빠른 등기로 했어요.
찌개가 맵지 않**도록** 고추장을 조금 넣어요.	맵지 않다	김치가 맵지 않**도록** 만들어 주세요.
한국 음식이 맛있어서 배가 터지**도록** 먹었어요.	배가 터지다	시험이 끝나고 배가 터지**도록** 고향음식을 먹었어요.
시험에 합격하**도록** 숙제를 열심히 해요.	시험에 합격하다	시험에 합격하**도록** 열심히 공부하다

MEMO

70. -든(지)1, -이든(지)

학습목표	선택의 의미를 나타내는 조사 익히기

학습내용	시간 40분	교수 · 학습 활동
도입	3분	T: 우리 점심 먹으러 갈까요? 오늘은 무엇을 먹을까요? S: 비빔밥이요./햄버거 먹으러 가요. T: 비빔밥**이든지** 햄버거**든지** 둘 중 하나만 고르세요.
의미제시	10분	명사나 종결어미 '-다'에 붙어서 여러 가지 중에서 하나를 선택하거나, 그 어느 것을 선택해도 상관없음을 나타내는 조사이다. 1. 저는 영화를 아주 좋아해요. 특히 한국 영화라면 액션 영화**든지** 공포 영화**든지** 다 좋아요. 2. 우리 애는 만화책이라면 무엇**이든지** 좋아해요. 교과서를 그렇게 좋아 하면 좋겠어요. 3. 건강을 위해서는 채소나 과일을 많이 먹는 것이 좋아요. 특히 과일은 사과**든**, 배**든** 제 철에 먹는 것이 좋아요. 4. 동물원에 가면 신기한 동물들이 많아요. 그러나 재미있다고 동물에게 돌을 던진다**든지**, 함부로 먹이를 준다**든지** 해서는 안 돼요. 5. 진학 상담이 있습니다. 여러분 모두 이번 주**든지** 다음 주**든지** 편할 때 교무실에 들러주세요. **더 알아봅시다** 1. '-든지'에서 '지'가 생략되어도 의미에는 아무런 변화가 없다. 단 종결어미 '-다'와 결합 할 때는 언제나 '-든지' 형태로 결합한다. 2. 어떻게, 언제, 누구, 어디, 무엇 등과 결합하여 어떠한 조건에도 차별 없이 적용됨을 나타낸다. 예) 어떻게든지, 언제든지, 누구든지, 어디든지, 무엇이든지
형태제시	10분	<table><tr><td rowspan="2">명사</td><td>받침 ○</td><td>-이든(지)</td></tr><tr><td>받침 ×</td><td>-든(지)</td></tr><tr><td>종결어미 -다, -라</td><td></td><td>든(지)</td></tr></table> 사과 → 사과든(지), 밥 → 밥이든(지), 어떻게 → 어떻게든(지), 준다 → 준다든지, 한다 → 한다든지

교사가 칠판에 판서한 표현들을 바르게 읽고 학생들에게 한 번씩 따라 읽도록 한다.

1. 과일은 얼마**든지** 있으니까 사과**든지** 배**든지** 마음대로 드세요.
2. 너무 배가 고파서 밥**이든** 라면**이든** 모두 맛있을 거예요.
3. 올해는 어떻게**든지** 결혼을 하고 싶어요.
4. 동물에게 먹이를 준다**든지** 돌을 던진다**든지** 하는 행위는 금지되어 있습니다.
5. 공원에서 큰 소리로 노래를 한다**든지** 싸우**든지** 하면 안 됩니다.

유의적 연습과 활용	17분	1. 교사와 대화 연습을 해 봅시다. 1) T: 진로 상담을 해야 하니까 교무실에 한 번 오세요. 　　S: 네, 오늘**이든지** 내일**이든지** 미리 연락하고 갈게요. 2) T: 리에 씨는 어떤 계절을 좋아하나요? 　　S: 저는 봄**이든지** 가을**이든지** 춥거나 덥지 않은 계절이 좋아요. 3) T: 한국 생활에 빨리 적응하려면 어떻게 하면 좋을까요? 　　S: 여자 친구**든지** 남자친구**든지** 한국 사람하고 사귀면 좋을 것 같아요. 4) T: 스티브 씨는 어떤 한국음식을 좋아하나요? 　　S: 불고기**든지** 갈비**든지** 고기로 만든 음식은 모두 좋아해요. 5) T: 하와이 여행은 언제 가는 것이 가장 좋을까요? 　　S: 하와이는 사계절 다 따뜻하니까 겨울**이든** 여름**이든** 언제든 다 좋을 것 같아요. 2. 친구와 대화 연습을 해 봅시다.

사과하고 배하고 어떤 것을 더 좋아해요?	사과, 배(사과**든지**, 배**든지**)과일이라면 다 좋아해요
밥으로 할까요? 빵으로 할까요?	밥, 빵(밥**이든지** 빵**이든지**) 상관없어요.
연말에는 바쁜가요?	그럼요. 한국어 말하기 대회를 나가다(나간다**든지**) 여행을 간다(간다**든지**) 해서 아주 바빠요.
어느 대학에 가고 싶어요?	어느 대학(대학**이든**) 상관없어요. 어디든 합격만 하면 좋겠어요.
동물원에서 지켜야 할 규칙이 있어요?	동물에게 과자를 준다(준다**든지**) 소리를 지르다(지른다**든지**) 하는 행위는 금지하고 있습니다.
어떤 영화를 좋아해요?	공포 영화, 액션 영화(공포 영화**든지**, 액션 영화**든지**) 영화라면 모두 좋아해요.

71. -든(지)2

<table>
<tr><td>**학습목표**</td><td colspan="2">선택의 의미를 나타내는 표현 익히기</td></tr>
</table>

<table>
<tr><th>학습내용</th><th>시간 40분</th><th>교수·학습 활동</th></tr>
<tr>
<td>도입</td>
<td>3분</td>
<td>
T: 이번 주말에 단합대회를 하기로 했는데 무엇을 하면 좋을까요?
S: 등산가요! 영화를 봐요!
T: 그럼, 어느 쪽이 더 많은가 조사를 해서 등산을 가든지 영화를 보든지 합시다.
</td>
</tr>
<tr>
<td>의미제시</td>
<td>10분</td>
<td>
  동사, 형용사의 어간에 붙어 여러 가지 중 하나를 선택하거나 그 어느 것을 선택해도 상관없음을 나타내는 연결어미이다.

T: 이대로는 안 되겠어요. 내년에는 유학을 가든지 대학원을 가든지 해야 할 것 같아요.
T: 회사생활이 힘들다고 휴일이면 잠만 자는군요. 잠만 자지 말고 운동을 하든지 청소를 하든지 하세요.
T: 기말 시험 기간에 고향에 다녀온다고요? 그럼 시험을 볼 수 없겠군요. 리포트를 쓰든지 프레젠테이션을 하든지 하세요.
T: 아내가 나를 위해 열심히 음식을 만들었어요. 아내가 만들어 준 음식은 맛이 있든지 없든지 다 먹어야 돼요.
T: 한국 사람들은 우동을 먹든지 라면을 먹든지 김치는 꼭 필요해요.
T: 아이들은 비가 오든지 눈이 오든지 상관없이 바깥에서 놀기를 좋아하죠.

더 알아봅시다
  '-든지'에서 '지'가 생략되어도 의미에는 변화가 없다. 또한 어간의 받침 여부에 상관없이 언제나 '-든(지)'가 붙는다는 것에 유의한다.
</td>
</tr>
<tr>
<td>형태제시</td>
<td>10분</td>
<td>

동사, 형용사	받침 ○, ×	-든(지)

가다 → 가든지, 먹다 → 먹든지, 좋다 → 좋든지, 바쁘다 → 바쁘든지, 살다 → 살든지
</td>
</tr>
</table>

		1. 우리 아이는 어디를 가**든지** 꼭 곰 인형을 안고 다녀요.
		2. 너무 배가 고파 밥을 먹**든지** 빵을 먹**든지** 해야겠어요.
		3. 옛날에는 부모님이 정해주신 사람이면 좋**든지** 싫**든지** 무조건 결혼을 했어요.
		4. 명절에는 바쁘**든지** 한가하**든지** 상관없이 모두 쉽니다.
		5. 어디에서 살**든지** 고국을 잊지 마십시오.

유의적
연습과 활용

17분

1. 교사와 대화 연습을 해 봅시다.

  1) T: 제가 아침을 못 먹어서 너무 배가 고픈데 어떻게 할까요?

    S: 그래요? 그럼 매점에 가서 빵을 먹**든지** 라면을 먹**든지** 하세요.

  2) T: 율리아 씨 고향에 돌아가도 연락하고 지내요.

    S: 네, 메일을 보내**든지**, 전화를 하**든지** 할게요.

  3) T: 한국음식이 짜고 매워서 먹기 어렵지 않나요?

    S: 아니요, 짜**든지** 맵**든지** 상관없이 다 잘 먹어요.

  4) T: 요즘 날씨가 너무 춥죠?

    S: 네, 그래서 두꺼운 코트를 입**든지** 오리털 점퍼를 입**든지** 해야 돼요.

  5) T: 그 집 커피 맛있나요?

    S: 아뇨, 차**든지** 뜨겁**든지** 해야 될 텐데 미지근해서 별로예요.

2. 친구와 대화 연습을 해 봅시다.

학교까지는 걸어서 가나요?	아니요, 버스를 타다, 지하철을 타다 (버스를 타**든지**, 지하철을 타**든지**)해야 돼요.
엄마, 이 파스타 너무 맛이 없어요.	그래? 엄마가 만들어 준 것인데 맛이 있다, 없다(맛이 있**든지** 없**든지**) 맛있게 먹어야지.
이번 시험에 합격이 어려울 것 같아요.	시험에 합격하다, 못하다(합격하**든지** 못하**든지**) 끝까지 최선을 다 하세요.
주말에 뭐 할 거예요?	글쎄요, 집에서 쉬다, 복습을 하다(쉬**든지**, 복습을 하**든지**) 할 거예요.
내일 비가와도 소풍을 가나요?	네, 비가 오다, 눈이 오다(비가 오**든지** 눈이 오**든지**) 소풍은 꼭 갑니다.
어제는 너무 기분이 안 좋아서 결석을 했어요. 죄송합니다.	기분이 좋다, 나쁘다(좋**든지**, 나쁘**든지**) 학교에는 꼭 오도록 하세요.

72. -듯이

학습목표	대등함을 나타내는 표현 익히기

학습내용	시간 40분	교수 · 학습 활동
도입	3분	T: 티엔 씨, 어제 율리아 씨를 만났다면서요? S: 네, 만났어요./어제 율리아 씨를 만났어요. T: 오랜만에 율리아 씨를 만나서 반가웠겠어요. S: 네, 어제 율리아 씨에게 편지도 받았어요. T: 이제 율리아 씨가 편지도 잘 쓰나 봐요? S: 네, 편지를 잘 써요. T: 편지에서 보**듯이** 한국어 쓰기를 정말 잘 하네요.
의미제시	7분	앞 문장과 뒤 문장의 내용이 동일함을 나타낼 때 사용하는 표현이다. 앞 문장과 뒤 문장의 내용이 연관성을 가지고 있을 때 사용한다. T: 지각하는 학생들이 많네요. 일기예보에 나왔**듯이** 눈이 많이 와서 그런가 봐요. T: 스포츠 뉴스에서 들었**듯이** 우리 팀이 이겼어요. T: 툭소 씨의 얼굴을 보면 알 수 있**듯이** 많이 피곤해 보여요. **더 알아봅시다** 1. '-듯이'는 '듯'으로 줄여서 쓸 수 있다. 　예) 그는 춤을 추**듯이** 몸을 움직였다. 　　　그는 춤을 추는 듯 몸을 움직였다. 2. '-듯이'는 관용 표현에도 사용할 수 있다. 　예) 불 보**듯이** 뻔한 일이다. 　　　쥐 잡**듯이** 혼을 내다. 　　　밥 먹**듯이** 약속을 어기다.
형태제시	10분	<table><tr><td>동사, 있다/없다 형용사, 이다/아니다</td><td>받침ㅇ, ×</td><td>-듯이</td></tr></table>*교사가 결합정보와 예문을 제시한 뒤, 먼저 교사가 예문을 읽는다. 그 후 학생들이 예문을 따라 읽을 수 있도록 한다.

먹다 → 먹**듯이**, 보다 → 보**듯이**, 연습하다 → 연습하**듯이**, 무겁다 → 무겁**듯이**, 예쁘다 → 예쁘**듯이**

*교사가 결합정보와 예문을 제시한 뒤, 먼저 교사가 예문을 읽는다. 그 후 학생들이 예문을 따라 읽을 수 있도록 한다.

1. 밥 먹**듯이** 간식을 자주 먹는다.
2. 네가 보**듯이** 우리는 지금 어려움에 처해 있다.
3. 연습하**듯이** 하면 시험을 잘 볼 수 있다.
4. 내 가방이 무겁**듯이** 친구의 가방 역시 무겁다.
5. 얼굴이 예쁘**듯이** 마음도 예쁘다.

| 유의적 연습과 활용 | 20분 | 1. 교사와 대화 연습을 해 봅시다. |

1. 교사와 대화 연습을 해 봅시다.
   1) T: 스티브 씨, 한국 음식 중에서 무엇을 제일 좋아해요?
      S: 방금 이야기 했**듯이** 저는 불고기를 제일 좋아해요.
   2) T: 티엔 씨, 오늘 이사를 한다고 들었어요?
      S: 선생님께서도 알고 계시**듯이** 오늘 이사를 하려고 해요.
   3) T: 툭소 씨, 지난주에 봤던 한국어 시험 점수가 좋지 않네요.
      S: 어제 말씀드렸**듯이** 몸이 아팠어요.
   4) T: 그 친구는 거짓말을 너무 자주 해요.
      S: 밥 먹**듯이** 거짓말을 하는군요.
   5) T: 00아, 자꾸 부엌에 가니? 벌써 열 번도 넘었다.
      S: 쥐가 쥐구멍에 드나들**듯이** 부엌에 가는군요.

2. 친구와 대화 연습을 해 봅시다.
– 관용적인 표현으로 사용되는 '–듯이'를 가지고 이야기를 해 봅시다.

속담	나
시간이 물 흐르**듯이** 빨리 흘러간다.	학교에서 공부한지 2년이 다 되어 간다.
불 보**듯** 뻔한 일이다.	시험을 못 봐서 점수가 안 좋다.
밥 먹**듯이** 약속을 어겼다.	친구 때문에 화가 났다.
시험지에 비가 오**듯** 하다.	틀린 문제가 많다.
가뭄에 콩 나**듯이** 한다.	1년에 한 번 연락을 한다.

73. -ㄹ 따름이다, -을 따름이다, -ㄹ 뿐이다 -을 뿐이다

학습목표	제약적인 선택을 해야 할 때 쓰는 표현 익히기

학습내용	시간 40분	교수·학습 활동
도입	3분	T: 티엔 씨, 결석을 많이 해서 진급이 어려워요. S: 아, 정말요? 진급을 못하면 고향으로 가야 해요. T: 결석이 많은 학생들이 모두 진급이 안 되었어요. S: 선생님, 어떻게 하면 될까요? T: 지금으로서는 저도 안타까**울 따름입니다.**
의미제시	7분	여러 가지 중에서 한 가지 만을 선택해야함을 나타내는 표현이다. 제한적이고 한정적인 의미로 사용된다. T: 아, 리에 씨가 케이크를 먹으라고 해서 먹었**을 따름이에요.** T: 나는 너만 믿**을 따름이다.** T: 저는 제가 할 일만 할 **따름입니다.** T: 당신을 보러 왔**을 따름입니다. 오해마세요.** **더 알아봅시다** 1. 조사 '뿐'은 연결 어미에서는 여러 가지 선택의 의미를 지닌다. '-을 뿐이다'는 의미와 형태가 유사한 조사 '뿐'과 구별하여 사용하여야 한다. 예) 한국어를 잘하기 위해서 말하기 연습을 **할 뿐**이다. 한국어를 잘하기 위해서 말하기 연습 외에는 다른 선택이 없었다는 뜻이다. 제가 먹을 수 있는 것은 채소**뿐**이에요. 채소만 먹을 수 있고. 다른 음식은 모두 먹을 수 없다는 뜻이다. 오직 하나의 의미로 사용된 경우로 볼 수 있다. 너**뿐** 아니라 나도 바쁘기는 마찬가지이다. 2. 앞의 내용 이외에 다른 내용이 더 있음을 나타낸다.
형태제시	10분	<table><tr><td>동사, 있다/없다</td><td>받침 ○</td><td>- 을 따름이다</td></tr><tr><td>형용사, 이다/아니다</td><td>받침 ×, 받침ㄹ</td><td>-ㄹ 따름이다</td></tr><tr><td>동사, 있다/없다</td><td>받침 ○</td><td>- 을 뿐이다</td></tr><tr><td>형용사, 이다/아니다</td><td>받침 ×, 받침ㄹ</td><td>-ㄹ 뿐이다</td></tr></table>

		*교사가 결합정보와 예문을 제시한 뒤, 먼저 교사가 예문을 읽는다. 그 후 학생들이 예문을 따라 읽을 수 있도록 한다. 먹다 → 먹을 **따름이다/뿐이다**, 빨다 → **빨 따름이다/뿐이다**, 듣다 → 들을 **따름이다/뿐이다**(ㄷ불규칙), 자다 → **잘 따름이다/뿐이다**, 연습하다 → 연습할 **따름이다/뿐이다** 1. 너무 배가 고파서 밥을 먹을 **따름이에요/뿐이에요**. 2. 친구들을 만날 때 입고 가려고 옷을 빨았을 **따름이에요/뿐이에요**. 3. 좋아하는 가수의 노래를 들을 **따름이에요/뿐이에요**. 4. 너무 피곤해서 집에서 내내 잤을 **따름이에요/뿐이에요**. 5. 저는 운전 연습만 했을 **따름이에요/뿐이에요**.
유의적 연습과 활용	20분	1. 교사와 대화 연습을 해 봅시다. 　1) T: 리에 씨, 성적이 많이 올랐어요. 　　 S: 저는 공부하는 학생일 **따름**이에요. 　2) T: 스티브 씨, 오늘은 학교에 일찍 왔네요. 　　 S: 아침에 일찍 일어났을 **따름**이에요. 　3) T: 티엔 씨, 참 날씬하시군요. 　　 S: 가까운 거리는 늘 걸어 다녔을 **따름**이에요. 　4) T: 툭소 씨, 정말 오랜만이네요. 무슨 일이 있어요? 　　 S: 아무 일도 없어요. 선생님을 뵈러 왔을 **따름**이에요. 　5) T: 스티브 씨는 언제나 열심히 일을 해요. 　　 S: 그저 제 일만 **할 따름입니다**. 2. 친구와 대화 연습을 해 봅시다. 　1) 가: 휴일엔 밖에 나가지 않나 봐요? 　　 나: 집에서 쉬는 것이 편할 **따름이**에요/**뿐이**에요. 　2) 가: 리에 씨, 힘들어 보여요. 　　 나: 친구의 가방이 무거울 **따름이**에요/**뿐이**에요. 　3) 가: 스티브 씨는 정말 열심히 일하는 사람인가 봐요? 　　 나: 그 사람은 월급을 받는 회사원일 **뿐이**에요/**따름이**에요. 　4) 가: 이 사람과 정말 친한가요? 　　 나: 10년 동안 알고 지낸 친구일 **따름이**에요/**뿐이**에요.

74. -ㄹ 테니(까), -을 테니(까)

학습목표	의지를 나타내는 표현 익히기

학습내용	시간 40분	교수 · 학습 활동
도입	3분	T: 오늘 날씨가 정말 춥죠(덥죠)? S: 네 T: 학교 오기 힘들었어요? S: 네, 힘들었어요./아니요, 재미있었어요. T: 공부하느라고 고생이 많아요. 오늘은 제가 여러분에게 사탕을 **나누어 줄 테니까** 하나씩 드세요. 그리고 힘내서 더 열심히 공부하세요!

의미제시	7분	앞 문장은 화자가 의지를 나타내는 표현이 오고 뒤 문장은 주로 제안이나 명령의 뜻을 나타내는 표현이 온다.
		
		T: 제가 먼저 **읽을 테니까** 따라 읽으세요.
		
		  더 알아봅시다
		  1. 주어가 1인칭 화자가 아닌 경우에는 강한 추측의 의미로 사용된다.
		     예) 저녁에 비가 **올테니** 우산을 가지고 가세요.
		  2. -았/었-과 결합할 수 있다.
		     예) 저녁은 **먹었을 테니** 차나 한 잔 합시다.

형태제시	10분	<table><tr><td>동사 형용사, 있다/없다</td><td>받침 ○</td><td>-을 테니까</td></tr><tr><td>동사 형용사, 이다/아니다</td><td>받침 ×</td><td>-ㄹ 테니까</td></tr></table> 먹다 → 먹을 **테니까** 비싸다 → 비쌀 **테니까** 춥다 → 추울 **테니까**(ㅂ불규칙) 도착하다/도착했다(과거 시제 사용 예문) → 도착할 **테니까**/도착했을 **테니까** 주다/드리다(존대어 사용 예문) → 줄 **테니까**/드릴 **테니까** *교사가 칠판에 판서한 표현들을 바르게 읽고 학생들에게 한 번씩 따라 읽도록 한다.

		*매번 불규칙 어휘나 시제 결합을 연습 시킬 수 있는 시간이 없는 수업의 경우는 결합 관계가 복잡하지 않은 문형이 나왔을 때 한 번씩 확인학습을 함으로써 학생들의 오류를 줄일 수 있다. 1. 리에 씨가 저녁을 못 **먹었을 테니** 빵을 좀 사가세요. 2. 미국에서는 **비쌀 테니** 한국에서 사 가지고 가는 게 좋겠어요. 3. 러시아는 **추울 테니** 여벌옷을 가지고 가세요. 4. 율리아 씨가 **도착했을 테니** 집에 전화를 해 보세요. 5. 제가 집까지 데려다 **드릴 테니(까)** 저와 같이 가세요.
유의적 연습과 활용	20분	1. 교사와 대화 연습을 해 봅시다. 　1) T: 이 식당에서 점심을 먹을까요? 저 식당에서 먹을까요? 　　 S: 이 식당은 맛이 **없을 테니** 저 식당에서 먹어요. 　2) T: 떡볶이를 먹을까요, 순대를 먹을까요? 　　 S: 리에 씨가 고기를 못 **먹을 테니** 떡볶이를 먹어요. 　3) T: 버스를 탈까요, 지하철을 탈까요? 　　 S: 버스를 타면 **늦을 테니** 지하철을 탑시다. 　4) T: 스티브 씨, 다음 달에 결혼하세요? 준비는 어떻게 되어 가요? 　　 S: 신부에게 내가 다 준비**할 테니** 걱정하지 말라고 했어요. 　5) T: 리에 씨, 무엇을 도와줄까요? 　　 S: 식사 준비는 제가 **할 테니** 선생님은 앉아 계세요. 2. 친구의 생일입니다. 대화 연습을 통해 친구의 생일을 함께 준비해 봅시다. {table}

2번 표:

친구를 오늘 만날까요, 아니면 내일 만날까요?	내일은 가족과 시간을 보**낼 테니** 오늘 만나요.
지하철을 탈까요, 아니면 버스를 탈까요?	차가 막**힐 테니** 지하철을 타요.
친구의 집 앞에서 만날까요? 지하철역에서 만날까요?	선물을 사가야 **할 테니** 지하철역에서 만나요.
선물은 초콜릿 케이크가 좋을까요, 아니면 딸기 케이크가 좋을까요?	초콜릿 케이크를 좋아**할 테니** 초콜릿 케이크를 사요.
케이크만 살까요, 아니면 과일도 살까요?	집에 먹을 것이 **없을 테니** 과일도 사요.

75. -ㄹ 텐데, -을 텐데

학습목표	추측을 나타내는 표현 익히기

학습내용	시간 40분	교수 · 학습 활동
도입	3분	T: 여러분, 한국에서 버스 타 봤어요? S: 네 T: 버스에 할머니가 서 계세요. 어떻게 해야 되요? S: 일어나야 해요. 할머니께서 앉으셔야 해요. T: 맞아요. 그럴 때는 이렇게 말하세요. 　　"할머니, **힘드실 텐데** 여기 앉으세요."
의미제시	7분	앞 문장은 추측이고 뒤 문장은 그와 관련되어 있는 내용 또는 반대 내용이다. T: 길거리에 휴지를 버리면 안 **될 텐데** 휴지통이 안보여요. (관련) 　　도서관에서 전화를 받으면 안 **될텐데** 전화를 받고 있어요.(반대) 　**더 알아봅시다** 1. '-았/었'과 결합할 수 있다. 이 때 '명사+이다'와 결합하는 경우 '-이었을 텐데'는 줄여서 '-였을 텐데'의 형태로 많이 쓰인다. 2. 문장을 끝에서는 '-을 텐데(요)'의 형태로 사용된다. 3. 문형 비교: '-(으)ㄹ 텐데'와 '(으)ㄹ테니까' 　'(으)ㄹ 테니까'는 '-(으)ㄹ 텐데'보다 강한 의지나 추측+이유를 나타낸다. 　예) 오늘 비가 올 텐데 우산을 가지고 가는 게 좋겠어요. 　　　오늘 비가 올 테니까 우산을 가지고 가세요.
형태제시	10분	<table><tr><td>동사, 형용사, 있다/없다</td><td>받침 ○</td><td>-을텐데</td></tr><tr><td>동사, 형용사 이다/아니다</td><td>받침 ×</td><td>-ㄹ텐데</td></tr></table> 먹다 → 먹을 텐데, 가다 → **갈 텐데**, 막히다 → 막힐 텐데, 찍다 → 찍을 텐데, 춥다 → 추울 텐데(ㅂ 불규칙) *교사가 칠판에 판서한 표현들을 바르게 읽고 학생들에게 한 번씩 따라 읽도록 한다.

		1. 툭소 씨가 고향 음식이 먹고 **싶을 텐데** 우리 함께 만들어 먹어요. 2. 내일 학교에서 소풍을 **갈 텐데** 여벌의 옷을 준비하세요. 3. 주말에는 길이 많이 **막힐 텐데** 기차를 타는게 좋겠어요. 4. 내일 사진을 많이 **찍을 텐데** 얼굴의 여드름이 걱정이에요. 5. 주말에 날씨가 많이 **추울 텐데** 두꺼운 겉옷이 없네요.

유의적
연습과 활용
	20분	1. 교사와 대화 연습을 해 봅시다.
		 1) T: 점심을 못 먹었어요.
		  S: 점심을 못 먹었으면 배가 많이 **고플 텐데** 빵이라도 드세요.
		 2) T: 감기에 걸려서 아파요.
		  S: 감기에 걸렸으면 많이 **아플 텐데** 집에서 푹 쉬세요./병원에 가
		   세요.
		 3) T: 남자/여자 친구와 헤어졌어요.
		  S: 그럼 **우울할 텐데** 음악을 들어 보세요. / 여행을 해 보세요.
		 4) T: 오후에 비가 온다고 해요. 우산 가지고 가세요.
		  S: 비가 **올 텐데** 우산을 가지고 가야지요.
		 5) T: 주사가 아픈데 아이가 잘 참아요.
		  S: 주사가 **아플 텐데** 아이가 잘 참아요.
		
		2. 친구와 대화 연습을 해 봅시다.
		
		{{TABLE2}}

오후에는 차가 막혀요/일찍 출발하세요.	오후에는 차가 **막힐 텐데** 일찍 출발하세요.
늦어서 버스가 없어요/택시를 타고 가세요.	늦어서 버스가 **없을 텐데** 택시를 타고 가세요.
짐이 많아요/배달을 시키세요.	짐이 **많을 텐데** 배달을 시키세요.
커피가 뜨거워요/천천히 드세요.	커피가 **뜨거울 텐데** 천천히 드세요.
조금 있으면 비가 와요/우산을 가지고 가세요.	조금 있으면 비가 **올 텐데** 우산을 가지고 가세요.

76. -ㄹ걸요, -을걸요

<table>
<tr><td>학습목표</td><td colspan="2">불확실한 추측을 나타내는 표현 익히기.</td></tr>
</table>

<table>
<tr><th>학습내용</th><th>시간 40분</th><th>교수 · 학습 활동</th></tr>
<tr>
<td>도입</td>
<td>3분</td>
<td>
T: 오늘 수업에 안 나온 사람이 있어요?
S: 티엔 씨가 안 왔어요.
T: 지금 오고 있을걸요. 저한테 조금 늦는다고 문자 왔어요.
</td>
</tr>
<tr>
<td>의미제시</td>
<td>7분</td>
<td>
아직 일어나지 않는 일 또는 잘 모르는 일에 대해 말하는 사람의 불확실한 추측을 나타낸다.

주로 상대방이 이미 알고 있는 사실이나 기대가 달라 가볍게 반박할 때 쓰이며, 억양 끝이 올라간다.

T: 오늘 비가 올까요?
S: 하늘을 보니 비가 올걸요.
T: 리에 씨는 지금 무엇을 하고 있을까요?
S: 학교에 늦어서 뛰어 오고 있을걸요.
T: 제가 중국어를 빨리 배울 수 있을까요?
S: 중국어 발음이 어려워서 시간이 걸릴걸요.

더 알아봅시다
1. '-ㄹ거예요'와 '-ㄹ걸요' 문형 비교
　'-ㄹ거예요'는 확실한 추측, 강한 의지를 표현하는 반면 '-ㄹ걸요'는 불확실한 추측에 쓰인다.
　예) 저는 올해 살을 뺄 거예요.
　　　티엔 씨는 올해 살을 뺄걸요.
2. 과거 시제는 '-았/었 + (으)ㄹ걸요' 형태로 사용한다.
　예) 티엔 씨가 결혼하는 것을 알았다면 제가 갔었을 걸요.
3. 1인칭과 2인칭에 쓰일 수 없으나 이미 지난 일에 대한 미련과 아쉬움을 나타낼 때에는 1인칭이 가능하며 혼잣말에 많이 쓰인다.
　예) 귀화시험이 이렇게 어려울 줄 알았다면 더 열심히 공부할 걸.
</td>
</tr>
</table>

동사, 있다/없다	받침 ○	−을걸요
	받침 ×	−ㄹ걸요
형용사, 이다/아니다	받침 ○	−을걸요
	받침 ×	−ㄹ걸요

잘하다 → 잘**할걸요**

먹다 → 먹**을걸요**

재미있다 → 재미있**을걸요**

예쁘다 → 예**쁠걸요**

있다 → 있**을걸요**

1. 티엔 씨는 한국에 오래 살아서 한국어를 아주 잘 **할걸요**.

2. 그 친구는 한국 전통 음식을 잘 먹**을걸요**.

3. 한국 드라마가 아주 재미있**을걸요**.

4. 갓 태어난 강아지는 귀엽고, 예**쁠걸요**.

5. 동생은 공부하느라고 집에 있**을걸요**.

1. 선생님과 함께 대화 연습을 해 봅시다.

   1) T: 제가 중국어 6급에 합격할 수 있을까요?

      S: 어려**울걸요**.(어렵다)

   2) T: 여기에서 담배를 피워도 될까요?

      S: 놀이터라 안 **될걸요**.(안되다)

   3) T: 지금 남편(아내)은 뭐하고 있을까요?

      S: 회사에서 일**할걸요**./집에 있**을걸요**.(일하다/집에 있다)

   4) T: 저 비행기는 어디로 갈까요?

      S: 홍콩으로 **갈걸요**.(가다)

   5) T: 이 소리 들려요?

      S: 위층에서 나는 피아노 소리**일걸요**.

2. 친구와 함께 대화 연습을 해 봅시다.

예) 어머님 생신 선물로 뭐가 좋을까요?	어머님은 스카프를 좋아하**실걸요**.
그 친구는 어느 나라 사람이에요?	(베트남 사람이다)
티엔 씨 나이는 30이 넘었을까요?	(30이 넘었다)
이 아이는 누구를 닮았을까요?	(아빠를 닮다)
서울에서 부산이 버스로 얼마나 걸리나요?	(5시간 걸리다)
아버지의 구두를 신어보세요.	(크다)

(왼쪽 열: 형태제시 10분 / 유의적 연습과 활용 20분)

77. -ㄹ 뿐만 아니라, -을 뿐만 아니라

학습목표	앞 문장을 더해서 설명하는 표현 익히기

학습내용	시간 40분	교수·학습 활동
도입	3분	T: 티엔 씨, 날씨가 추운가 봐요. S: 네, 정말 추워요. T: 티엔 씨는 털모자를 썼**을 뿐만 아니라** 장갑도 꼈네요. S: 선생님은 안 추워요? T: 저도 추워서 코트를 입었**을 뿐만 아니라** 목도리도 했어요.
의미제시	7분	앞에 오는 내용 외에도 앞의 사실을 더 해주는 사실이나 상황을 의미한다. 앞 문장은 말하는 사람의 입장에서 비교적 더 일반적으로 당연하다고 생각되는 내용이 오고 뒤 문장은 앞 문장의 내용에 추가되는 다른 정보가 온다. T: 장사가 잘 되는 식당은 잘 되는 이유가 있어요. 음식이 맛있**을 뿐만 아니라** 가격도 저렴해요. T: 스티븐 씨는 잘 생겼**을 뿐만 아니라** 마음이 넓어서 친구들이 다 좋아하는 것 같아요. **더 알아봅시다** * '-을 뿐더러'와 '-을 뿐만 아니라' 문형비교 1. '-ㄹ 뿐더러'는 명사와 결합이 어색하나 '-ㄹ 뿐만 아니라'는 명사와 잘 어울린다. 예) 원숭이는 팔 **뿐만 아니라** 꼬리도 길다. (○) 　　원숭이는 팔 **뿐더러** 꼬리도 길다. (×) 2. 두 문형 모두, 앞 문장이 긍정이면 뒤 문장도 긍정을 나타내고, 앞 문장이 부정이면 뒤 문장도 부정을 나타낸다. 3. '-ㄹ 뿐만 아니라' 는 '-도' 와 호응해서 같이 쓰인다. 예) 이 구두는 예쁠 **뿐만 아니라** 가격도 저렴해요.

동사, 형용사, 있다/없다	받침 ○	-을 뿐만 아니라
동사, 형용사, 이다/아니다	받침 ×	-ㄹ 뿐만 아니라

<table>
<tr><td rowspan="2">형태제시</td><td rowspan="2">10분</td><td>

춥다 → 추울 **뿐만 아니라**, 일하다 → 일할 **뿐만 아니라**, 많다 → 많을 **뿐만 아니라**, 생일이다 → 생일일 **뿐만 아니라**, 예쁘다 → 예쁠 **뿐만 아니라**

1. 날씨가 추울 **뿐만 아니라** 바람도 많이 분다.
2. 한국 여자들은 밖에서 열심히 일할 **뿐만 아니라** 가정 일도 잘 한다.
3. 내 친구는 자녀가 많을 **뿐만 아니라** 돈도 많다.
4. 오늘이 내 생일일 **뿐만 아니라** 결혼기념일이기도 하다.
5. 제 친구는 얼굴이 예쁠 **뿐만 아니라** 마음씨도 참 고와요.

</td></tr>
</table>

유의적
연습과 활용 — 20분

1. 선생님과 함께 대화 연습을 해 봅시다.

다음 단어를 '-(으)ㄹ 뿐만 아니라'로 연결해서 뒤 문장을 완성하시오.

공부를 잘하다, 운동을 잘하다. 노래를 잘 부르다. 춤을 잘 추다. 싸다, 튼튼하다, 똑똑하다.

예) 리에 씨는 공부를 잘 **할뿐만 아니라** 운동도 잘 한다.
1) 율리아 씨는 <u>노래를 잘 부를 **뿐만 아니라** 춤도 잘 춘다.</u>
       (노래를 잘 부르다, 춤을 잘 추다)
2) 그 가방은 쌀 **뿐만 아니라** 튼튼하다.
       (싸다, 튼튼하다)
3) 티엔 씨는 <u>똑똑할 **뿐만 아니라** 예쁘다.</u>
       (똑똑하다, 예쁘다)

2. 친구와 함께 대화 연습을 해 봅시다.

이 식당이 맛있다./친절하다	이 식당이 맛있을 **뿐만 아니라** 친절하다.
티엔 씨는 한국어를 잘 한다./영어도 잘 한다.	
우리 회사는 월급이 많다./직원 복지도 훌륭하다.	
재래 시장은 가격이 싸다./거리가 가깝다	
한국은 여름에는 덥다./비도 많이 온다.	

78. -ㄹ지라도, 을지라도

앞의 문장을 가정하면서 반대되는 상황을 나타내는 표현 익히기

학습내용	시간 40분	교수 · 학습 활동
도입	3분	T: 티엔 씨, 요새 아기 보기가 어때요? S: 너무 힘들어요. 아기 보기가 아주 어려워요. T: 맞아요. 아기 보기가 참 어렵고 힘들어요. S: 남편이 도와주었으면 좋겠어요. T: 지금은 아기 보기가 힘들**지라도** 시간이 지나면 좋아질 거예요.
의미제시	7분	어떤 일에 대하여 '그렇다고 가정하더라도'의 뜻을 나타내면서 뒤에는 앞의 상황과 반대되는 일 또는 그것에 얽매이지 않는 다른 일이 올 때 사용한다. 　　앞의 어떤 상황을 인정하지만 뒤에서는 그것과 상관없이 어떤 상황이 벌어지거나 어떤 동장을 하게 될 때 사용한다. T: 처음 한국에서 와서 유학 생활을 하면 외롭고 쓸쓸해요. 하지만 친구를 사귀면 괜찮아요. 유학 생활이 외로**울지라도** 친구를 사귀면 마음이 편해져요. T: 율리아 씨의 아기는 아주 어려요. 율리아 씨가 없으면 자다가도 금방 깨요. 그래서 율리아 씨는 아기 보기가 힘들어요. 지금은 아기 보기가 **힘들지라도** 아기가 자라면 힘들지 않을 거예요. T: 태풍이 왔어요. 비가 아주 많이 오고 바람도 많이 불어요. 하지만 아무리 비가 많이 **올지라도** 출근은 해야 해요. T: 리에 씨는 한국 드라마를 아주 좋아해요. 드라마를 매일 봐요. 하지만 내일 중요한 시험이 있어요. 그런데 내일이 시험**일지라도** 리에 씨는 드라마를 봐요. **더 알아봅시다** 1. '-더라도'는 '-아도'와 의미가 유사하지만, '-을지라도', '-ㄹ지라도'의 뜻이 더 강하다.

		* '-아/어도'와 '-더라도' 비교

* '-아/어도'와 '-더라도' 비교
  – '-아/어도'는 일반적인 상황을 가정할 때 사용하는 반면, '-더라도'는 좀
    더 부정적이거나 실현 가능성이 낮은 극단적인 상황을 가정할 때 사용한다.
  예) 유학을 가도 자주 연락합시다.
     유학을 가더라도 자주 연락합시다.
     유학을 갈지라도 자주 연락합시다.

2. 현재 일어나고 있는 일을 가정할 때에는 '-아/어도'만 쓸 수 있다.
  예) 문을 열어도 열리지 않아요. (○)
     문을 연다 하더라도 열리지 않아요. (×)

3. '아무리', '비록'과 같이 쓰여 의미를 분명하게 강조해 주기도 한다.

형태제시	10분	

동사, 있다/없다	받침 ○	–을지라도
	받침 ×	–ㄹ지라도
형용사, 이다/아니다	받침 ○	–을지라도
	받침 ×	–ㄹ지라도

생각하다 → 생각**할지라도**, 없다 → 없**을지라도**, 내리다 → 내릴**지라도**,
재미있다 → 재미**있을지라도**, 어렵다 → 어려울**지라도**(ㅂ 불규칙의 예)

*교사가 칠판에 판서한 표현들을 바르게 읽고 학생들에게 한 번씩 따라 읽
  도록 한다.

1. 아무리 여자 친구를 생각**할지라도** 행동으로 표현하지 않으면 몰라요.
2. 돈이 없**을지라도** 아르바이트 해서 모은 돈을 쓰지 않아요.
3. 눈이 많이 내**릴지라도** 약속 시간을 지켜야 해요.
4. 아무리 한국어 공부가 재미있**을지라도** 하루 종일 공부할 수는 없어요.
5. 시험이 어려울**지라도** 포기하지 않을 겁니다.

유의적 연습과 활용	20분	

1. 교사와 대화 연습을 해 봅시다.
  1) T: 남자 친구와 헤어졌어요. 너무 힘들고 괴로워요. 매일 울고 싶어요.
     S: 지금은 힘들**지라도** 시간이 지나면 괜찮을 거예요.
  2) T: 00 마트는 물건 값이 아주 싸요. 처음에는 물건 값이 싸서 그 마트를
        자주 갔어요. 그런데 품질이 좋지 않아요. 싱싱하지 않은 채소도 많
        아요.
     S: 아무리 쌀**지라도** 품질이 좋지 않으면 안 가는 게 좋아요.
  3) T: 티엔 씨의 부모님은 스티브 씨를 좋아하지 않아요. 그런데 티엔 씨
        는 스티브 씨와 결혼하고 싶어요. 부모님은 결혼을 반대하세요.

S: 부모님이 반대**할지라도** 티엔 씨는 스티브 씨와 결혼할 거예요.

4) T: 율리아 씨는 토픽 시험을 또 봐요. 고급 시험에 불합격했어요. 이번이 다섯 번 째예요.

S: 율리아 씨는 시험에 불합격**할지라도** 포기하지 않아요.

2. 친구와 대화 연습을 해 봅시다.

고민입니다	나	친구
등록금 낼 돈이 없어요.	아무리 등록금 낼 돈이 <u>없</u>**을지라도** 부모님께 말씀드리고 싶지 않아요.	등록금 낼 돈이 없**을지라도** 친구에게 빌리고 싶지 않아요.
한국어 공부가 어려워요.	한국어 공부가 어려**울지라도** 포기하지 않을 거예요.	한국어 공부가 어려**울지라도** 더 열심히 하려고 해요.
친구가 거짓말을 해요.	친구가 거짓말을 **할지라도** 그 친구를 믿을 거예요.	친구가 거짓말을 **할지라도** 모른 척 할 거예요.
듣기 시험을 못 봤어요.	듣기 시험을 못 봤**을지라도** 울지 않을 거예요.	듣기 시험을 못 봤**을지라도** 장학금을 탈 수 있어요.
유학 생활이 외로워요.	유학 생활이 외로**울지라도** 고향으로 돌아가지 않아요.	유학 생활이 외로**울지라도** 공부를 계속 할 거예요.

MEMO

79. -라든가1, -이라든가

학습내용	시간 40분	교수 · 학습 활동
도입	3분	T: 티엔 씨, 주말에 무엇을 했어요? S: 집에서 하루 종일 잤어요. T: 어디가 아팠어요? S: 아니요, 할 일이 없어서 그냥 잤어요. T: 운동**이라든가** 산책이라도 좀 해 보세요. 기분이 좋아질 거예요.

의미제시	7분	일정한 범위 안에서 어떤 것을 선택해도 상관이 없음을 나타내는 말로 사용한다.
		
		T: 율리아 씨, 마트에 가는 길에 사과**라든가** 배를 좀 사 오세요.
		T: 툭소 씨, 배가 아프면 병원**이라든가** 약국에 가 보세요.
		T: 선생님은 버스**라든가** 지하철 같은 대중교통을 타고 출근해요.
		T: 리에 씨, 김밥**이라든가** 빵이라든가 좀 먹어 보세요.
		
		    더 알아봅시다
		  1. '-라든가1, -이라든가'는 '-라든지'와 비슷하다.
		      토요일에 산책**이라든가** 베드민턴 같은 운동을 해 보세요.
		      토요일에 산책이라든지 베드민턴 같은 운동을 해 보세요.

형태제시	10분	<table><tr><td rowspan="2">명사</td><td>받침 ○</td><td>-이라든가</td></tr><tr><td>받침 ×</td><td>-라든가</td></tr></table> *교사가 결합정보와 예문을 제시한 뒤, 먼저 교사가 예문을 읽는다. 그 후 학생들이 예문을 따라 읽을 수 있도록 한다. 산 → 산**이라든가** 달리기 → 달리기**라든가** 부모님 → 부모님**이라든가** 도서관 → 도서관**이라든가**

		농구 → 농구**라든가**
		1. 산이**라든가** 바다와 같은 곳으로 휴가를 갈 거예요.
		2. 달리기**라든가** 줄넘기는 다이어트에 도움이 된다.
		3. 부모님이**라든가** 친구들과 같이 저녁을 먹을 거예요.
		4. 도서관이**라든가** 학교와 같은 곳에서 학생들이 열심히 공부해요.
		5. 농구**라든가** 축구를 하면 친구들을 사귈 수 있어요.
유의적 연습과 활용	20분	1. 교사와 대화 연습을 해 봅시다. 　1) T: 한국어를 배우는 사람이 많은가 봐요. 　　S: 한국어**라든가** 영어 같은 외국어를 배우는 사람이 많다고 해요. 　2) T: 스티븐 씨, 왜 잠을 못 잤어요. 　　S: 숙제**라든가** 할 일들이 많았거든요. 　3) T: 티엔 씨, 어떤 운동을 해요? 　　S: 산책이**라든가** 등산과 같이 많이 걷는 운동을 좋아해요. 2. 친구와 대화 연습을 해 봅시다. 　친구 생일 파티에 초대를 받았습니다. 친구를 위해서 할 수 있는 것들을 '-라든가'를 사용하여 문장을 만들어 봅시다. 　1) 방석이**라든가** 액자를 선물해요.(방석, 액자) 　2) 노래**라든가** 춤 같은 장기자랑을 준비해요.(노래, 춤) 　3) 생일 카드**라든가** 꽃다발을 책상 위에 둬요.(생일카드, 꽃다발) 　4) 향수**라든가** 목걸이를 사면 좋아할 거예요.(향수, 목걸이) 　5) 목도리**라든가** 장갑을 선물하면 겨울동안 잘 사용할 거예요.(목도리, 장갑)

80. -란1, -이란

<table>
<tr><td>학습목표</td><td colspan="2">특정 대상을 설명하거나 강조를 나타내는 표현 익히기</td></tr>
</table>

학습내용	시간 40분	교수 · 학습 활동
도입	3분	T: 티엔 씨, 왜 학교에 늦게 왔어요? S: 죄송합니다./미안합니다./늦잠을 잤어요./차가 막혔어요. T: 등교 시간은 꼭 지켜야 해요. 　시간**이란** 한 번 지나가면 다시 돌아오지 않거든요.
의미제시	7분	특정 대상을 설명하거나 강조를 나타낼 때 사용한다. 설명과 강조의 의미가 대화문에서 고르게 사용된다. 그러므로 지도할 때 설명과 강조의 의미로 사용된 예문을 같이 제시해 주도록 한다. 1. 설명의 의미로 사용되는 경우 　1) T: 오늘은 비가 많이 오네요. 폭우**란** 갑자기 비가 많이 온다는 뜻이에요. 　2) T: 한복**이란** 한국 고유의 전통의상이에요. 　3) T: 선생님**이란** 학생들을 가르치는 사람이에요. 2. 강조의 의미로 사용되는 경우 　1) T: 후회**란** 살아가면서 누구나 할 수 있어요. 너무 속상해 하지 마세요. 　2) T: 거짓말**이란** 언젠가는 다 알게 되는 것이에요. 　3) T: 사람들에게 얻는 사랑**이란** 그 어떤 것보다 중요하지요. 　4) T: 집**이란** 제일 편안하고 행복한 곳이에요. 　**더 알아봅시다** 1.'-란1'은 '은/는'으로 바꿔서 사용할 수 있다. 이 때 '란1'이 더 강조의 의미가 있다. 　사랑**이란** 어려운 것이 아니에요. 　사랑은 어려운 것이 아니에요.
형태제시	10분	<table><tr><td rowspan="2">명사</td><td>받침 ○</td><td>-란</td></tr><tr><td>받침 ×</td><td>-이란</td></tr></table>

행복 → 행복**이란**, 우체국 → 우체국**이란**, 친구 → 친구**란**, 광고 → 광고**란**, 부모님 → 부모님**이란**

*교사가 먼저 결합정보와 예문을 제시한 뒤, 먼저 교사가 예문을 읽는다. 그 후 학생들이 예문을 따라 읽을 수 있도록 한다.

1. 행복**이란** 먼 곳에 있는 게 아니에요.
2. 우체국**이란** 편지나 소포를 보낼 수 있는 곳이에요.
3. 친구**란** 어려울수록 서로 돕는 거예요.
4. 광고**란** 과장이 많아서 다 믿을 게 못 돼요.
5. 여러분에게 부모님**이란** 어떤 존재인가요?

유의적 연습과 활용	20분	1. 교사와 대화 연습을 해 봅시다. – 수업을 들은 후, 직업의 정의에 대하여 이야기를 해 봅시다. (이 때, 학생들이 문형에 익숙하지 않은 상태이므로 직업에 관련된 단어 몇 가지를 미리 제시한다. 주어진 단어나 문장을 가지고 이야기를 할 수 있도록 하고 학생들이 궁금해 하는 단어가 있으면 추가로 제시하여 활동을 진행한다.)

〈보기〉
가르치는 사람이다, 도둑을 잡는 사람이다, 노래를 부르는 사람이다, 요리를 하는 사람이다, 농사를 짓는 사람이다

1) 선생님**이란** 친절하신 분이십니다.
2) 경찰관**이란** _____
3) 요리사**란** _____
4) 농부**란** _____
5) 가수**란** _____

2. 친구와 대화 연습을 해 봅시다.
– 제시된 단어를 보고, 문장을 만들어 보는 연습을 해 봅시다.

단어	친구 1	친구 2	친구 3
공부	공부란 할수록 어려운 거예요.	공부란 꾸준히 해야 잘 할 수 있어요.	공부란 미루면 안 되는 거예요.
쇼핑			
유학			
여행			
취업			
음악			

81. -려고1, -으려고1

학습목표	목적을 나타내는 표현 익히기

학습내용	시간 40분	교수·학습 활동
도입	3분	T: 티엔 씨는 한국에서 무엇을 배우고 싶어요? S: 한국어를 배우고 싶어요. T: 티엔 씨는 한국어를 배우**려고** 한국에 왔어요. 툭소 씨는 왜 한국어를 배워요? S: 한국 회사에 취직하고 싶어요. T: 툭소 씨는 한국 회사에 취직하**려고** 한국어를 배워요.
의미제시	7분	앞 문장은 뒤 문장을 하기 위한 목적이다. T: 한국어 능력 시험에 합격하**려고** 열심히 공부한다. 쓰기 시험을 잘 보**려고** 매일 일기를 쓴다. 말하기를 잘 하**려고** 한국 친구들을 만난다. **더 알아봅시다** 1. 명령형, 청유형으로 쓸 수 없다. 2. '았/었'과 함께 쓸 수 없다. 3. 문장 종결에서 의문의 형태로 쓰이면 의도를 물어보는 것이고, '-려고 하다'의 형태로 쓰이면 미래의 계획을 나타낸다. 예) 이번 주말에 산에 가**려고(요)**? (청자의 의도를 물어봄) 네. 이번 주말에 산에 가**려고 해요**.(화자의 계획을 나타냄)
형태제시	10분	<table><tr><td rowspan="2">동사</td><td>받침 ○</td><td>-으려고</td></tr><tr><td>받침 ×</td><td>-려고</td></tr></table> 만나다 → 만나**려고**, 가다 → 가**려고**, 먹다 → 먹으**려고**, 타다 → 타**려고**, 보다 → 보**려고** *교사가 칠판에 판서한 표현들을 바르게 읽고 학생들에게 한 번씩 따라 읽도록 한다.

		*비교적 쉬운 문형이기 때문에 문형 연습을 하면서 어휘 복습도 가능하다. 초급에서 이 문형을 배우는 경우나, 아직 한국 문화에 익숙하지 않은 학습자들에게는 시장 물건이나 음식 종류 등을 바꾸어 가면서 이제까지 배운 어휘를 복습하고 문형을 확실히 익힐 수 있도록 하는 것도 좋은 방법이 될 수 있을 것이다. 1. 친구를 만나**려고** 커피숍에 갔어요. 2. 집에 가**려고** 버스를 탔어요. 3. 저녁을 먹으**려고** 김치찌개를 만들었어요. 4. 스키를 타**려고** 스키장에 갔어요. 5. 연예인을 보**려고** 한국에 왔어요.
유의적 연습과 활용	20분	1. 교사와 대화 연습을 해 봅시다. 　1) T: 툭소 씨가 왜 식당에 가요? 　　 S: 점심을 먹으**려고** 식당에 가요. 　2) T: 리에 씨는 왜 학교에 가요? 　　 S: 한국어 공부를 하**려고** 학교에 가요. 　3) T: 율리아 씨는 왜 전화를 해요? 　　 S: 친구를 만나**려고** 전화를 해요. 　4) T: 스티브 씨는 왜 시장에 갔어요? 　　 S: 반찬을 사**려고** 시장에 갔어요. 　5) T: 티엔 씨는 왜 이사를 했어요? 　　 S: 조금 더 큰 집으로 가**려고** 이사를 했어요. 2. 친구와 대화 연습을 해 봅시다.

공부를 하다.	도서관에 간다.	공부를 하**려고** 도서관에 간다.
노래 연습을 하다.	노래방에 간다.	노래 연습을 하**려고** 노래방에 간다.
수영을 하다.	수영장에 간다.	수영을 하**려고** 수영장에 간다.
밥을 먹다	식당에 간다.	밥을 먹으**려고** 식당에 간다.
영화를 보다.	영화관에 간다.	영화를 보**려고** 영화관에 간다.

82. -로 인하다, -으로 인하다

학습목표	원인이나 이유를 나타내는 표현 익히기

학습내용	시간 40분	교수 · 학습 활동
도입	3분	T: 티엔 씨, 오늘 눈이 와서 오는데 힘들지 않았어요? S: 괜찮았어요. 눈이 와서 일찍 집에서 나왔어요. T: 갑자기 내린 눈**으로 인해** 차가 많이 막히더라고요. 　　강원도는 폭설**로 인해** 도로가 막혔대요.
의미제시	5분	어떤 상황에 대한 원인이나 이유를 나타낼 때 쓴다. T: 율리아 씨가 오늘 학교에 못 와요. 독감에 걸렸대요. 독감**으로 인해** 율리아 씨가 학교에 못 온대요. T: 아기가 낮잠을 자요. 그런데 윗집에서 쿵쿵 거리는 소리가 나요. 아기가 큰 소리**로 인해** 잠을 못 자요. T: 남편이 일이 많아요. 그래서 스트레스를 많이 받아요. 남편이 일**로 인해** 스트레스를 많이 받아요. **더 알아봅시다** 1. 앞 문장에 쓰인 '명사+(으)로 인하여(서)'는 원인을 나타내고, 뒷 문장은 결과를 나타낸다. 보통 문어체에 쓰인다. 　예) 졸음운전**으로 인해** 교통사고가 났다. 2. '-(으)로 인하여(서)'는 '-로 해서'로 의미차이 없이 바꿔 쓸 수 있다. 　예) 상한 음식**으로 인하여** 식중독에 걸렸다. 　　　상한 음식**으로 해서** 식중독에 걸렸다. 3. 앞 문장이 원인으로 해서 뒤 문장은 부정적인 의미를 가진다.
형태제시	10분	<table><tr><td rowspan="2">명사</td><td>받침 ○</td><td>-으로 인하여(서)</td></tr><tr><td>받침 ×</td><td>-로 인하여(서)</td></tr></table>싸움 → 싸움**으로 인하여**, 먼지 → 먼지**로 인하여**, 소음 → 소음**으로 인하여**, 성적 → 성적**으로 인하여**, 사용 → 사용**으로 인하여** *교사가 칠판에 판서한 표현들을 바르게 읽고 학생들에게 한 번씩 따라 읽도록 한다.

		1. 친한 친구와 사소한 말싸움**으로 인하여** 요즘에는 연락을 안 한다. 2. 집 먼지**로 인하여** 항상 코가 간지럽다. 3. 공사 소음**으로 인하여** TV소리가 안 들린다. 4. 나쁜 성적**으로 인하여** 원하는 대학에 못 갔다. 5. 핸드폰 사용**으로 인하여** 가족들의 대화가 점점 줄어든다.
유의적 연습과 활용	22분	1. 선생님과 함께 대화 연습을 해 봅시다. 　다음 예와 같이 괄호 안에 들어갈 말을 보기에서 찾아 쓰세요. 　〈보기〉 　태풍, 지진, 홍수, 가뭄, 산불, 번개, 풍년, 흉년, 폭설, 폭염, 폭우 　예) 여름에 심한 더위가 오랫동안 지속이 되요.(폭염) 　1) 땅이 갑자기 흔들려요. 건물이 무너져요.(　　) 　2) 오랫동안 비가 오지 않는 날씨예요.(　　　) 　3) 비가 너무 많이 와요. 집이 물에 잠겨요.(　　　) 　4) 농사가 잘 되었어요. 먹을 것이 많아요.(　　) 　5) 너무 더워요. 너무 더워서 밖에 나가면 쓰러지기도 해요.(　　　) 2. 친구와 함께 대화 연습을 해 봅시다. 　1의 제시된 단어로 일어날 수 있는 상황을 '-로 인하여'를 이용해서 문장을 만들어 보세요. 　태풍, 지진, 홍수, 가뭄, 폭우, 산불, 번개, 풍년, 흉년, 폭설, 폭염

태풍	태풍**으로 인하여** 큰 나뭇가지와 뿌리가 뽑혔다.
지진	지진**으로 인하여** 집이 무너졌다.
홍수	
가뭄	
폭우	
산불	
번개	번개**로 인하여** 산불이 났다.
풍년	
흉년	흉년**으로 인하여** 쌀 수확량이 많이 줄었다.
폭설	
폭염	

83. 로부터, 으로부터

학습목표	출발점을 나타내는 조사 익히기

학습내용	시간 40분	교수 · 학습 활동
도입	3분	T: 티엔 씨, 한국어 실력이 좋아졌어요. S: 한국 친구가 많이 도와주었어요. T: 친구**로부터** 도움을 받았군요. 좋은 친구예요. S: 학교에서 한국 친구를 소개해주었어요. 한국 친구가 많이 가르쳐주었어요. T: 한국어 도우미 친구**로부터** 한국어를 배웠군요.
의미제시	7분	어떤 행동의 출발점이나 비롯되는 대상임을 나타낼 때 사용한다. **더 알아봅시다** 1. '−로부터'와 '−부터'의 문형 비교 '−로부터'는 어떤 행동의 출발점이나 비롯되는 대상임을 나타내는 격조사. 예) 아버지로부터 물려받은 재산이다. 　　동생으로부터 소포를 받았다. '−부터'는 어떤 일이나 상태 따위에 관련된 범위의 시작임을 나타내는 보조사. '부터'는 체언 외에 부사어 뒤에도 붙어 쓰인다. 예) 너부터 먼저 먹어라. 　　아들부터 절해라. 2. '−에게서', '−한테서'와 '−로부터'의 비교 어떤 행동의 출발점이나 비롯되는 대상임을 나타내는 조사로, 우리말에서 자연스럽게 쓰여 온 것은 '에게서'이다. '누구로부터'보다는 '누구에게서'와 같이 표현하는 것이 바람직하다고 할 수 있다. 유정 명사, 무정명사+ −'(으)로부터' 사람이나 동물 따위의 체언+−에게서, −한테서
형태제시	10분	<table><tr><td rowspan="2">명사</td><td>받침 ○</td><td>−으로부터</td></tr><tr><td>받침 ×</td><td>−로부터</td></tr></table>할머니 때 → 할머니 때**로부터**, 날 → 날**로부터**, 남쪽 → 남쪽**으로부터**, 시험 → 시험**으로부터**, 오늘 → 오늘**로부터** 1. 이 항아리는 할머니 때**로부터** 내려온 귀한 물건이다.

		2. 시험을 본 날**로부터** 학생들은 학교에서 나오지 않았다.
		3. 봄소식은 남쪽**으로부터** 시작되었다.
		4. 시험**으로부터** 벗어나서 즐겁게 여행을 가자.
		5. 졸업을 했으니 오늘**로부터** 학생이 아니다.
유의적 연습과 활용	20분	1. 선생님과 함께 대화 연습을 해 봅시다. 　　1) T: 율리아 씨, 반지가 아주 예뻐요. 　　　　S: 할머니가 주신 반지예요. 　　　　T: 할머니께 반지를 받았군요. 　　　　S: 네. 할머니**로부터** 받은 반지예요. 　　2) T: 스티브 씨는 언제 고향에 가요? 　　　　S: 다음 주 월요일에 고향에 가요. 　　　　T: 5일 후면 스티브 씨를 못 보겠네요. 슬프네요. 　　　　S: 오늘**로부터** 5일 후면 선생님을 못 만나요. 2. 친구와 함께 대화 연습을 해 봅시다. 다음과 같이 문장을 만들어 봅시다. 부모님, 기분이 좋다, 고향 음식, → 부모님**으로부터** 고향 음식을 받아서 기분이 좋다

나	−으로부터, −로부터	친구
선물, 기쁘다 → 친구**로부터** 선물을 받아서 　기뻐요.	친구	메일, 울다 → 친구**로부터** 메일을 받고 울 　었어요.
월급, 슬프다 → 사장님**으로부터** 월급을 받 　지 못해 슬퍼요.	사장님	꾸중, 화가 나다 → 사장님**으로부터** 꾸중을 듣 　고 화가 났어요.
사랑, 시작하다 → 사랑은 윗사람**으로부터** 시 　작해요.	윗사람	예절, 배우다 → 예절은 윗사람**으로부터** 잘 　배워야 해요.
가난한 사람, 똑같다. → 부자**로부터** 가난한 사람까지 　모두 똑같은 사람입니다.	부자	가난한 사람, 평등하다 → 부자**로부터** 가난한 사람까 　지 모두 평등해요.
꽃다발, 자랑하다 → 남편**으로부터** 꽃다발을 받은 　친구가 자랑을 해요.	남편	편지, 용기를 내다 → 남편**으로부터** 편지를 받고 　용기를 내서 공부를 시작했 　어요.

84. -를 위해서, -을 위해서

학습목표	목적이나 목표를 이루는 것을 나타내는 표현 익히기

학습내용	시간 40분	교수 · 학습 활동
도입	3분	T: 티엔 씨는 교회에 다니세요? S: 아니요, 저는 절에 다녀요. 일요일에 절에 가요. T: 그렇군요. 티엔 씨는 절에 가서 무엇을 하세요? S: 기도를 해요. 친구들도 만나요. 점심도 같이 먹어요. T: 티엔 씨는 가족들**을 위해서** 기도를 해요. 티엔 씨**를 위해서** 기도를 해요. S: 네, 기도를 많이 해요.
의미제시	7분	어떤 대상을 돕거나 어떤 목표나 목적을 이루려고 함을 나타낼 때 사용한다. T: 툭소 씨는 봉사 활동을 많이 해요. 혼자 사시는 할머니, 할아버지**를 위해서** 연탄 배달도 했어요. 추운 겨울에도 봉사 활동을 해요. T: 리에 씨가 아파서 누워 있어요. 친구가 리에 씨**를 위해서** 맛있는 죽을 끓였어요. 리에 씨는 친구가 만든 죽을 먹고 건강해졌어요. T: 스티브 씨는 영어를 잘 해요. 영어를 배우고 싶은 아이들**을 위해서** 복지관에서 무료로 영어를 가르쳐요. T: 율리아 씨는 다이어트를 하는 티엔 씨**를 위해서** 같이 운동을 해요. 그래서 티엔 씨는 운동을 더 열심히 해요. **더 알아봅시다** 〈'-기 위해서', '-을(를) 위해서' 비교〉 <table><tr><th>- 기 위해서</th><th>-을(를) 위해서</th></tr><tr><td>1. 앞 문장과 뒤 문장의 주어가 같아야 한다. 예) 티앤 씨가 시합에 이기기 위해서 열심히 노력해요.(○) 티앤 씨가 시합이 이기기 위해서 율리아 씨가 노력해요(×)</td><td>1. 어떤 대상을 이롭게 하는 의미의 문장에서는 앞 문장과 뒤 문장의 주어가 다르다. 예) 시합에 나가는 티앤 씨를 위해서율리아 씨는 계획표를 만들었어요.(○) 시합에 나가는 티앤 씨를 위해서 티앤 씨는 계획표를 만들었어요(×)</td></tr></table>

		2. 목적, 목표를 이루려는 의미의 문장에서는 '-기 위해서', '-을(를) 위해서'는 청유문, 명령문, 미래 시제, -아야 하다와 어울릴 수 있다. 예) 고향에 돌아가기 위해 열심히 일을 하자. 　　취업을 위해서 열심히 공부하자. 　　고향에 돌아가기 위해 열심히 일해라. 　　취업을 위해서 열심히 공부해라. 　　고향에 돌아가기 위해 열심히 일해야겠다. 　　취업을 위해서 열심히 공부해야겠다. 　　고향에 돌아가기 위해 열심히 일해야 한다. 　　취업을 위해서 열심히 공부해야 한다.

형태제시	10분	

명사	받침 ○	-을 위해서
명사	받침 ×	-를 위해서

동생 → 동생**을 위해서**, 발전 → 발전**을 위해서**, 건강 → 건강**을 위해서**, 친구 → 친구**를 위해서**, 미래 → 미래**를 위해서**

*교사가 칠판에 판서한 표현들을 바르게 읽고 학생들에게 한 번씩 따라 읽도록한다.

1. 혼자 사는 동생**을 위해서** 김치를 담갔어요.
2. 대한민국의 발전**을 위해서** 국민 모두가 열심히 일을 해요.
3. 부모님의 건강**을 위해서** 기도를 많이 해요.
4. 한국어 공부가 어려운 친구**를 위해서** 한국어 도우미 제도를 추천했어요.
5. 내 미래**를 위해서** 한국어와 영어를 열심히 배워요.

유의적 연습과 활용	20분	

1. 교사와 대화 연습을 해 봅시다.
　1) T: 리에 씨는 한국 음식을 좋아해요. 한국 음식을 만드는 요리사가 되고 싶어요. 매일 요리 연습을 해요. 요리사 자격증을 따야 해요.
　　S: 리에 씨는 요리사 자격증**을 위해서** 매일 요리 연습을 해요.
　2) T: 고향에 혼자 계신 어머니가 아프세요. 율리아 씨는 매일 전화를 해요.
　　S: 율리아 씨는 아픈 어머니**를 위해서** 매일 전화를 해요.
　3) T: 툭소 씨의 친구들은 매운 음식을 못 먹어요. 그래서 툭소 씨는 맵지 않게 음식을 만들었어요.

S: 툭소 씨는 친구들**을 위해서** 맵지 않게 요리를 했어요.

4) T: 스티브 씨는 매일 한국어와 영어를 공부해요. 다음 학기에 장학금을 받고 싶어해요. 일요일에도 도서관에서 가서 공부를 해요.

S: 스티브 씨는 장학금**을 위해서** 열심히 공부해요.

2. 친구와 대화 연습을 해 봅시다.

상황	나는 OO을 해요	친구는 OO을 해요
건강을 위해서	건강을 위해서 매일 운동을 해요.	건강을 위해서 과식을 하지 않아요.
미래를 위해서	미래를 위해서 여러 가지 자격증을 따요.	미래를 위해서 외국어를 공부해요.
여자 친구를 위해서	여자 친구를 위해서 반지를 사요.	여자 친구를 위해서 열심히 돈을 벌어요.
가난한 사람을 위해서	가난한 사람을 위해서 기부를 해요.	가난한 사람을 위해 기도를 해요.
한국어 퀴즈 대회를 위해서	한국어 퀴즈 대회를 위해서 친구들과 공부해요.	한국어 퀴즈 대회를 위해서 책을 많이 봐요.

MEMO

85. 마는, 만2

학습목표 앞의 사실을 인정하면서 그와 상반되는 의견을 나타내는 조사 익히기

학습내용	시간 40분	교수 · 학습 활동
도입	3분	T: 기말 시험 결과가 나왔어요. 모두 수고하셨어요. S: 너무 어려웠어요./너무 힘들었어요. T: 공부가 힘들다고 하더니**만** 다들 너무 잘했어요. S: 그럼 선생님, 내일 하루만 휴강하면 안 돼요? T: 글쎄요, 쉬고 싶은 마음은 이해합니다**만**, 휴강은 어려워요.
의미제시	10분	'-다, -냐, -더니'등의 어미에 붙어 앞의 사실을 인정하지만 그에 대한 의문이나 대립되는 상황, 부정적인 기분을 나타낼 때 쓰는 표현이다. 1. 해외 여행이 좋다고는 한다**마는** 돈이 있어야 가지. 2. 다이어트를 해야겠다고 하더니**만**, 매일 잠만 자고 운동은 언제 할 거예요? 3. 그 아이는 얼굴이 예쁘기는 하다**마는** 성격이 나빠서 걱정이다. 4. 술은 한 잔도 못 마신다고 하더니**만** 벌써 세 병째 마시고 있어요. 5. 음식을 만들 줄 모른다고 하더니**만** 이 정도면 정말 잘 하는데요. **더 알아봅시다** 미안하다, 실례하다 등에 붙어 겸양의 의미를 나타내기도 한다. 실례합니다만, 미안합니다만,
형태제시	10분	<table><tr><td>어미 -다, -냐, -더니</td><td>마는, 만</td></tr></table> 한다 → 한다**마는** 하겠다 → 하겠다**마는** 했다 → 했다**마는** 하더니 → 하더니**만** 산다 → 산다**마는** 1. 연습은 열심히 한다**마는** 어찌 될지는 두고 봐야겠다.

		2. 택시를 타고 가보기는 하겠다**마는** 12시 기차를 탈 수 있을지 모르겠다.
		3. 국제 피아노 콩쿠르에 나가기는 했다**마는** 우승을 하기는 어려울 것 같다.
		4. 오지 여행을 가고 싶다고 하더니**만** 기어이 히말라야로 떠난 모양이네요.
		5. 한국에 살기는 산다**마는** 한국문화에 적응한다는 것이 쉽지는 않아요.
유의적 연습과 활용	17분	1. 교사와 대화 연습을 해 봅시다. 　1) T: 어제 파티에 몇 명이나 왔어요? 　　S: 열 명이나 온다고 하더니**만** 세 명밖에 안 왔어요. 　2) T: 인도 음식은 매운가요? 　　S: 맵다고 합니다**만**, 의외로 아주 맛있어요. 　3) T: 내일 툭소 씨가 발표할 차례인데 왜 못하겠다고 하는 거지요? 　　S: 저도 제 차례인것을 모르는 것은 아닙니다**만**, 아직 준비가 안 됐 　　　어요. 　4) T: 요즘 날씨가 너무 춥지요? 　　S: 네, 춥기는 합니다**만** 그래도 시베리아보다는 훨씬 덜 추워요. 　5) T: 저 선수가 금메달을 땄어요. 정말 멋집니다. 　　S: 멋지기는 합니다**마는** 얼마나 많은 노력을 했을까요? 　6) T: 지금도 눈이 내리고 있나요? 　　S: 아침에는 눈이 오더니**만** 지금이 비가 와요. 2. 친구와 대화 연습을 해 봅시다.

왜 식사를 안 하세요?	배가 고프기는 합니다(합니다**만**) 배탈이 나서 못 먹겠어요.
제 사정을 이해해 주십시오.	이해를 못하는 것은 아닙니다(아닙니다**만**) 규칙이라 어쩔 수 없어요.
이번 대회에서 꼭 일등을 하시기 바랍니다.	자신은 없습니다(없습니다**만**) 최선을 다하겠습니다.
주말여행은 잘 다녀오셨어요?	네, 비가 온다니(온다더니**만**) 날씨가 좋아서 아주 즐거웠어요.
율리아 씨는 왜 안 왔지요?	저도 잘 모릅니다(모릅니다**만**) 아마 휴가를 갔을 거예요.
어제 못 나와서 미안해요.	감기에 걸렸다더니(걸렸다더니**만**) 이제 괜찮아요?
최신형 휴대폰으로 바꾸었네요?	아니에요, 최신형은 아닙니다(아닙니다**만**) 그런대로 괜찮은 거예요.

86. 마저

학습목표	앞 문장의 내용이 포함되고 그 이상이 더해짐을 나타내는 조사 익히기

학습내용	시간 40분	교수 · 학습 활동
도입	3분	T: 티엔 씨, 오늘 비가 많이 오네요. S: 네, 너무 추워요./길이 많이 막혔어요. T: 비도 많이 오는데 바람**마저** 불어서 힘들었지요? S: 네, 저는 우산을 안 가지고 나왔어요. T: 비가 오는데 우산**마저** 없어서 힘들었겠어요.

의미제시	10분	그 상황 이상의 것이 더해짐 또는 하나 남은 마지막임을 나타내는 표현이다.
		
		1. 하나 남은 막내딸**마저** 시집을 보내고 나니 너무 허전해요.
		2. 사랑하는 부모님**마저** 그 남자와의 결혼을 반대하셨어요.
		3. 해외에 나와서 병이 들었는데 돈**마저** 떨어지니 너무 불안해요.
		4. 그때는 너무 힘들어서 하늘**마저** 나를 버린 것 같았어요.
		5. 당신**마저** 나를 도와주시지 않는다면 저는 희망이 없습니다.
		
		  더 알아봅시다
		1. '까지' '조차'와 바꿔 쓸 수 있으나 '마저'는 항상 부정적인 상황에서만 사용된다.
		  예) 철수는 공부도 잘하고 운동까지 잘한다.(○)
		      철수는 공부도 잘하고 운동**마저** 잘한다.(×)
		      철수는 공부도 못하고 운동**마저** 못한다.(○)

형태제시	10분	<table><tr><td>명사</td><td>받침 ○, ×</td><td>마저</td></tr></table> 하늘 → 하늘**마저**, 돈 → 돈**마저**, 일요일 → 일요일**마저** 빵 → 빵**마저**, 물 → 물**마저**, 너 → 너**마저** 1. 시험을 못 봐서 우울한데 하늘**마저** 흐리네요. 2. 등록금이 부족해서 고향에 돌아갈 돈**마저** 다 써버렸어요.

		3. 회사일이 너무 바빠서 일요일**마저** 출근을 합니다.
		4. 욕심 많은 동생이 하나 남은 빵**마저** 다 먹어 버렸다.
		5. 수질오염이 심각해서 마실 물**마저** 부족했다.
		6. 꼭 온다고 하던 너**마저** 안 와서 무척 실망했어.
유의적 연습과 활용	20분	1. 교사와 대화 연습을 해 봅시다. 　1) T: 툭소 씨, 이번 성적이 안 좋네요. 무슨 일 있어요? 　　S: 잠잘 시간**마저** 아껴가며 공부했는데 아쉬워요. 　2) T: 스티브 씨, 오늘 왜 늦었어요? 　　S: 알람시계가 고장이 났는데, 날씨**마저** 흐려서 못 일어났어요. 　3) T: 율리아 씨는 러시아어를 배웠다면서요? 　　S: 그런데 너무 오랫동안 안 써서 단어**마저** 다 잊어버렸어요. 　4) T: 툭소 씨, 열심히 공부하는 군요. 　　S: 이번 시험**마저** 떨어지면 고향으로 돌아가야 돼요. 　5) T: 와우, 김연아가 꼭 금메달을 땄으면 좋겠어요. 　　S: 이번 메달**마저** 딴다면 올림픽 2관왕이 되는 거지요? 　6) T: 왜 그렇게 힘이 없어요? 무슨 일 있나요? 　　S: 제일 믿었던 친구**마저** 나를 배신하고 떠났어요. 2. 친구와 대화 연습을 해 봅시다.

다이어트를 해야겠어요.	그렇다고 (식사**마저**) 안하면 건강을 해칩니다.(식사)
약속을 잘 지키는 것은 아주 중요한 일인 것 같아요.	그럼요, 돈도 없는데 (믿음**마저**) 잃으면 큰일이지요.(믿음)
올해는 승진 소식이 있나요?	승진은커녕, 있는 (자리**마저**) 없어질까 봐 걱정입니다. (자리)
오늘 결석생이 많네요.	열심히 잘하던 (학생**마저**) 안 나와서 속상해요. (학생)
요즘 많이 바쁘신가 봐요.	네, 어쩌면 (휴가**마저**) 반납해야 할지도 모르겠어요. (휴가)
정말 쓸쓸한 겨울 풍경이군요.	그러게요. 마지막 (나뭇잎**마저**) 떨어졌어요. (나뭇잎)
영어 공부를 거의 안 하시는군요.	이젠 기본적인 (단어**마저**) 생각이 나지 않아요.(단어)

87. (마치)처럼

학습목표 앞 대상과 유사하거나 동일함을 나타내는 조사 익히기

학습내용	시간 40분	교수·학습 활동
도입	3분	T: 티엔 씨, 오늘 숙제를 다 해왔어요? S: 네./아니오./숙제를 다 못했어요. T: 숙제가 너무 많았나요? S: 네./아니요./많아요. T: 지난주**처럼** 숙제를 못 한 사람이 있네요.
의미제시	7분	앞의 명사와 비슷한 정도이거나 동일함을 나타날 때 사용하는 표현이다. 비유나 비교의 의미가 있다. T: 올 겨울은 작년 겨울**처럼** 춥지요? T: 율리아 씨, 작년**처럼** 공부를 하지 않으면 시험을 잘 보기는 힘들어요. T: 스티브 씨, 습관**처럼** 고치기 어려운 것도 없을 거예요. T: 이 노래**처럼** 슬픈 노래를 좋아해요? **더 알아봅시다** 1. '−처럼'은 '−같이'과 바꿔 쓸 수 있다. '−처럼'에서 비교의 의미가 있을 때는 '−만큼'으로 바꿔 쓸 수 있다. 　예) 오늘**처럼** 힘든 적은 없었다. 　　　오늘같이 힘든 적은 없었다. 　　　오늘만큼 힘든 적은 없었다. 2. '−처럼'에서 시간명사에 미래시제를 사용할 수 없다. 과거시제와 현재시제는 사용할 수 있다. 　예) 어제**처럼** 힘든 적은 없었다.(○) 　　　오늘**처럼** 힘든 적은 없었다.(○) 　　　내일**처럼** 힘든 적은 없었다.(×)
형태제시	10분	<table><tr><td>명사</td><td>받침 ○, ×</td><td>(마치)처럼</td></tr></table> 인형 → 인형**처럼**, 부모님 → 부모님**처럼**, 공부 → 공부**처럼**, 과자 → 과자**처럼**, 천사 → 천사**처럼**

		*교사가 먼저 결합정보와 예문을 제시한 뒤, 먼저 교사가 예문을 읽는다. 그 후 학생들이 예문을 따라 읽을 수 있도록 한다. 1. 인형**처럼** 예쁜 친구가 한 명 있어요. 2. 부모님**처럼** 따뜻한 마음을 가져야겠다. 3. 한국어**처럼** 어려운 것도 없다. 4. 과자**처럼** 살찌기 쉬운 음식이 많아요. 5. 율리아 씨는 천사**처럼** 착하다.

유의적
연습과 활용
	20분	1. 교사와 대화 연습을 해 봅시다.
		– 선생님을 보고 떠오르는 생각을 '–(마치)처럼'을 사용하여 문장을 만들어 보고, 이야기를 해 봅시다.
		  1) 선생님께서는 친구**처럼** 다정하십니다.(친구, 다정하다)
		  2) _____.(호랑이, 무섭다)
		  3) _____.(말, 얼굴이 길다)
		  4) _____.(인형 , 예쁘다)
		  5) _____.(아기, 귀엽다)
		
		2. 친구와 대화 연습을 해 봅시다.
		– 친구를 보고, 친구의 특징에 대하여 이야기를 해 봅시다.

친구 이름	친구 1	친구 2
리에	엄마**처럼** 마음이 따뜻해요.	말**처럼** 달리기를 잘해요.
율리아	선생님**처럼** 공부를 잘 가르쳐 줘요.	기린**처럼** 키가 커요.
툭소	가수**처럼** 노래를 잘해요.	강아지**처럼** 귀여워요.
스티브	선수**처럼** 달리기를 잘해요.	천사**처럼** 착해요.
티엔	아기**처럼** 귀여워요	바다**처럼** 마음이 넓어요.

88. -만 같아도

학습목표	어떤 상황을 비교하여 가정함을 나타내는 표현 익히기

학습내용	시간 40분	교수 · 학습 활동
도입	3분	T: 티엔 씨, 오늘 날씨가 많이 덥지 않아요? S: 네./아니오./날씨가 더워요. T: 작년 여름**만 같아도** 이렇게 덥지는 않았어요.
의미제시	7분	어떤 시기를 비교하여 가정할 때 사용하는 표현이다. T: 날씨가 지금**만 같아도** 좋겠어요. T: 여름**만 같아도** 바닷가에서 물놀이를 할 수 있을 텐데요. **더 알아봅시다** 1. '–만 같아도'는 뒤에 주로 '–았/었/였는데'이나 '–았/었/였을텐데'로 바꿔 쓸 수 있다. 　예) 작년**만 같아도** 이렇게 날씨가 춥지는 않았는데. 　　　작년**만 같아도** 이렇게 날씨가 춥지는 않았을 텐데. 　　　주말**만 같아도** 친구들과 놀았는데. 　　　주말**만 같아도** 친구들과 놀았을 텐데. 2. '–때 같았으면'과 바꿔서 쓸 수 있다. 　예) 학생**만 같아도** 공부를 열심히 했을 거예요. 　　　학생 때 같았으면 공부를 열심히 했을 거예요.
형태제시	10분		명사	받침 ○, ×	-만 같아도
		| 학생 → 학생**만 같아도**, 주말 → 주말**만 같아도**, 어머니 → 어머니**만 같아도**, 어제 → 어제**만 같아도** *교사가 먼저 결합정보와 예문을 제시한 뒤, 먼저 교사가 예문을 읽는다. 그 후 학생들이 예문을 따라 읽을 수 있도록 한다. 1. 학생**만 같아도** 아무 걱정이 없을 텐데. 2. 주말**만 같아도** 영화를 볼 수 있었을 거예요.

		3. 제가 어머니**만 같아도** 키가 컸을 것 같아요.
		4. 어제**만 같아도** 날씨가 참 좋았는데요.
유의적 연습과 활용	20분	1. 교사와 대화 연습을 해 봅시다. 　1) T: 이번에 한국어 시험을 잘 봤어요? 　　S: 연습 때만 **같아도** 잘 봤을 텐데, 이번엔 시험을 잘 못 봤어요. 　2) T: 왜 친구를 만나러 가지 않아요? 　　S: 어제**만 같아도** 날씨가 좋았는데, 눈이 너무 많이 와서 길이 미끄 　　　럽거든요. 　3) T: 오늘 바람이 많이 불지요? 　　S: 몇 시간 전**만 같아도** 바람이 안 불었는데, 지금은 바람이 많이 불 　　　어요. 　4) T: 툭소 씨가 혼자 가면 너무 심심할 거예요. 리에 씨가 같이 갈 수 　　　있어요? 　　S: 수원**만 같아도** 같이 갈 수 있어요. 하지만 대전은 너무 멀어요. 　5) T: 율리아 씨는 고급 시험에 합격할 수 있어요. 　　S: 중급**만 같아도** 합격할 수 있을 텐데, 고급이 너무 어려워요. 2. 친구와 대화 연습을 해 봅시다. － 친구들과 '－만 같아도'를 가지고 대화를 해 봅시다.

	친구 1	친구 2
주말**만 같아도**	놀이공원에 놀러갔을 거예요.	잠을 실컷 잘 텐데요.
어제**만 같아도**	숙제가 많지 않았어요.	피곤하지 않았는데요.
한 시간 전**만 같아도**		
작년**만 같아도**		
지난겨울**만 같아도**		

89. 만큼

학습목표	정도를 표현하는 조사 익히기

학습내용	시간 40분	교수 · 학습 활동
도입	3분	T: 티엔 씨, 가수 누구 좋아해요? S: 소녀시대요/ 동방신기요 T: 저는 조용필 씨가 좋아요. 조용필 씨만큼 노래 잘 하는 가수는 없는 것 같아요. S: 성시경 씨도 노래를 잘해요. T: 맞아요. 성시경 씨도 잘 해요. 하지만 **조용필 씨만큼** 잘하지는 못해요.
의미제시	7분	'–만큼'은 앞 문장과 비슷한 정도임을 나타내는 표현이다. T: 티엔 씨랑 율리아 씨는 누가 더 키가 커요. S: 비슷해요. T: 율리아 씨도 티엔 씨**만큼** 키가 크네요. 두 사람이 우리 반에서 제일 큰 것 같아요. **더 알아봅시다** 의존명사 '만큼'은 조사 '만큼'과 의미가 비슷하지만 독립적으로 쓰인다는 점에 차이가 있다. 예) 사장님이 직접 전화를 하실 만큼 중요한 일이었다.
형태제시	10분	<table><tr><td>명사, 대명사</td><td>받침 ○, ×</td><td>만큼</td></tr></table> 서울 → 서울**만큼**, 사과 → 사과**만큼**, 의자 → 의자**만큼**, 컴퓨터 → 컴퓨터**만큼**, 선생님 → 선생님**만큼** *교사가 칠판에 판서한 표현들을 바르게 읽고 학생들에게 한 번씩 따라 읽도록 한다. 1. 뉴욕도 서울**만큼** 차가 많아요. 2. 이 사과도 저 사과**만큼** 맛있어요.

		3. 이 의자도 저 의자**만큼** 비싸요.
		4. 이 컴퓨터도 다른 컴퓨터**만큼** 잘 돼요.
		5. 율리아 씨도 우리 선생님**만큼** 한국어 문법을 많이 알아요.
유의적 연습과 활용	20분	1. 교사와 대화 연습을 해 봅시다.

1. 교사와 대화 연습을 해 봅시다.
   1) T: 이 식당 음식이 맛있는 것 같아요.
      S: 아무리 맛있어도 엄마가 해 주신 요리**만큼** 맛있지는 않아요.
   2) T: 김태희가 참 예쁜 것 같아요.
      S: 아무리 예뻐도 아내**만큼** 예쁘지 않아요.
   3) T: 강아지가 참 귀여워요.
      S: 아무리 귀여워도 우리 아기**만큼** 귀엽지는 않아요.
   4) T: 스티브 씨는 손이 큰 것 같아요.
      S: 아무리 손이 커도 툭소 씨**만큼** 크지 않아요.
   5) T: 한국 사람들은 라면을 많이 먹는 것 같아요.
      S: 아무리 많이 먹어도 김치**만큼** 많이 먹지는 않아요.

2. 친구와 대화 연습을 해 봅시다.

율리아 씨가 공부를 제일 잘한다.	저도 율리아 씨**만큼** 공부를 잘했으면 좋겠어요.
툭소 씨가 한국어를 제일 잘 말한다.	저도 툭소 씨**만큼** 한국어를 잘 말하고 싶어요.
스티브 씨가 요리를 잘 한다.	저도 스티브 씨**만큼** 요리를 잘 하고 싶어요.
리에 씨가 노래를 잘 한다.	저도 리에 씨**만큼** 노래를 잘 하고 싶어요.
티엔 씨가 운전을 잘 한다.	저도 티엔 씨**만큼** 운전을 잘 하고 싶어요.

90. -며, -이며

학습목표	여러 가지 사물을 한 종류로 묶어 예시를 나타내는 표현 익히기

학습내용	시간 40분	교수 · 학습 활동
도입	3분	T: 티엔 씨, 우리 반에서 누가 운동을 잘해요? S: 스티브 씨요. 스티브 씨가 운동을 잘 해요. T: 무슨 운동을 잘 해요? S: 축구와 농구도 잘 해요. T: 스티브 씨는 축구**며** 농구**며** 못 하는 운동이 없군요.
의미제시	7분	여러 가지의 사물을 한 종류로 묶어서 예를 들거나 나열해서 말할 때 사용한다. 그러므로 나열되는 사물은 대등한 관계에 있는 명사이다. T: 그 친구는 외모**며** 성격**이며** 다 좋아요. T: 율리아 씨는 요리**하며** 청소**이며** 못하는 것이 없어요. T: 가방**이며** 신발**이며** 너무 낡아서 새로 사야 할 것 같아요. 이번 주말에 쇼핑을 하는 것이 어떨까요? T: 고향에 가려면 여권**이며** 비행기 표**며** 필요한 것들이 많아요. 표를 미리 예매해서 고향에 못 가는 일이 없도록 하세요. **더 알아봅시다** 1. '며, 이며'는 '하고', '하며', '니/이니'와 바꿔 쓸 수 있다. 　예) 율리아 씨는 공부**하며** 운동**하며** 못 하는 것이 없어요. 　　　율리아 씨는 공부**며** 운동**이며** 못 하는 것이 없어요. 　　　율리아 씨는 공부**니** 운동**이니** 못 하는 것이 없어요.
형태제시	10분	<table><tr><td rowspan="2">명사</td><td>받침 ○</td><td>-이며</td></tr><tr><td>받침 ×</td><td>-며</td></tr></table> 청소/빨래 → 청소**며** 빨래**며**, 노래/춤 → 노래**며** 춤**이며**, 책상/침대 → 책상**이며** 침대**며**, 책/연필 → 책**이며** 연필**이며**, 텔레비전/컴퓨터 → 텔레비전**이며** 컴퓨터**며**, 피아노/바이올린 → 피아노**며** 바이올린**이며**, 강아지/고양이 → 강아지**며** 고양이**며**, 거실/안방/주방 → 거실**이며** 안방**이며** 주방**하며**, 과일/야채/고기 → 과일**이며** 야채**며** 고기**며**

		*교사가 결합 정보와 예문을 제시한 뒤, 먼저 교사가 예문을 읽는다. 그 후 학생들이 예문을 따라 읽을 수 있도록 한다. 1. 어머니께서는 청소**며** 빨래**며** 집안일을 잘 하세요. 2. 툭소 씨는 노래**며** 춤이**며** 모두 뛰어나요. 3. 스티브 씨의 책상**이며** 침대**며** 모두 책이 산처럼 쌓여있어요. 4. 티엔 씨는 오늘 책**이며** 연필**이며** 다 안 가져와서 짝에게 빌려서 썼어요. 5. 툭소 씨는 텔레비전**이며** 컴퓨터**며** 너무 가까이서 봐서 눈이 나빠졌어요. 6. 율리아 씨는 피아노**며** 바이올린**이며** 못 다루는 악기가 없어요. 7. 내 동생은 강아지**며** 고양**이며** 모든 애완동물을 다 좋아해요. 8. 거실이며 안방**이며** 주방**이며** 오랫동안 청소를 안 했더니 먼지가 가득해요. 9. 오랜만에 시장에 가서 과일**이며** 야채**이며** 고기**며** 많은 음식들을 샀어요.

유의적
연습과 활용
	20분	1. 교사와 대화 연습을 해 봅시다.
		    1) T: 티엔 씨, 좋아하는 과일이 뭐에요?
		       S: 저는 사과**며** 바나나**며** 모든 과일을 다 좋아해요.
		    2) T: 스티브 씨, 어제 왜 학교에 안 왔어요?
		       S: 운동을 많이 했더니 어깨**며** 다리**며** 너무 아파서 학교에 올 수 없었어요.
		    3) T: 여러분, 내일은 비가 많이 온다고 해요.
		       S: 비가 내리면 우산**이며** 장화**며** 미리 준비해야겠어요.
		    4) T: 단 음식을 많이 먹으면 몸에 좋지 않으니 조금만 먹도록 하세요.
		       S: 하지만 요즘에는 초콜릿**이며** 사탕**이며** 단 음식이 좋아요.
		
		2. 친구와 대화 연습을 해 봅시다.
		   '-하며'를 사용하여 다음 문장을 만들어 봅시다.

2. 친구와 대화 연습을 해 봅시다.

질문	대답
한국 음식 중에서 어떤 것을 좋아해요?	불고기**하며** 비빔밥**하며** 다 좋아해요. (불고기, 비빔밥)
등산을 하려면 어떤 것들이 필요해요?	＿＿＿＿＿＿＿ (등산복, 등산화)
좋아하는 한국 드라마 좀 추천해 주세요.	＿＿＿＿＿＿＿ (별에서 온 그대, 왕가네 식구들)
한국어를 잘하려면 어떻게 해야 할까요?	＿＿＿＿＿＿＿ (듣기, 쓰기, 말하기, 읽기)
통장을 만들려면 무엇이 필요해요?	＿＿＿＿＿＿＿ (여권, 외국인 등록증)

91. -면 안 되다, -으면 안 되다, -아서는 안 되다

학습목표	금지하거나 제한을 나타내는 표현 익히기

학습내용	시간 40분	교수 · 학습 활동
도입	3분	T: 티엔 씨, 얼굴이 많이 부었어요. S: 그렇지요? 어제 야식을 많이 먹었어요. T: 자기 전에 많이 먹으면 얼굴이 부어요. 밤에 야식을 먹**으면 안 돼요**. S: 알고 있어요. 하지만 한국의 야식은 정말 맛있어요. T: 건강을 위해서는 야식을 많이 먹**으면 안 돼요**. 살도 찌고 건강도 안 좋아져요.
의미제시	7분	어떤 행위나 상태에 대해 금지거하거나 제한함을 나타낼 때 사용한다. **더 알아봅시다** '-(으)면 안 되다'와 '-아서는 안 되다'의 문형 비교 표1
형태제시	10분	표2

더 알아봅시다 표 (표1):

-(으)면 안 되다	-아서는 안 되다
1. 어떤 행위나 상태에 대해 제한하거나 금지할 때 사용한다. 예) 야식을 자주 먹으면 안 된다. 　　야식을 자주 먹어서는 안 된다. 　　한국에서는 반말을 사용하면 안 돼요. 　　한국에서는 반말을 사용해서는 안 돼요.	
1. 금지의 뜻이 '-아서는 안 되다'보다 약하다. 2. 일상적인 대화에서 많이 사용한다. 예) 지하철에서 떠들면 안 돼요. 　　시험 시간에 휴대폰을 사용하면 안 됩니다.	1. 금지의 뜻이 더 강조되는 느낌이어서 상대방에게 그 의미를 강력하게 전달하거나 설득할 때 또는 어떤 사실을 엄중하게 경고할 때 사용한다. 예) 지하철에서 떠들어서는 안 돼요. 　　시험 시간에 휴대폰을 사용해서는 안 됩니다.

형태제시 표 (표2):

동사, 있다/없다	받침 ○	-으면 안 되다
	받침 ×	-면 안 되다
형용사, 이다/아니다	받침 ○	-으면 안 되다
	받침 ×	-면 안 되다

		나가다 → 나가면 안 되다, 자다 → 자면 안 되다, 지나가다 → 지나가면 안 되다, 없다 → 없으면 안 되다, 만들다 → 만들면 안 되다.
		1. 수업 시간이 끝나지 않았는데 나가면 안 됩니다.
		2. 산에서 길을 잃었을 때 아무데서나 자면 안 돼요.
		3. 이 동굴은 무너질 위험이 있어요. 지나가면 안 됩니다.
		4. 여행을 갈 때 지도가 없으면 안 돼요. 지도를 꼭 준비하세요.
		5. 자꾸 어려운 상황을 만들면 안 됩니다.
유의적 연습과 활용	20분	1. 교사와 대화 연습을 해 봅시다.

유의적 연습과 활용 (20분)

1. 교사와 대화 연습을 해 봅시다.

T: 특소 씨는 머리가 아플 때 어떻게 해요?

S: 저는 머리가 아플 때는 약을 먹어야 해요. 약을 먹지 않으면 **안 돼요**.

T: 스티브 씨는 수업 시간에 자주 졸아요. 늦게 잠을 자요? 어떻게 하면 수업 시간에 졸지 않을까요?

S: 늦게 자**면 안 돼요**. 일찍 자야 해요.

T: 날씨가 좋은데 잔디밭에서 점심을 먹을까요?

S: 잔디밭에서 먹**으면 안 돼요**. 병에 걸릴 수 있어요.

T: 티엔 씨는 야채를 먹지 않아요. 고기만 먹어요.

S: 고기만 먹**으면 안 됩니다**.

2. 친구와 대화 연습을 해 봅시다.

아래와 같이 문장을 만들어 봅시다.

> 신발을 벗어야 해요→신발을 신지 않으면 안 돼요.

빨리 가야 해요.	빨리 가지 않**으면 안 돼요**.
잔디밭에서 나와야 해요.	잔디밭에서 나오지 않**으면 안 돼요**.
슬리퍼를 벗어야 합니다.	슬리퍼를 벗지 않**으면 안 됩니다**.
크게 만들어야 합니다.	크게 만들지 않**으면 안 됩니다**.
음식을 많이 먹어야 합니다.	음식을 많이 먹지 않**으면 안 됩니다**.
교실에서 나가야 합니다.	교실에서 나가지 않**으면 안 됩니다**.
산에서 내려가야 합니다.	산에서 내려가지 않**으면 안 됩니다**.
지금 깨야 해요.	지금 깨지 않**으면 안 돼요**.
알아야 해요.	알지 않**으면 안 돼요**.
가방을 들고 있어야 해요.	가방을 들고 있지 않**으면 안 돼요**.

92. -면 좋겠다, -으면 좋겠다

소망이나 바람을 나타내는 표현 익히기

학습내용	시간 40분	교수 · 학습 활동
도입	3분	T: 내일부터 이틀 동안 기말 고사입니다. 모두 열심히 준비하세요. S: 이번 시험이 어렵나요? T: 시험이 쉬우**면 좋겠지요**? 걱정 마세요. 수업 시간에 모두 배운 내용이에요. S: 그래도 시험은 어려워요. T: 맞아요, 시험이 빨리 끝났**으면 좋겠지요**?
의미제시	10분	말하는 사람의 소망이나 바람을 나타낼 때 사용한다. 현실과 다르게 되기를 바라는 희망을 나타낼 때 사용한다. T: 늦게 일어나서 아침을 못 먹었어요. 배가 고파요. 밥을 먹**으면 좋겠어요**. T: 시험공부를 하느라 잠을 못 잤어요. 너무 졸려요. 잠을 자**면 좋겠어요**. T: 날씨가 너무 더워요. 빨리 가을이 왔**으면 좋겠어요**. T: 한국어 공부는 어려워요. 열심히 공부하지만 힘들어요. 한국어를 잘하**면 좋겠어요**. **더 알아봅시다** 1. 현실과 다른 사실을 가정하여 현실에서 이루어졌으면 하는 바람을 나타낸다. 가정을 나타내는 표현에서는 현재형 및 과거형이 모두 같은 의미로 사용 가능하다. 　(으)면 좋겠다(막연한 바람) 〈 았/었으면 좋겠다(간절한 바람) 　예) 빨리 가을이 오면 좋겠다. 　　　빨리 가을이 왔으면 좋겠다. 2. 과거의 상황을 명시하는 부사가 나온 경우에는 사용하지 않는다. 　예) 어제 그 일을 했으면 좋겠어요.(×) 　　　어제 그 일을 했으면 좋았을 텐데.(O)
형태제시	10분	

	받침 ○	-으면 좋겠다.
동사, 있다/없다	받침 ×	-면 좋겠다.
	받침 ○	-으면 좋겠다.
형용사, 이다/아니다	받침 ×	-면 좋겠다.

오다 → 오**면 좋겠다**, 먹다 → 먹으**면 좋겠다**, 돕다 → 도우**면 좋겠다**(ㅂ불규칙), 듣다 → 들으**면 좋겠다**(ㄷ불규칙), 살다 → 살**면 좋겠다**(ㄹ탈락)

*교사가 칠판에 판서한 표현들을 바르게 읽고 학생들에게 한 번씩 따라 읽도록 한다.

1. 고향에서 부모님이 빨리 오시**면 좋겠다**.
2. 설날에 떡국을 먹으**면 좋겠다**.
3. 동생이 청소를 도우**면 좋겠다**.
4. 남자 친구의 목소리를 들으**면 좋겠다**.
5. 한국에서 살**면 좋겠다**.

| 유의적
연습과 활용 | 20분 | 1. 선생님과 함께 대화 연습을 해 봅시다.
 1) T: 율리아 씨는 주말에 무엇을 하고 싶어요?
　 S: 쇼핑을 하면 **좋겠어요**.
 2) T: 내일 저녁에 무엇을 하면 좋을까요?
　 S: 새로 나온 영화를 보**면 좋겠어요**.
 3) T: 스티브 씨는 머리가 아파요. 하루 종일 아무것도 못 먹었어요.
　 S: 스티브씨가 병원에 가**면 좋겠어요**.
 4) T: 한국의 겨울 날씨가 참 춥지요. 리에 씨는 고향에 가고 싶어요?
　 S: 네, 따뜻한 고향에 가**면 좋겠어요**.

2. 친구와 함께 대화 연습을 해 봅시다. |

(표 제외)

나	-으면 좋겠다. - 면 좋겠다.	친구
불고기를 먹으면 좋겠다.	배가 고파요.	라면을 먹으면 좋겠어요.
고향에 가면 좋겠다.	너무 추워요.	난방을 세게 틀면 좋겠다.
시험에 합격하면 좋겠다.	내일이 시험이에요.	시험이 쉬우면 좋겠다.
잠을 자면 좋겠다.	졸려요.	커피를 마시면 좋겠다.
친구와 사이좋게 지내면 좋겠다.	친구와 싸웠어요.	친구가 전화를 하면 좋겠어요.

93. -므로, -으므로

학습목표	이유나 근거를 나타내는 표현 익히기

학습내용	시간 40분	교수 · 학습 활동
도입	3분	T: 교실에서 냄새가 나요, 무슨 냄새인가요? S: 아, 저희들이 피자를 시켜 먹었어요. T: 교실에서 지켜야 할 규칙이 있어요. S: 알고 있어요. 선생님! T: 교실은 공부를 하기 위한 공간이**므로** 식사는 식당에서 하세요.
의미제시	10분	앞 문장을 뒤 문장의 원인, 이유 근거로 제시 할 때 사용하는 표현이다. T: 이곳은 금연 구역이**므로** 담배는 밖에서 피우기 바랍니다. T: 우리 아이는 아직 초등학생이**므로** 해외 유학은 무리입니다. T: 환절기에는 감기에 걸리기 쉬우**므로** 조심해야 합니다. T: 휴대전화는 습기에 약하**므로** 물에 빠뜨리지 않도록 조심하시기 바랍니다. T: 관람시간이 끝났**으므로** 모두 퇴장해 주시기 바랍니다. **더 알아봅시다** 1. 입말에서보다 글말에서 많이 쓰인다. 2. 공적인 대화에서 많이 쓰이며 사적인 대화에서는 '-니까'가 자연스럽다. 　공적인 대화: 길이 미끄러우므로 조심하십시오. 　사적인 대화: 길이 미끄러우니까 조심해요. 3. '-았/었-', '-겠-', '-시-'와도 결합한다. 　예) 먹었다 - 먹었**으므로** 　　　오겠다 - 오겠**으므로** 　　　주무시다 - 주무시**므로** 3. 어간이 ㄹ로 끝나는 동사, 형용사의 경우 받침이 없는 경우처럼 '-므로'와 결합하는데 이때 'ㄹ탈락'은 일어나지 않는다. 　예) 만들**므로**(×), 거들**므로**(×) 　　　멀**므로**(×), 거칠**므로**(×)

동사. 없다/있다.	받침 ○	–으므로
	받침 ×, 받침ㄹ	–므로
형용사, 이다/아니다	받침 ○	–으므로
	받침 ×, 받침ㄹ	–므로

| 형태제시 | 10분 | 사용하다 → 사용하**므로**, 오다 → 오**므로**, 해롭다 → 해로우**므로**(ㅂ불규칙), 좋다 → 좋**으므로**, 나쁘다 → 나쁘**므로**, 학생이다 → 학생**이므로**

1. 저희 회사의 냉동 만두는 천연 재료만을 사용하**므로** 건강에 아주 좋습니다.
2. 비가 오**므로** 오늘을 외출하지 않겠습니다.
3. 덥다고 차가운 것을 많이 먹으면 몸에 해로우**므로** 주의하세요.
4. 꾸준한 운동은 다이어트에 매우 좋**으므로** 중단하지 마십시오.
5. 이 제품은 고객 평판이 나쁘**므로** 더 이상 판매하지 않을 예정입니다.
6. 저는 학생**이므로** 학기 중에 여행을 할 수는 없습니다. |
| 유의적
연습과 활용 | 17분 | 1. 교사와 대화 연습을 해 봅시다.
*입말보다 글말에 많이 사용되는 표현**이므로** 교사가 예시를 주고 문장을 바꾸어 보는 연습을 하겠습니다.
　1) T: 지금 10 시 정각이다./수업을 시작하다.
　　S: 지금 10 시 정각**이므로** 수업을 시작하겠습니다.
　2) T: 이것은 극비사항이다./절대 외부에 알려서는 안 되다.
　　S: 이것은 극비사항**이므로** 절대 외부에 알려서는 안 됩니다.
　3) T: 겨울에는 눈이 많이 오다./길이 미끄럽다.
　　S: 겨울에는 눈이 많이 오**므로** 길이 미끄럽습니다.
　4) T: 시험공부를 열심히 했다./꼭 합격 할 것이다.
　　S: 시험공부를 열심히 했**으므로** 꼭 합격 할 겁니다.
　5) T: 이번 평가는 조별과제이다./한 사람도 빠짐없이 참여하기 바란다.
　　S: 이번 평가는 조별과제**이므로** 한 사람도 빠짐없이 참여하기 바랍니다.

2. 친구와 대화 연습을 해 봅시다.

스티브 씨는 열심히 공부했다(공부했**으므로**) 이 상장을 드립니다.
2. 지금 눈이 많이 내리고 있다(내리고 있**으므로**) 지하철을 타고 가겠습니다.
3. 지금 어머님이 주무시고 계시다(계시**므로**) 내일 다시 오시기 바랍니다.
4. 이번 시험은 너무 어려웠다(어려웠**으므로**) 성적이 잘 안 나왔다고 해서 실망하지 마시기 바랍니다.
5. 여름에는 전염병이 유행하기 쉽다(쉬우**므로**) 물은 꼭 끓여 드시기 바랍니다.
6. 도서관 책은 많은 사람이 함께 보는 것이다(것**이므로**) 깨끗하게 사용해야합니다. |

94. -뿐만 아니라

학습목표	앞 말 이외에도 다른 것이 있음을 나타내는 표현 익히기

학습내용	시간 40분	교수·학습 활동
도입	3분	T: 티엔 씨, 이번 축제에서 노래를 해요? S: 네, 노래를 하고 춤을 춰요. T: 티엔 씨는 노래도 하고 춤도 추는군요. S: 잘 추지는 못하지만 춤을 추는 것을 좋아해요. T: 티엔 씨는 노래**뿐만 아니라** 춤도 잘 추는군요.
의미제시	7분	여기에서는 '-뿐만 아니라'의 의미로, 앞의 내용 이외에도 다른 것이 더 있음을 나타내는 의미로 사용한다. **더 알아봅시다** 1. '-뿐이다'와 '-뿐만 아니라'의 문형 비교 | -뿐이다 | -뿐만 아니라 | |---|---| | 오직 앞말만을 강조할 때 사용한다. | 앞 말 말고도 다른 말이 더 있을 때 사용한다. | | 예) 제가 할 줄 아는 요리는 라면**뿐**이에요. | 예) 나는 라면**뿐만 아니라** 떡볶이도 잘 만든다. | 2. '만, 밖에, 뿐'은 '이다, 아니다'와만 어울린다. 이 때 '-밖에'는 부정문에만 쓸 수 있고, '-만'은 긍정문과 부정문에 모두 사용할 수 있다. 　　예) 제가 마시는 것은 물**뿐**이에요. 　　　　저는 물 **뿐만 아니라** 커피도 잘 마셔요.
형태제시	10분	| 명사 | 받침 ○, × | -뿐만 아니라 | |---|---|---| 　교사가 결합정보와 예문을 제시한 뒤, 먼저 교사가 예문을 읽는다. 그 후 학생들이 예문을 따라 읽을 수 있도록 한다. 밥 → 밥**뿐만 아니라**, 학생 → 학생**뿐만 아니라**, 연필 → 연필**뿐만 아니라**, 가족 → 가족**뿐만 아니라**, 달리기 → 달리기**뿐만 아니라**, 바지 → 바지**뿐만 아니라**

		1. 툭소 씨는 밥**뿐만 아니라** 빵도 잘 먹는다.
		2. 학생**뿐만 아니라** 선생님도 계속 공부를 해야 한다.
		3. 연필**뿐만 아니라** 지우개도 가지고 가야 한다.
		4. 스티브의 결혼식에는 가족**뿐만 아니라** 친구들도 많이 왔다.
		5. 운동회에서는 달리기**뿐만 아니라** 줄다리기도 합니다.
		6. 옷가게에서 바지**뿐만 아니라** 치마도 같이 살 거예요.
유의적 연습과 활용	20분	1. 교사와 대화 연습을 해 봅시다. 　1) T: 우유를 좋아해요? 　　S: 우유**뿐만 아니라** 커피도 좋아해요. 　2) T: 어제는 비가 많이 왔어요. 　　S: 비**뿐만 아니라** 눈도 조금 내렸어요. 　3) T: 리에 씨는 한국말을 참 잘해요. 　　S: 리에 씨는 한국어 말하기**뿐만 아니라** 쓰기도 참 잘해요. 2. 친구와 대화 연습을 해 봅시다. – 새 학기가 시작되었습니다. '–**뿐만 아니라**'를 가지고 말하기를 해 봅시다.

앞 문장	뒤 문장	문장
친한 친구	새로운 친구도 만나다.	친한 친구**뿐만 아니라** 새로운 친구도 만나요.
공부	운동도 열심히 하다.	공부**뿐만 아니라** 운동도 열심히 해요.
과일	야채도 잘 먹다.	과일**뿐만 아니라** 야채도 잘 먹어요.
청소	빨래도 해야 하다.	청소**뿐만 아니라** 빨래도 해야 돼요.
축구	농구도 좋아하다.	축구**뿐만 아니라** 농구도 좋아해요.

95. 사동1(-이-, -히-, -리-, -기-, 우-, 구-, 추-)

학습목표	사동 표현 익히기

학습내용	시간 40분	교수 · 학습 활동
도입	3분	T: 감기에 걸린 사람 있어요? 저는 아기가 감기에 걸렸어요. S: 저도 감기에 걸렸어요. 많이 아팠어요. / 선생님 아기 이제 좀 어때요? T: 지금은 괜찮지만 어제는 열이 많이 났어요. 미지근한 수건으로 열을 식혀요. 식사 시간에 깨**워요**. 그리고 죽과 약을 먹**였**어요. 유자차도 끓**여서** 주었어요. 그리고 침대에 눕혀서 푹 재**웠**어요. 그랬더니 오늘은 많이 좋아졌어요.
의미제시	7분	다른 사람에게 동작을 시키거나, 상태의 변화를 일으켰을 때 쓰는 표현이다. **더 알아봅시다** 1. 접사에 의해 사동이나 피동은 제한적으로 쓰이기 때문에, 많이 쓰이는 동사는 표로 정리하여 암기하게 하는 것이 불가피한 경우가 있다. 교실에 표를 붙여 놓아도 되는 환경이면 벽에 표를 붙여놓고 학습자들이 자주 볼 수 있게 하게 하는 것도 한 방법이 될 것이다. 2. 접사에 의한 사동은 자주 '-어 주다/-어 드리다'와 함께 쓰인다. 예) 몇 시에 깨**워** 드릴까요? 7시에 깨**워** 주세요.
형태제시	20분	(표 아래에 있음)

접사	사동사	접사	사동사
-이-	끓다 – 끓이다	-히-	눕다 – 눕히다
	녹다 – 녹이다		밝다 – 밝히다
	먹다 – 먹이다		입다 – 입히다
	붙다 – 붙이다		읽다 – 읽히다
	식다 – 식히다		접다 – 접히다
	줄다 – 줄이다		좁다 – 좁히다
	죽다 – 죽이다		
-리-	날다 – 날리다	-기-	감다 – 감기다
	놀다 – 놀리다		굶다 – 굶기다
	늘다 – 늘리다		넘다 – 넘기다

		돌다 – 돌리다		남다 – 남기다
		마르다 – 말리다		맡다 – 맡기다
		살다 – 살리다		벗다 – 벗기다
	-리-	올다 – 올리다	-기-	숨다 – 숨기다
				신다 – 신기다
		알다 – 알리다		씻다 – 씻기다
				숨다 – 숨기다
		흐르다 – 흘리다		웃다 – 웃기다
		깨다 – 깨우다		낮다 – 낮추다
		뜨다 – 띄우다		
		비다 – 비우다		늦다 – 늦추다
	-우-	서다 – 세우다	-추-	
		치다 – 치우다		맞다 – 맞추다
		차다 – 채우다		
		타다 – 태우다		갖다 – 갖추다

유의적 연습과 활용	10분	1. 녹차를 _____ (끓다). 2. 아기의 손을 _____ (씻다). 3. 형이 동생을 _____ (울다). 4. 시계를 6시에 _____ (맞다). 5. 아기를 차에 _____ (태우다).

96. 사동2(-도록 하다)

학습목표	사동을 나타내는 표현 익히기

학습내용	시간 40분	교수 · 학습 활동
·도입	3분	T: 티엔 씨, 날씨가 추워요? S: 네. 날씨가 많이 추워요. T: 추운 날에는 감기에 걸리는 사람이 많아요. 감기에 안 걸리려면 어떻게 해야 돼요? S: 옷을 많이 입어요./따뜻한 차를 마셔요./마스크를 해요. T: 맞아요. 감기에 걸리지 않으려면 옷을 많이 **입도록 하**세요. 따뜻한 차를 **마시도록 하**세요. 또 꼭 마스크를 **하도록 하**세요.

의미제시	7분	T: 다른 사람에게 어떤 행동을 하게 하거나 하지 못하게 하는 의미로 쓰인다.
		
		더 알아봅시다
		
		1. 문형 비교: '-도록'과 '-도록하'
		  연결 어미로 쓰이는 '-도록'은 앞 문장이 목적을 나타내는 표현인 데 반해 '-도록하'는 사동의 의미를 지닌다.
		  예) 찬바람이 들어오**도록** 창문을 열어 주세요./창문을 열**도록** 하세요
		
		2. 문형 비교: '-으세요', '-아/어 주세요'와 '-도록 하'
		  모두 다른 사람에게 행동을 시킬 때 쓸 수 있는 표현이다. '-으세요'에 비해 '-아/어 주세요'는 선생님등 위 사람에게도 쓸 수 있는 표현이지만 '-도록하'는 위 사람에게 쓸 수 없고 공식적인 문투에서 많이 볼 수 있다.
		  예) 책을 읽으세요./책을 읽어 주세요./책을 읽도록 하세요.
		
		3. 문형 비교: '-게 하'와 '-도록 하'
		  자신이 직접 행동을 한 것이 아니라 간접적으로 어떤 행동을 하도록 했을 때는 '-도록 하' 대신 '-게 하'로 바꾸어 쓸 수 있다.
		  예) 영희에게 손을 씻도록 했다./영희에게 손을 씻게 했다.

형태제시	10분	<table><tr><td>동사, 있다 없다</td><td>받침 ○, ×</td><td>-도록 하다</td></tr></table>먹다 → 먹**도록 하**다, 씻다 → 씻**도록 하**다, 모이다 → 모이**도록 하**다 않다 → 않**도록 하**다, 끝내다 → 끝내**도록 하**다.

		*교사가 칠판에 판서한 표현들을 바르게 읽고 학생들에게 한 번씩 따라 읽 도록 한다. *이전에 '-ㅂ니다' 종결형에 대한 수업이 있었다면 '끝내도록 하십시오.' 와 같은 예문을 통해 좀 더 공식적인 말투에 대한 교육도 가능하다. 1. 물은 꼭 끓여서 먹**도록 하**세요. 2. 집에 가면 손을 꼭 **씻도록 하**세요. 3. 학생들은 모두 운동장에 **모이도록 하**세요. 4. 시험 문제를 읽을 때 소리가 나지 **않도록 하**세요. 5. 점심시간은 1시까지입니다. 그 때까지 식사를 모두 **끝내도록 하**세요.
유의적 연습과 활용	20분	1. 교실에서 하면 안 되는 일은 뭐예요? -도록의 문형을 사용해서 교사와 함께 이야기해 봅시다. 　1) T: 수업 중에 음식을 먹으면 안돼요. 　　 S: 수업 중에는 점심을 먹지 **않도록 하**세요./점심시간에 먹도록 하세요. 　2) T: 숙제를 꼭 해 와야 해요. 　　 S: 숙제를 꼭 해 오**도록 하**세요. 　3) T: 교실에서 떠들면 안돼요. 　　 S: 교실에서 떠들지 않**도록 하**세요./조용히 하**도록 하**세요. 　4) T: 복도에서 뛰면 안 돼요. 　　 S: 복도에서 뛰지 않**도록 하**세요./복도에서는 걸어 다니**도록 하**세요. 　5) T: 지각을 하면 안 돼요. 　　 S: 지각을 하지 않**도록 하**세요./일찍 오**도록 하**세요. 2. 친구와 대화 연습을 해 봅시다.

질문	의사의 충고
약은 몇 번 먹어야 해요?	하루에 3번 먹**도록 하**세요.
약을 먹고 운전을 해도 돼요?	운전을 하지 않**도록 하**세요.
차가운 음식을 먹어도 돼요?	차가운 음식을 먹지 않**도록 하**세요.
감기가 안 나으면 어떻게 할까요?	3일이 지나도 안 나으면 다시 오**도록 하**세요.
약이랑 같이 먹으면 안되는 음식이 있나요?	술은 먹지 않**도록 하**세요.

97. -아 가다, -어 가다, -여 가다

학습목표	상태가 유지하거나 지속됨을 나타내는 표현 익히기

학습내용	시간 40분	교수 · 학습 활동
도입	3분	T: 티엔 씨, 설날에 떡국을 먹었어요? S: 네, 김치랑 같이 먹었어요. T: 티엔 씨, 한국 사람이 다 되**어 가**네요. 명절 음식을 많이 했어요? S: 네, 전도 부치고 갈비도 했어요. T: 저도 음식을 많이 해서 오늘에야 다 먹**어가**요.

의미제시	7분	어떤 행동이나 상태의 변화가 계속되거나 진행됨을 나타내는 표현이다.
		
		T: 명절이나 생일이 되면 친정 부모님이 많이 보고 싶어지죠? 부모님을 보고 싶어하는 마음이 점점 더 커**져가요**.
		T: 여러분, 결혼한 지 얼마나 됐어요? 결혼한 부부들을 보면, 시간이 갈수록 서로 비슷해져요. 성격이나 좋아하는 음식도 닮**아 가요**. 아이들은 커 **가**면서 아빠, 엄마를 닮**아 가요**. 가족들이 많이 비슷**해져 가요**.
		
		더 알아봅시다
		1. '거의', '다'와 함께 쓰여 의미를 보충해 준다.
		  예) 저녁 준비가 다 **되어** 간다.
		2. '-아/어/야 가다'와 '-고 가다' 비교 문형
		  '-고 가다'는 어떤 동작이 완료되고 나서 그 결과를 지니고 가는 것을 나타낸다.
		  예) 식사 해 가세요.(×)
		     식사 하고 가세요.(○)
		3. '-아/어/야 가다'는 연결어미와 연결해서 문장 중간에 쓰일 수 있다.
		  예) 쉬**어 가**면서 일을 하세요.

형태제시	10분	<table><tr><td rowspan="3">동사</td><td>ㅏ, ㅗ</td><td>-아 가다</td></tr><tr><td>ㅏ, ㅗ를 제외한 나머지</td><td>-어 가다</td></tr><tr><td>하다</td><td>-여 가다('해'의 형태로 주로 쓰임)</td></tr></table> 끝나다 → 끝나 **가다**, 그리다 → 그려 **가다**, 되다 → 되어 **가다**, 쓰다 → 써 **가다**('으' 탈락의 예), 하다 → 해 **가다**

		*교사가 칠판에 판서한 표현들을 바르게 읽고 학생들에게 한 번씩 따라 읽도록 한다. 1. 조금만 기다리면 일이 다 끝**나** 가요. 2. 미술 대회에 나온 학생들이 조용히 그림을 그**려** 간다. 3. 국만 끓이면 식사 준비는 다 **되어** 가요. 4. 학생들이 답안지를 다 **써** 간다. 5 거실을 걸레로 닦기만 하면 청소는 다 **해** 간다.
유의적 연습과 활용	20분	1. 선생님과 함께 대화 연습을 해 봅시다. '-아/어/여 가다'를 이용해서 문장을 완성하세요. 　　1) T: 곧 일이 끝나나요? 　　　S: 네, 이제 ＿＿＿＿＿＿(다 끝나다) 　　2) T: 얼른 수업에 들어가야 해요. 　　　S: 조금만 기다리세요. ＿＿＿＿＿(커피를 다 마시다) 　　3) T: 너무 배가 고파요. 　　　S: 조금만 기다리세요. ＿＿＿＿＿(밥이 다 되다) 　　4) T: 스티브 씨, 지금 어디예요? 　　　S: 이제 학교에 거의 다 ＿＿＿＿＿(오다) 2. 친구와 함께 대화 연습을 해 봅시다. <table><tr><td>설날이 지나 한 살 더 먹었어요.</td><td>시간이 빨리 ＿＿＿＿＿＿ (지나다)</td></tr><tr><td>방학이 내일이면 끝나요.</td><td>아쉬운 방학이 ＿＿＿＿＿ (끝나다)</td></tr><tr><td>기다리는 게 너무 힘들어요.</td><td>조금만 참아주세요. 일이 다 ＿＿＿ (끝나다)</td></tr><tr><td>어린 아이는 매일 매일이 변해요.</td><td>몸도 마음도 ＿＿＿＿＿ (커 가다)</td></tr><tr><td>일이 너무 많아 쓰러질 것 같아요.</td><td>그렇게 바쁘게 살지 말고 ＿＿＿＿ (쉬다)</td></tr><tr><td>고기를 빨리 먹고 싶어요.</td><td>조금만 참아보세요. 고기가 거의 다 ＿＿(익다)</td></tr></table>

98. -아 가지고, -어 가지고, -여 가지고

학습목표	순차를 나타내는 표현 익히기

학습내용	시간 40분	교수 · 학습 활동
도입	3분	T: 수업이 끝난 후 숙제를 제출해 주세요. S: 선생님, 저는 숙제를 안 가져왔어요. T: 티엔 씨는 지난 번 숙제도 안 냈어요. S: 지난 번 숙제는 아파서 못 했어요. T: 그렇군요. 그럼, 지난 번 숙제를 꼭 **해 가지고** 내일 내세요.
의미제시	7분	앞 행위가 끝나고 그 끝난 행위가 유지되면서 다음 동작이 이어질 때 사용한다. 주로 입말에 사용한다. T: 어제 운동을 많이 했어요. 다리가 아파요. 운동을 많이 **해 가지고** 다리가 아프네요. T: 제 생일에 동생이 선물을 사 왔어요. 축하한다고 했어요. 선물을 **사 가지고** 축하한다고 했어요. T: 이사를 가야 해요. 이 상자에 짐을 담**아 가지고** 이사를 갈 겁니다. **더 알아봅시다** 1. 순차를 나타내는 의미로 사용할 때는 동작 동사 뒤에 온다. 　예) 물건을 사 가지고 소포로 보냈습니다. 　　음식을 너무 많이 해 가지고 이렇게 남았구나. 2. 앞 문장이 행동이 뒤 문장에 방법, 수단, 원인, 이유로서 영향을 미칠 때는 상태 동사 뒤에 온다. 　예) 한국 날씨가 추워 가지고 감기가 걸렸어요. 　　전등이 어두워 가지고 책을 볼 수 없어요. 3. '-아/어/여서'와 대치해서 쓸 수 있다. 　예) 도서관에서 책을 빌려 가지고 읽고 있다. 　　도서관에서 책을 빌려서 읽고 있다.
형태제시	10분		동사, 있다/없다	받침 ○, ×	-아/어/여 가지고 | 사다 → **사 가지고**, 만들다 → 만들**어 가지고**, 데우다 → 데**워 가지고**

하다 → **해 가지고**, 벌다 → **벌어 가지고**

*교사가 칠판에 판서한 표현들을 바르게 읽고 학생들에게 한 번씩 따라 읽 도록 한다.

1. 마트에서 음료수를 **사 가지고** 운동장으로 갔어요.
2. 남자 친구에게 줄 목도리를 만들**어 가지고** 예쁘게 포장했어요.
3. 식은 밥을 전자레인지에 데**워 가지고** 점심을 먹었어요.
4. 직접 잡은 물고기로 음식을 **해 가지고** 나눠 먹었어요.
5. 한국에서 돈을 벌**어 가지고** 고향에서 집을 샀어요.

유의적 연습과 활용	20분	1. 교사와 대화 연습을 해 봅시다.

1. 교사와 대화 연습을 해 봅시다.
   1) T: 율리아 씨, 이 과일이 참 맛있게 생겼네요. 같이 먹읍시다.
      S: 과일을 씻**어 가지고** 올게요.
   2) T: 여름 방학에는 제주도로 놀러 가요. 가서 무엇을 할까요?
      S: 제주도에 **가 가지고** 말을 타요.
   3) T: 날씨가 참 더워요. 아이스크림 먹을래요?
      S: 리에 씨, 제가 **사 가지고** 올게요. 여기서 기다리세요.
   4) T: 각자 음식을 만들어서 스티브 씨의 집으로 오세요.
      S: 티엔 씨는 떡볶이를 **해 가지고** 오세요. 티엔 씨의 떡볶이는 정말 맛있어요.

2. 친구와 대화 연습을 해 봅시다.

다음에 무엇을 해요?	나	친구
책을 빌렸어요.	책을 빌려 **가지고** 공부를 했어요.	책을 빌려 **가지고** 친구에게 주었어요.
불고기를 만들었어요.	불고기를 만들어 **가지고** 친구들을 초대했어요.	불고기를 만들어 **가지고** 생일 파티를 했어요.
음식을 데워요.	음식을 데워 **가지고** 옆방으로 갔어요.	음식을 데워 **가지고** 먹기 시작했어요.
돌잔치에 갔어요.	돌잔치에 가 **가지고** 맛있는 음식을 먹었어요.	돌잔치에 가 **가지고** 친구들을 만났어요.
음료수를 샀어요.	음료수를 사 **가지고** 친구와 나눠 먹었어요.	음료수를 사 **가지고** 선생님께 드렸어요.

99. -아 놓다, -어 놓다, -여 놓다 (-아 놓아서, -어 놓아서, -여 놓아서)

학습목표	상태를 유지하거나 지속되는 것을 나타내는 표현 익히기

학습내용	시간 40분	교수 · 학습 활동
도입	3분	T: 티엔 씨, 더우면 에어컨을 켜세요. S: 저는 에어컨 바람을 싫어해요. T: 티엔 씨도 그렇군요. 저도 에어컨 바람보다는 부채 바람을 좋아해요. S: 에어컨을 쐬면 머리가 아파요. T: 에어컨을 틀**어 놓고** 오래 있으면 그래요.
의미제시	7분	어떤 행위가 끝나고 그 상태가 유지됨을 나타낼 때 사용한다. 　앞 문장의 행위가 유지됨을 강조할 때 사용하며 뒤 행위의 원인이나 이유에 해당하는 경우가 많다. T: 여름에 덥다고 창문을 열고 자요. 그러면 도둑이 들어올 수 있어요. 창문을 열**어 놓고** 자면 도둑이 들어 올 수 있어요. T: 친구들이 집으로 온다고 전화를 했어요. 집이 지저분해서 청소를 빨리 했어요. 청소를 **해 놓고** 친구를 기다렸어요. **더 알아봅시다** 　교사가 실제 수업에서 설명할 때에는 사용하는 교재에 따라 종결인 형태와 연결인 형태를 구별하여 수업하여 학습자의 이해를 돕는다. {표}

더 알아봅시다 표

– 아/어/여 놓다	–아/어/여 두다
상태가 유지되거나 지속됨을 나타낼 때 사용한다. 약간의 의미 차이가 있다.	
1. 동사 뒤에 쓰여 앞 문장의 상태가 유지됨을 나타낼 때 사용하며 형용사나, '-이다' 뒤에 쓰여 상태가 지속됨을 강조한다. 2. '놓아서'는 '놔, 놔서'로 줄여 쓸 수 있다. 　예) 식탁에 물을 따라 놓았어요. 　　　율리아 씨는 워낙 약해 놓아서 감기에 잘 걸려요.	1. 앞 문장이 끝나고 그 상태가 유지됨을 나타낼 때 쓰이며 주로 그 행동이 다른 일에 대비하기 위할 때 사용한다. 　예) 불을 켜 두고 잠이 들었다. 　　　도시락을 미리 준비해 두면 편하게 점심을 먹을 수 있어요.

동사, 있다/없다	받침 ○, ×	-아/어/여 놓다
형용사	받침 ○, ×	-아/어/여 놓다

형태제시	10분	차리다 → 차려 놓아서, 정리하다 → 정리해 놓아서, 비싸다 → 비싸 놓아서, 급하다 → 급해 놓아서, 되다 → 돼 놓아서 1. 주방에 아침을 차려 놓았으니 꼭 먹고 나가라. 2. 부모님이 오시기 전에 방을 정리해 놓아서 당황하지 않았다. 3. 이 가방은 비싸 놓아서 제 월급으로 살 수 없어요. 4. 리에 씨의 성격이 급해 놓아서 실수를 자주 해요. 5. 식구가 열 명이나 돼 놓아서 살기가 힘들어요.
유의적 연습과 활용	20분	1. 선생님과 함께 대화 연습을 해 봅시다. 　1) T: 스티브 씨는 어떻게 비싼 컴퓨터를 샀어요? 　　S: 그동안 월급을 모아 놓았었어요. 　2) T: 율리아 씨는 살림을 잘 하는 것 같아요. 음식 재료는 언제 사는 것 　　　이 좋아요? 　　S: 늦은 시간에는 값이 싸서 미리 먹을 것을 사 놓는 것이 좋아요. 　3) T: 극장에 사람이 많았을 텐데 어떻게 영화를 봤어요? 　　S: 어제 영화표를 예매해 놓았어요. 　4) T: 금방 들어왔는데 방이 따뜻하네요. 　　S: 선생님이 오신다기에 난방을 틀어 놓았어요. 2. 친구와 함께 대화 연습을 해 봅시다.

상황	나	친구
아침에 밥 먹을 시간이 없어요.	샌드위치를 만들어 놓았어요.	편의점에서 삼각 김밥을 사 놓았어요.
방에서 냄새가 나요.	창문을 열어 놓았어요.	방향제를 틀어 놓았어요.
여자 친구 생일이에요.	선물을 사 놓았어요.	영화표를 예매해 놓았어요.
친구를 초대해요.	음식을 시켜 놓았어요.	방 청소를 해 놓았어요.
고향에 가요.	비행기 표를 사 놓았어요.	부모님 선물을 사 놓았어요.

100. -아 대다, -어 대다, -여 대다

학습목표	반복되는 행위를 나타내는 표현 익히기

학습내용	시간 43분	교수 · 학습 활동
도입	3분	T: 여러분, 안녕하세요? S: 선생님, 목소리가 이상해요. T: 네, 어제 노래방에 가서 많이 노래를 불렀어요. 그래서 목이 쉬었어요. S: 선생님은 노래를 잘 부르세요? T: 아니요. 노래는 잘 부르지 못해요. 그냥 소리를 질**러 대요.**

의미제시	10분	어떤 행동을 계속 반복함을 나타내는 표현으로 지나치다는 부정적인 의미를 담고 있다.
		
		T: 남자는 몹시 배가 고프다며 한없이 먹**어 댔다.**
		T: 응급실에서는 아이가 아프다고 소리를 질**러 댔다.**
		T: 아이는 장난감을 보더니 사달라고 계속 졸**라 댔다.**
		T: 개가 낯선 사람을 보고 계속 짖**어 댔다.**
		T: 영화 속에서 사람들끼리 쉬지 않고 총 싸움을 해 **댔다.**
		
		더 알아봅시다
		1. '–대는 바람에', '–대는 통에', '어찌나 –대는지' 등의 표현으로 피해의식을 나타낸다.
		 예) 옆에서 계속 담배를 피워**대는** 바람에 나까지 목이 아파요.
		  당신이 떠드는 통에 안내 방송을 못 들었어요.
		  어찌나 졸라**대는지** 안 사 줄 수가 없었어요.
		2. '–하다'로 끝나는 동사는 '**–여대다**'로 활용되며 '**–하여 대다**'는 '**–해 대다**'로 줄여 쓴다.

형태제시	10분	<table><tr><td rowspan="3">동사</td><td>ㅏ, ㅗ</td><td>–아 대다</td></tr><tr><td>ㅏ, ㅗ 를 제외한 나머지 모음</td><td>–어 대다</td></tr><tr><td>–하다</td><td>–여 대다('해'의 형태로 주로 쓰임)</td></tr></table> 떠들다 → 떠들**어 대다**, 웃다 → 웃**어 대다**, 불다 → 불**어 대다**, 싸우다 → 싸워 **대다**, 하다 → 해 **대다**, 사다 → **사 대다**

		1. 아이들이 극장에서 계속 떠들**어 댔**어요.
		2. 내 친구는 내가 무슨 말만 하면 언제나 웃**어 대**요.
		3. 옆집에서는 매일 트럼펫을 불**어 대**요.
		4. 무슨 일인지 모르지만 아까부터 아래층에서 계속 싸**워 대**요.
		5. 나이가 어린 사람이 자꾸 반말을 해 **대**요.
		6. 그 남자는 돈도 없으면서 홈쇼핑으로 물건을 **사 대**요.
유의적 연습과 활용	20분	1. 교사와 대화 연습을 해 봅시다. 　1) T: 툭소 씨, 피곤해 보여요. 무슨 일 있어요? 　　 S: 옆 집 아기가 밤새도록 울**어 댔**어요. 그래서 한숨도 못 잤어요. 　2) T: 리에 씨, 또 시장 보러 가요? 　　 S: 네, 아이들이 너무 많이 먹**어 대**요. 그래서 집에 남아나는 게 없 　　　어요. 　3) T: 율리아 씨, 은행에서 대출을 받는다고요? 왜요? 　　 S: 지난달에 쇼핑을 많이 **해 댔**어요. 그랬더니 돈이 다 떨어졌어요. 　4) T: 툭소 씨, 이번 여름휴가 때 파리 여행 가신다면서요? 　　 S: 네, 거기 사는 친구들이 하도 불**러 대**서요. 한 번 다녀와야겠어요. 　5) T: 스티브 씨는 개를 싫어하나요? 　　 S: 네, 개들이 저만 보면 짖**어 대**요. 그래서 개만 보면 무서워요. 　6) T: 피아노 소리가 굉장히 크게 들리네요. 어디서 나는 소리예요? 　　 S: 옆집에서 하루 종일 피아노를 쳐 **대**요. 2. 친구와 대화 연습을 해 봅시다. 	상황	나, 친구 | 　|---|---| 　| 목이 많이 아파요. | 응원하느라 소리를 (지르다) | 　| 집에 과자가 참 많아요. | 아내가 요리 학원에 다녀요. 과자를 (만들다) | 　| 시험 성적이 좋지 않아요. | 과목마다 실수를 (하다) | 　| 아이가 엄마에게 혼나요. | 아이가 거짓말을 (하다). | 　| 날씨가 더워요. | 아이스크림을 (먹다) |

101. -아 두다, -어 두다, -여 두다

학습목표	동작이나 상태를 유지하는 표현 익히기

학습내용	시간 40분	교수 · 학습 활동
도입	3분	T: 여러분, 쓰기 숙제는 다 해 왔어요? S: 네. T: 숙제는 선생님 책상 위에 놓아 두세요. 그리고 내일은 단어 시험이 있습니다. 새로 나온 단어를 모두 외워 두세요.
의미제시	10분	어떤 행위의 결과를 그대로 유지하거나 다른 일에 대비해 어떤 행위를 함을 나타내는 표현이다. 1. 개인 물품은 사물함에 넣어 두세요. 2. 이 단어는 많이 쓰는 말이니까 꼭 기억해 두세요. 3. 방학 때 읽으려고 소설책을 많이 빌려 두었어요. 4. 친구들이 놀러오면 같이 먹으려고 과일을 많이 사 두었어요. 5. 운동화를 깨끗하게 빨아 두었어요. **더 알아봅시다** '-하여 두다'는 줄어든 형태 '-해 두다'로도 쓰인다. 보관하다 → 보관해 두다. 준비하다 → 준비해 두다
형태제시	10분	<table><tr><td rowspan="3">동사</td><td>모음 ㅏ, ㅗ</td><td>-아 두다</td></tr><tr><td>ㅏ, ㅗ 이외의 모음</td><td>-어 두다</td></tr><tr><td>-하다</td><td>-여 두다('해'의 형태로 주로 쓰임)</td></tr></table> 보다 → 보아 두다(봐 두다 로 축약), 닫다 → 닫아 두다, 세우다 → 세워 두다, 열다 → 열어 두다, 청소(를)하다 → 청소(를) 해 두다, 기억(을)하다 → 기억(을) 해 두다 1. 돌아갈 때를 생각해서 길을 잘 봐 두었다. 2. 미세먼지가 많으니 외출 할 때는 창문을 잘 닫아 두세요.

		3. 차는 어디다 세**워 두었어요**?
		4. 도착 시간에 맞추어서 차고 문을 열**어 두겠습니다**.
		5. 방학 때 집에 돌아오는 아들을 위해 방 청소를 **해 두었다**.
		6. 남자는 그 여자의 이름을 기억**해 두었다**.

| 유의적
연습과 활용 | 17분 | 1. 교사와 대화 연습을 해 봅시다.
　1) T: 리에 씨, 지진이 나면 음식은 어떻게 해요?
　　S: 지진을 대비해서 비상식량을 **사 두어요**.
　2) T: 오늘 야근을 해야 하는 데 괜찮아요?
　　S: 괜찮아요. 미리 많이 **자 두었어요**.
　3) T: 늦으면 시험을 못 보는데 어떡하죠?
　　S: 걱정 마세요. 내일은 늦으면 절대 안 된다고 말**해 두었어요**.
　4) T: 오늘 김 선생님이 새로 오시는 날이지요.
　　S: 네, 그래서 환영 인사로 책상 위에 꽃을 꽂**아 두었어요**.
　5) T: 오늘 늦게까지 야근 할 건데, 배고프지 않겠어요?
　　S: 아니요, 미리 저녁밥을 많이 먹**어 두었어요**.
　6) T: 이번에 아프리카로 여행 가신다면서요? 돈이 많이 들지 않나요?
　　S: 이번 여행을 위해 3년 전부터 돈을 모**아 두었어요**.

2. 친구와 대화 연습을 해 봅시다. |

이번 주말에 놀러 갈 수 있어요?	그럼요. 숙제는 미리 하다.(**해 두었어요**.)
이 빵 먹어도 돼요?	그럼, 학교 갔다 오면 먹으라고 남기다. (**남겨 두었어**.)
집안이 아주 깔끔하네요.	손님이 오시기 전에 청소를 하다.(**해 두** **었어요**.)
아기는 어떻게 하고 오셨어요.	네, 어머님께 맡기다.(**맡겨 두었어요**.)
카레는 만들어서 하루 지난 것이 맛있다면서요?	네, 그래서 하루 전에 만들다.(**만들어 두** **었어요**.)
주차하기 어렵지 않았어요?	아니요, 주차장에 마침 빈자리가 있어서 잘 세**워 두었어요**.
이 약속은 절대 잊으면 안 돼요.	네, 수첩에 잘 적다.(**적어 둘게요**.)

102. -아 드리다, -어 드리다, -여 드리다

학습목표	윗사람을 위한 행위를 나타내는 표현 익히기

학습내용	시간 40분	교수 · 학습 활동
도입	3분	T: 티엔 씨, 이번 시간에는 한국어 듣기를 할 거예요. S: 네, 듣기가 제일 어려워요. T: 대화 내용은 두 번씩 들려 **드릴게요**. 잘 들어보세요. S: 네.
의미제시	7분	윗사람을 위해 어떤 행위를 함을 나타내는 표현이다. T: 벌써 점심시간이 다 되었군요. 여러분들에게 도시락을 나누**어 드리겠습니다**. T: 툭소 씨, 어머니께서 많이 편찮으신가 봐요. 빨리 병원에 모**셔다 드리**는 것이 좋겠어요. T: 리에 씨, 새로 산 가방이 예쁘네요. 보여 줄 수 있어요? 네, 보**여 드릴게요**. T: 학교 앞에 눈이 많이 왔어요. 네, 눈 치우는 것을 도**와 드려야겠어요**. 　더 알아봅시다 1. '-아/어 주다'의 높임 표현이다. 　예) 무거운 짐을 들어 줄게요. 　　　무거운 짐을 들어 드릴게요. 2. '-아 드리다, -어 드리다, -여 드리다'의 '드리다'가 높임 표현이므로, 일부 단어를 높임말로 바꿔서 사용하는 경우가 있다. 주어 부분에 높임 대상이 오면 동사도 높임말로 바뀐다. {표}

윗사람에게 어떤 행위를 하는 경우	아랫사람에게 어떤 행위를 하는 경우
부모님을 집까지 데려다 주다.(×)	동생을 집까지 데려다 주다.(○)
부모님을 집까지 모셔다 주다.(×)	동생을 집까지 모셔다 주다.(×)
부모님을 집까지 데려다 드리다.(×)	동생을 집까지 데려다 드리다.(×)
부모님을 집까지 모셔다 드리다.(○)	동생을 집까지 모셔다 드리다.(×)
위 문장 모두 문법상으로는 문제가 없지만, 주어의 대상이 누구인가에 따라서 자연스러운 문장이 되기도 하고 어색한 문장이 되기도 한다.	

	ㅏ, ㅗ	–아 드리다
동사	ㅏ, ㅗ를 제외한 나머지 모음	–어 드리다
	하다	–여 드리다('해'의 형태로 주로 쓰임)

닦다 → 닦**아 드리다**, 알리다 → 알**려 드리다**, 만들다 → 만들**어 드리다**, 돕다 → 도**와 드리다**, 치우다 → 치**워 드리다**, 하다 → 해 드리다

1. 선생님의 책상을 깨끗이 닦**아 드렸어요.**
2. 새 학기 시간표를 알**려 드리겠어요.**
3. 할머니께 맛있는 음식을 만들**어 드릴 거예요.**
4 어려운 이웃들을 도**와 드릴 거예요.**
5. 더러워진 방을 치**워 드릴게요.**
6. 어려운 문제를 설명**해 드릴게요.**

유의적 연습과 활용 — 20분

1. 교사와 대화 연습을 해 봅시다.
 1) T: 툭소 씨, 이번 추석에 뭘 할 거예요?
  S: 송편 만들기를 도**와 드릴 거예요.**
 2) T: 리에 씨, 교실의 전등이 안 켜지네요.
  S: 제가 전구를 갈**아 드릴게요.**
 3) T: 티엔 씨, 말을 많이 했더니 목이 마르네요.
  S: 시원한 물을 갖**다 드릴게요.**
 4) T: 스티브 씨, 책상을 닦는 것이 좋겠어요. 너무 지저분해요.
  S: 네, 책상을 닦**아 드릴게요.**

2. 친구와 대화 연습을 해 봅시다.
– 5월 8일은 어버이날입니다. 어버이날에 부모님께 어떻게 효도를 하고 싶은지 '–아 드리다, –어 드리다, –여 드리다'를 사용하여 문장을 만들어 봅시다.
(이 때, 몇 가지 보기를 제시하고 문장을 만들어 보는 연습을 하고, 익숙해지면 다른 표현을 가지고도 문장을 자유롭게 만들어 볼 수 있도록 한다.)

> 〈보기〉 여행을 보내다, 맛있는 음식을 만들다, 집안일을 돕다, 안마를 하다
> 어버이날에는…
> 1) 여행을 보내 **드릴 거예요.**
> 2) 맛있는 음식을 만들어 **드릴 거예요.**
> 3) _____
> 4) _____

형태제시 — 10분

103. - 아 버리다, -어 버리다, -여 버리다

학습목표	행동이 끝난 후 화자의 감정을 나타내는 표현 익히기

학습내용	시간 40분	교수 · 학습 활동
도입	3분	T: 티엔 씨, 오늘 학교에 왜 늦었어요? S: 버스를 놓쳤어요. 그래서 지각했어요. T: 버스를 놓**쳐버렸군요**. 내일부터는 버스 시간을 알아두세요.
의미제시	7분	어떤 행위를 한 후, 그 결과 아무것도 남아있지 않음을 나타낸다. T: 오늘로써 모든 한국어 수업이 끝**나 버렸네요**. 수업은 끝났지만, 다음 학기에도 다시 만나요.(아쉬운 목소리로) T: 학교 축제가 모두 끝**나 버렸네요**. 모두들 즐거웠어요? (아쉬운 마음) T: 툭소 씨가 고향에 가 **버렸네요**. 그래서 오늘 한 자리가 비었군요.(아쉬운 마음) T: 밀린 숙제를 다 해 **버렸군요**. 다음부터는 숙제를 밀리지 마세요.(가벼운 마음) T: 필요 없는 책들을 다 치워 **버렸군요**.(가벼운 마음) **더 알아봅시다** 1. '−아 버리다'의 의미 비교 <table><tr><td>주어의 의지에 의한 동작</td><td>주어의 의지에 관계없는 동작</td></tr><tr><td>화자의 마음이 가볍거나 편해진다.</td><td>화자의 아쉬운 마음, 후회를 나타낸다.</td></tr><tr><td>예) · 밀린 숙제를 다 끝내 **버렸어요**. · 필요 없는 옷들을 정리**해 버렸어요**. · 집 앞의 쌓인 눈을 다 치워 **버렸어요**.</td><td>예) · 자전거가 고장 **나 버려서** 자전거를 탈 수 없었다. · 비행기 표를 잘못 예매**해 버려서** 다시 환불해야 한다. · 배탈이 **나 버려서** 학교에 갈 수가 없었어요.</td></tr><tr><td colspan="2">※ 문법보다는 상황 설명을 해 주면서 이해할 수 있도록 한다.</td></tr></table>

		2. '–고 말다'는 '속이 시원하다, 아쉽다'의 의미가 있다. '친구들은 다 우리집에 오고 말았어요' 등의 오류를 일으킬 수 있다. 그러나 '지하철을 놓쳐 버렸어요/놓치고 말았어요'처럼 구분이 어려운 예도 있으므로 의미 구분이 명확히 이루어져야 한다. 3. '–는 바람에'와 같이 사용할 수 있다. 예) 늦잠을 **자 버려서** 학교에 늦었다. 늦잠을 자 버리는 바람에 학교에 늦었다.

형태제시	10분		

동사	ㅏ, ㅗ	–아 버리다
	ㅏ, ㅗ를 제외한 나머지 모음	–어 버리다
	하다	–여 버리다('해'의 형태로 주로 쓰임)

*교사가 결합정보와 예문을 제시한 뒤, 먼저 교사가 예문을 읽는다. 그 후 학생들이 예문을 따라 읽을 수 있도록 한다.

놀다 → 놀**아 버리다**, 자다 → **자 버리다**, 쓰다 → **써 버리다**('으'탈락), 먹다 → 먹**어 버리다**, 정리하다 → 정리**해 버리다**

1. 시험 기간에 너무 많이 놀**아 버려서** 시험을 못 봤어요.
2. 집에서 깊이 **자 버려서** 전화를 못 받았어요.
3. 여행을 가서 모아둔 돈을 다 **써 버렸어요**.
4. 고양이가 사료를 다 먹**어 버렸어요**.
5. 옷을 정리하면서 신발도 함께 정리**해 버렸어요**.

유의적 연습과 활용	20분	1. 교사와 대화 연습을 해 봅시다. 　1) T: 주말에 영화를 봤어요? 　　S: 표가 다 팔**려 버려서** 영화를 못 봤어요. 　2) T: 리에 씨는 고향에 못 갔다면서요? 　　S: 이번 주에 말하기 대회와 겹**쳐 버려서** 고향에 갈 수 없었어요. 　3) T: 툭소 씨, 왜 이렇게 책이 없어요? 　　S: 사물함에 있던 책을 다 정리**해 버렸거든요**. 2. 친구와 대화 연습을 해 봅시다. – 후회를 한 적이 있어요? 그 이유를 말해 봅시다. 　1) 시험을 못 보다 　예) 공부를 안 하고 놀**아 버려서** 시험을 못 봤어요. (놀다)

심한 감기에 <u>걸**려 버려서**</u> 시험을 못 봤어요.(감기에 걸리다)

_____ 시험을 못 봤어요.(   )

2) 친구와 싸우다

예) <u>약속시간에 많이 늦**어 버려서**</u> 친구와 싸웠어요.(늦다)

<u>전화를 못 받고 **자 버려서**</u> 친구와 싸웠어요.(전화를 못 받고 자다)

_____ 친구와 싸웠어요.(   )

3) 여자 친구가 떠나다

예) <u>말다툼을 심하게 **해 버려서**</u> 여자 친구가 떠났어요.(말다툼을 심하게 하다)

<u>회사를 그만 둬 **버려서**</u> 여자 친구가 떠났어요.(회사를 그만두다)

_____ 여자 친구가 떠났어요.(   )

MEMO

104. -아 오다, -어 오다, -여 오다

진행의 의미를 지닌 표현 익히기

학습내용	시간 40분	교수 · 학습 활동
도입	3분	T: 저의 취미는 피아노예요. 여러분은 취미가 뭐예요? S: 운동이요./뜨개질이요./그림 그리기요. T: 그림 그리기가 취미예요? 얼마나 오랫동안 그렸어요? S: 초등학교 때부터 그렸어요. T: 지금도 그림을 그려요? S: 네, 가끔 그려요. T: 티엔 씨는 초등학교 때부터 그림을 **그려 왔**군요. 저도 초등학교 때부터 피아노를 **쳐 왔**어요. 지금도 일주일에 두 번씩 피아노를 쳐요.
의미제시	7분	T: 스티브 씨는 10년 전부터 농구를 **해 왔**어요. 저는 오래 전부터 그 사람을 사랑**해 왔**어요. **더 알아봅시다** 1. '-아/어 오다'는 진행의 의미 외에 발생의 의미를 지니는 경우도 있다. 예) 그의 말을 듣자 갑자기 머리가 아파 왔다. (발생) 2. 학습자들이 초급에서 배우는 '걸어오다', '돌아오다', '들어오다' 등의 합성동사와 헷갈리는 경우가 많으니 주의할 필요가 있다.
형태제시	10분	<table><tr><td rowspan="3">동사</td><td>ㅏ, ㅗ</td><td>-아 오다</td></tr><tr><td>ㅏ, ㅗ를 제외한 나머지 모음</td><td>-어 오다</td></tr><tr><td>-하다</td><td>-여 오다('해'의 형태로 주로 쓰임)</td></tr></table> 쓰다 → **써 오다**('으'탈락), 하다 → **해 오다**, 키우다 → **키워 오다**, 모으다 → **모아 오다**('으'탈락), **하다 → 해 오다**. *교사가 칠판에 판서한 표현들을 바르게 읽고 학생들에게 한 번씩 따라 읽도록 한다.

		1. 저는 작년부터 매일 외국어로 일기를 **써 왔**어요.
		2. 율리아 씨는 늘 숙제를 잘 **해왔**어요.
		3. 저는 그동안 집에서 고양이 세 마리를 키**워 왔**어요.
		4. 툭소 씨는 어릴 때부터 여러 나라의 동전을 모**아 왔**어요.
		5. 그 사람은 10년 전부터 가수로 일을 **해 왔**어요.
유의적 연습과 활용	20분	1. 선생님과 함께 대화 연습을 해 봅시다. T: 여러분이 오랫동안 해 오던 습관은 어떤 것이 있어요? 다음 예문과 같이 문장을 만들어 보세요. 　예) (등산/수영) 　→ 저는 2년 전부터 수영을 **해 왔**어요. 　1. 밥/빵 　　→ _____. 　2. 커피/차 　　→ _____. 　3. 편지/이메일 　　→ _____. 　4. 버스/지하철 　　→ _____. 　5. 구두/운동화 　　→ _____. 2. 친구와 함께 대화 연습을 해 봅시다. <table><tr><td>친구</td><td>나</td></tr><tr><td>저는 지난 1년 동안 한국어 공부를 **해 왔**어요. 그래서 지금은 한국어를 잘 하게 되었어요.</td><td></td></tr><tr><td>저는 매일 아침마다 우유와 빵을 먹**어 왔**어요. 그런데 한국에 와서는 아침에 밥을 먹어요.</td><td></td></tr><tr><td>저는 작년부터 한국 춤 배우기에 관심을 가**져 왔**어요. 그래서 내일 그 동안 배운 춤을 보여 줄 거예요.</td><td></td></tr><tr><td>저는 한국 요리를 5년 동안 배**워오**고 있어요. 그래서 이제 김치도 만들 줄 알아요.</td><td></td></tr><tr><td>저는 5년 동안 한 집에서 살**아왔**어요. 다음 달에 좀 더 큰 집으로 이사를 할 거예요.</td><td></td></tr></table>

105. -아2, -어1, -여1

학습목표	순서에 관한 표현 익히기

학습내용	시간 40분	교수 · 학습 활동
도입	3분	T: 티엔 씨, 어제 뭐(=무엇을) 했어요? S: 친구 만났어요./공부했어요 T: 친구 만나서 뭐 했어요? S: 밥 먹었어요./영화 봤어요. T: 에니 씨는 친구를 **만나** 영화를 봤어요. 리에 씨는 친구를 **만나(서)** 밥을 먹었어요.
의미제시	7분	일정한 시간적 순서에 의해 연결된 문장에 쓰인다. T: 몸이 아프면 어떻게 해요? 병원에 **가(서)** 주사를 맞아요. 약국에 **가서** 약을 받아요. T: 배고프면 어떻게 해요? 식당에 **가서** 밥을 사 먹어요./라면을 **끓여** 김치와 같이 먹어요 T: 영화 보고 싶으면 어떻게 해요? 영화관에 가서 영화를 봐요./비디오를 **빌려** 영화를 봐요. T: 소설책 읽고 싶은데 책이 없어요. 어떻게 해요? 도서관에 **가서** 책을 읽어요. 서점에 **가서** 책을 사요. **더 알아봅시다** 1. 문법 비교: 인과의 '-아, -어,-여'와 순서의 '-아, -어, -여' 　인과의 '-아, -어,-여'는 동사, 형용사와 모두 결합할 수 있지만 순서의'-아, -어,-여'는 주로 동사와만 결합한다. 　예) 일찍 일어나 학교에 갔다.(순서). 　　　너무 피곤해 늦잠을 잤다. (인과) 인과의 '-아, -어,-여' 뒤에는 명령문 청유문이 올 수 없다. 　예) 너무 아파 병원에 가세요(×)
형태제시	10분	동사 | ㅏ, ㅗ	-아
ㅏ, ㅗ를 제외한 나머지 모음	-어
하다	-여 ('해'의 형태로 주로 쓰임)	

만들다 → 만들**어**, 가다 → **가**, 끓이다 → 끓**여**(끓이+어=끓여로 축약된 예시), 하다 → **해**

*교사가 칠판에 판서한 표현들을 바르게 읽고 학생들에게 한 번씩 따라 읽 도록 한다.

1. 케이크를 **만들어** 생일 파티를 했어요.
2. 한강에 **가(서)** 자전거를 탔어요.
3. 된장찌개를 **끓여** 남편과 먹었어요.(끓이+어 가 결합한 형태)
4. 집에 전화를 **해** 엄마에게 이야기를 했다.

| 유의적
연습과 활용 | 20분 | 1. 주어진 문장을 이어서 선생님과 함께 대화 연습을 해 봅시다.

코트를 벗는다./옷걸이에 건다.
책을 꺼낸다./책상 위에 둔다.
책을 편다./큰소리로 읽는다.
의자에 앉는다./선생님을 기다린다.
집에 간다./복습을 한다.

S: 코트를 벗**어** 옷걸이에 건다.
S: 책을 꺼**내** 책상 위에 둔다.
S: 책을 **펴** 큰소리로 읽는다.
S: 의자에 앉**아** 선생님을 기다린다.
S: 집에 **가(서)** 복습을 한다.

2. 친구와 함께 자신이 잘 하는 요리 만드는 법을 이야기해 봅시다. |

(위 표의 셀 안 표현 — 위치 관계상 좌측 "유의적 연습과 활용", "20분" 칸과 본문 칸으로 구성)

볶음밥 만들기	다른 요리 만들기
야채를 잘 씻**어서** 준비하세요.	
야채와 고기를 작게 썰**어** 후라이팬에 넣어요	
불을 **켜** 팬을 뜨겁게 하세요.	
기름을 둘**러** 야채를 볶으세요.	
예쁜 그릇에 담**아** 맛있게 드세요.	

106. -아다가, -어다가, -여다가

학습목표	순서를 나타내는 표현 익히기

학습내용	시간 40분	교수 · 학습 활동
도입	3분	T: 배가 고파요. 하지만 식당에 가서 밥 먹을 시간이 없어요. 티엔 씨는 어떻게 해요? S: 빵이랑 우유를 마셔요./샌드위치를 먹어요. T: 그래요. 가까운 마트에 가서 빵과 우유를 **사다가** 먹어요. 　시간이 있으면 장을 **봐다가** 음식을 만들지요. 　음식을 만들**어다가** 친구와 함께 나누어 먹기도 하고요.
의미제시	7분	어떤 장소에서 앞의 행동을 한 후, 앞의 행위가 끝난 다음에 그 결과를 가지고 다른 행위가 이루어진다. T: 어머, 아이가 유모차에서 잠이 들었나 봐요. 아이를 안**아다가** 방에 눕혔어요. 　조금 지나자, 아이가 방에서 **자다가** 엄마를 찾아요. 　엄마가 아이에게 장난감을 가**져다가** 주니 웃네요. 　**더 알아봅시다** 1. 앞 문장과 뒤 문장에서 이루어지는 행위의 장소가 다르다. * 이 때 앞 문장과 뒤 문장의 주어와 목적대상이 동일하고, 이동 가능한 것이어야 한다 　예) 나는 은행에서 돈을 찾**아다가** 시장을 봤다. 2. 모든 행위가 순차적으로 이루어지는 경우의 '-아', '-아서', '-아 가지고'로 바꿔 쓸 수 있으며, '-아다'로 줄여 쓸 수 있다. 　예) 과일을 **사다가** 냉장고에 넣었다. 　　　(=사, 사서, 사 가지고) 3. 타동사에 연결해 쓰이며 동작의 결과로 남기는 것에만 쓰인다. 　예) 태우다, 버리다, 지우다, 먹다 등과 같은 소멸의 뜻을 가진 동사와 같이 쓸 수 없다. 　　　밥을 먹어다가 (×) * 먹는 동작의 결과로 밥이 남지 않고 없어지므로 '-다가'가 붙으면 비문이 된다.

	동사	ㅏ, ㅗ	−아다가
		ㅏ, ㅗ를 제외한 나머지 모음	−어다가
		하다	−여다가('해'의 형태로 주로 쓰임)

<table>
<tr><td>형태제시</td><td>10분</td><td>

사다 → **사다가**, 끓이다 → 끓**여다가**, 걷다 → 걷**어다가**, 담그다 → 담**가다가**, 빌리다 → 빌**려다가**('빌리어다가' 줄이는 형태의 예시)

*교사가 칠판에 판서한 표현들을 바르게 읽고 학생들에게 한 번씩 따라 읽
 도록 한다.

1. 발렌타인데이라서 초콜릿을 **사다가** 친구에게 주었어요.
2. 친구의 생일이어서 미역국을 끓**여다가** 주었어요.
3. 비가 와서 빨래를 걷**어다가** 거실에 널어 놓았어요.
4. 시어머니께서 배추김치를 담**가다가** 주셨어요.
5. 도서관에서 책을 빌**려다가** 읽었어요.

</td></tr>
<tr><td>유의적
연습과 활용</td><td>20분</td><td>

1. 선생님과 함께 대화 연습을 해 봅시다.
'아/어/여 다가'문형을 이용해서 문장을 완성하세요.
   1) _____ 아이에게 읽어 주었어요.(책을 빌리다)
   2) _____ 입덧이 심한 아내에게 주었어요.(고향 음식을 사다)
   3) _____ 옷에 달았어요.(예쁜 배지를 받다)
   4) _____ 냉장고에 넣었어요.(과일을 사다)
   5) _____ 은행에 저금했어요.(동전을 모으다)

2. 친구와 함께 대화 연습을 해 봅시다.

김밥을 사다/먹다	김밥을 **사다가** 먹었어요.
1. 돈을 찾다/시장을 보다	
2. 노래를 부르다/춤을 추다	
3. 약을 짓다/먹다	
4. 스카프를 사다/어머님께 선물하다	
5. 숙제를 걷다/선생님께 드리다	

</td></tr>
</table>

107. -아도, -어도, -여도

학습목표	양보를 나타내는 표현 익히기

학습내용	시간 40분	교수 · 학습 활동
도입	3분	T: 한국어 공부를 한 지 얼마나 됐어요? S: 6개월/1년/2년 T: 한국에 살**아도** 한국어를 배우지 않으면 문법을 많이 틀려요. 　　10년이 지**나도** 못하는 사람도 많아요. 　　그러니, 힘들**어도** 우리 열심히 공부해요.
의미제시	7분	앞의 행위나 상태와 상관없이 항상 뒤의 일이 있음을 나타낸다. T: 아이가 떼 쓰는 거 보면 어때요? 밉죠? 아이가 밉게 행동**해도** 부모들 　　은 다 제 자식이 예쁘게 보여요. T: 부모님 생각 많이 나죠? 부모님이 보고 싶**어도** 마음처럼 가지 못해서 　　속상하겠어요. 아무리 한국생활이 행복**해도** 부모님은 항상 보고 싶은 　　것 같아요. 　**더 알아봅시다** 　1. 대조적인 사실을 나타낸다. 　　예) 가뭄이 심**해도** 땅은 갈라지지 않는다. 　2. (시간 경과를 나타내는 '지나다')와 함께 쓴다 　　예) 너무 피곤해 오후 1시가 지**나도** 일어나지 못했다. 　3. 가정하는 내용을 강하게 표현한다. 　　예) 다문화 행사에 아는 사람을 아무리 찾아**봐도** 보이지 않았다. 　4. '-더라도', '-을지라도'와 바꿔 쓸 수 있다. 　　예) 스티브 씨는 키가 **커도** 몸은 말랐다. 　　　　　　(=크더라도, 클지라도) 　5. '아무리', '설령'과 같은 부사와 같이 잘 어울린다.
형태제시	10분	동사, 형용사, 이다/아니다 <table><tr><td>ㅏ, ㅗ</td><td>-아도</td></tr><tr><td>ㅏ, ㅗ를 제외한 나머지 모음</td><td>-어도</td></tr><tr><td>하다</td><td>-여도 ('해'의 형태로 주로 쓰임)</td></tr></table>

		아프다 → 아**파도**, 만나다 → 만**나도**, 싸다 → **싸도**, 하다 → **해도**, 좋다 → **좋아도**
		*교사가 칠판에 판서한 표현들을 바르게 읽고 학생들에게 한 번씩 따라 읽도록 한다. 1. 아무리 아**파도** 밥을 꼭 먹어야 한다. 2. 자주 만**나도** 얘기할 시간이 없다. 3. 물건 값이 **싸도** 불필요한 것은 사지 않는다. 4. 아무리 수영을 잘 **해도** 물고기만큼은 못 한다. 5. 빵이 아무리 **좋아도** 일주일 내내 먹기는 힘들다.
유의적 연습과 활용	20분	1. 주어진 문장을 이어서 선생님과 함께 대화 연습을 해 봅시다. 　다음 동사, 형용사를 가지고 '-아/어/여도'를 사용하여 뒤 문장을 연결하세요. 　슬프다, 힘들다, 맛있다, 재미있다, 예쁘다, 행복하다, 바쁘다, 공부하다, 아프다 　예) 율리아 씨는 힘들**어도** 멋지게 해 내는 사람이다. 　1) 불고기가 맛있**어도** 매일 먹을 수는 없다. 　2) 아무리 바**빠도** 식사를 꼭 해야 한다. 　3) 드라마가 재미있**어도** 숙제를 하고 보세요. 　4) 티엔 씨는 아무리 아**파도** 병원에 가지 않는다. 　5) 열심히 공부**해도** 성적이 오르지 않아 걱정이다. 2. 친구와 한국 생활이 힘든 점과 그 해결 방법을 얘기해 보고, 앞 문장에 '-아/어/여도'를 이용해서 말해 보세요. （표 아래）

2. 친구와 한국 생활이 힘든 점과 그 해결 방법을 얘기해 보고, 앞 문장에 '-아/어/여도'를 이용해서 말해 보세요.

한국말을 못해요.	계속 연습해요.	한국말을 못**해도** 계속 연습해요.
아이가 키가 작아요.	농구를 잘해요.	
남편이 평일에는 바빠요.	주말에는 한가해요.	
교육비가 많이 들어요.	아이를 위해 학원을 보내요.	
생활비가 부족하다.	조금씩 아껴 쓰도록 해요.	
야식을 먹고 싶어요.	건강에 좋지 않을까봐 참아요.	

108. -아서인지, -어서인지, -여서인지

학습목표	추측을 나타내는 표현 익히기

학습내용	시간 40분	교수·학습 활동
도입	3분	T: 티엔 씨, 요즘처럼 미세 먼지가 많은 날은 밖에 나가지 마세요. S: 맞아요. 목이 너무 아파요. T: 일기 예보에서 먼지 많은 날을 예고해줘요. 꼭 일기 예보를 보세요. S: 네, 먼지를 많이 마시면 건강에 안 좋아요. T: 그래요. 오늘은 먼지가 많**아서인지** 길거리에 사람이 별로 없어요.

의미제시	7분	앞 문장의 행동이나 상태가 뒤 문장의 원인이나 이유일 것이라고 추측해서 말할 때 사용한다.
		
		T: 청년들이 취직을 못해서 걱정이에요. 한국 경기가 안 좋**아서인지** 직장을 구하기 힘든가 봐요.
		T: 서울은 한국의 수도예요. 서울에서 사람이 제일 많이 살아요. 서울이 수도**이어서인지** 사람이 많이 살아요.
		T: 율리아 씨는 감기에 걸려서 약을 먹어요. 기운이 없어 누워 있어요. 약을 먹**어서인지** 기운이 없어요.
		T: 단풍이 아름다운 계절이에요. 산에 갔더니 사람이 정말 많아요. 단풍이 아름다**워서인지** 등산을 하는 사람이 많아요.
		
		  더 알아봅시다
		  1. '-아/어/여서인지'는 '-아서/어서/여서 그런지'로 바꿔 쓸 수 있다.
		    예) 기분이 좋아서인지 피곤한 줄 모르겠다.
		        기분이 좋아서 그런지 피곤한 줄 모르겠다.
		        툭소 씨는 추워서인지 밖에 나가지 않는다.
		        툭소 씨는 추워서 그런지 밖에 나가지 않는다.
		        운동을 많이 해서인지 다리가 너무 아프다.
		        운동을 많이 해서 그런지 다리가 너무 아프다.

형태제시	10분	아래 표 참조

동사, 형용사, 이다/아니다	ㅏ, ㅗ	-아서인지
	ㅏ, ㅗ를 제외한 나머지 모음	-어서인지
	하다	-여서인지('해'의 형태로 주로 쓰임)

바쁘다 → 바**빠**서인지, 춥다 → 추**워**서인지, 먹다 → 먹**어**서인지, 받다 → 받**아**서인지, 생일이다 → 생일이**어**서인지

*교사가 칠판에 판서한 표현들을 바르게 읽고 학생들에게 한 번씩 따라 읽도록 한다.

1. 리에 씨는 학기가 시작되자 바**빠**서인지 전화 한 통 없다.
2. 날씨가 추**워**서인지 호떡이 잘 팔린다.
3. 저녁을 많이 먹**어**서인지 계속 배가 아프다.
4. 스트레스를 받**아**서인지 머리가 아프고 속이 좋지 않다.
5. 율리아 씨는 생일이**어**서인지 방에 선물이 가득하다.

유의적
연습과 활용
	20분	1. 교사와 대화 연습을 해 봅시다.
		  1) T: 오늘 따라 길거리에 사람이 없어요.
		    S: 길거리에 사람이 없**어서인지** 조금 무서워요.
		  2) T: 날씨가 추우니 내린 눈이 얼었어요.
		    S: 눈이 얼**어서인지** 넘어지는 사람이 많아요.
		  3) T: 스티브 씨는 혼자서 저녁을 먹어요.
		    S: 스티브 씨는 혼자 저녁을 먹**어서인지** 우울해 보여요.
		  4) T: 티엔 씨가 대학 입학시험에 합격했어요.
		    S: 티엔 씨는 시험에 합격**해서인지** 아르바이트를 시작했어요.
		
		2. 친구와 대화 연습을 해 봅시다.
		아래와 같이 추측원인을 고려하여 문장을 만들어 봅시다.

추측 원인: 요즘 물가가 올랐다 사실: (**만들어보세요**)
　　　→ 요즘 물가가 올라서인지 택시를 타는 사람이 별로 없다.

추측 원인	나	친구
율리아 씨/ 열이 나다.	율리아 씨는 열이 **나서인지** 창문을 열었다.	율리아 씨는 열이 **나서인지** 얼굴이 붉다.
툭소 씨/ 월급이 오르다.	툭소 씨는 월급이 올**라서인지** 저축을 많이 한다.	툭소 씨는 월급이 올**라서인지** 비싼 옷을 많이 산다.
티엔 씨/ 남자 친구가 생기다.	티엔 씨는 남자 친구가 생**겨서인지** 늘 웃고 다닌다.	티엔 씨는 남자 친구가 **생겨서인지** 예뻐졌다.
스티브 씨/ 커피를 자주 마시다.	스티브 씨는 커피를 자주 **마셔서인지** 잠을 잘못 잔다.	스티브 씨는 커피를 자주 **마셔서인지** 커피 향기가 난다.
리에 씨/ 직장을 구하다.	리에 씨는 직장을 구**해서인지** 이사를 했다.	리에 씨는 직장을 구**해서인지** 결혼을 했다.

109. -아야, -아야만, -어야, -여야

학습목표	필수조건이나 당위를 나타내는 표현 익히기

학습내용	시간 40분	교수 · 학습 활동
도입	3분	T: 한국어 능력시험은 다음주 토요일이에요. S: 이번에는 꼭 합격하고 싶어요. T: 합격하려면 매일 복습을 **해야** 돼요. 그리고 시험 전까지 결석을 하지 **말아야** 돼요.
의미제시	10분	앞 문장의 행동이나 상태가 뒤 문장에 대한 조건을 나타낼 때, 의무적인 행위임을 나타낼 때 사용된다. T: 내일은 학교에 일찍 가**야** 해요. T: 신선한 채소와 과일을 먹**어야** 몸이 건강해 집니다. T: 한국어 실력이 좋**아야** 원하는 대학에 들어갈 수 있어요. T: 동생 마음에 들려면 무엇보다 얼굴이 예**뻐야** 돼요. T: 생활태도가 성실**해야** 사람들의 신뢰를 얻을 수 있습니다. **더 알아봅시다** 1. '-하다'의 형태의 동사인 경우 '-여야'와 결합하여 '-하여야'가 되나 일반적으로 '-해야'라는 줄어든 형태로 활용한다. 　공부하다 → 공부**해야**/성공하다 → 성공**해야** 2. '-아/어/여야'의 뒤에는 '-하다' '-되다'가 와서 당위성을 강조한다. 　공부하다 → 공부**해야** 해요.(돼요.)/성공하다 → 성공**해야** 해요.(돼요.) 3. '-아/어/여야' 뒤에 '만'이 붙으면 필수적인 의미가 강조된다. 　공부하다 → 공부**해야**만/성공하다 → 성공**해야**만
형태제시	10분	<table><tr><td rowspan="3">동사, 형용사, 이다/아니다</td><td>모음 ㅏ, ㅗ</td><td>-아야</td></tr><tr><td>ㅏ, ㅗ를 제외한 나머지 모음</td><td>-어야</td></tr><tr><td>-하다</td><td>-여야('해'의 형태로 주로 쓰임)</td></tr></table> 타다 → 타**야**, 끊다 → 끊**어야**, 되다 → 되**어야**, 착하다 → 착**해야**, 기다리다 → 기다**려야**, 날씬하다 → 날씬**해야**

		1. 지하철을 **타야** 늦지 않습니다.
		2. 이 병은 담배를 끊**어야** 나을 것입니다.
		3. 그 공연을 보려면 아직도 일주일이나 기다**려야** 해요.
		4. 키가 190cm는 되**어야(돼야)** 농구 선수가 될 수 있어요.
		5. 친구를 많이 사귀려면 마음이 착**해야** 해요.
		6. 한국어를 알**아야** 한국 생활이 편해요.

1. 교사와 대화 연습을 해 봅시다.

  1) T: 수원에서 신촌에 가려면 어떻게 가야 되죠?

    S: 1호선 전철을 타고 신도림에서 2호선으로 갈아**타야** 돼요.

  2) T: 극장의 자리는 아무데나 앉아도 되나요?

    S: 아니요, 지정된 자리에 앉**아야** 됩니다.

  3) T: 왜 식사를 그렇게 적게 하세요?

    S: 다음 달 시합을 앞두고 몸무게를 줄**여야** 해서요.

  4) T: 좋은 글을 쓰려면 어떻게 해야 할까요?

    S: 쓰기에 앞서 좋은 글을 많이 읽**어야** 해요.

  5) T: 손님, 어떤 소파를 찾으세요?

    S: 어머님이 사용하실 거라 편안**해야** 돼요.

  6) T: 툭소 씨, 이 보고서는 언제까지 제출해야 합니까?

    S: 이번 주말까지 제출**해야** 합니다.

유의적 연습과 활용   17분

2. 친구와 대화 연습을 해 봅시다.

저는 왜 이 사이트에 가입이 안 될까요?	이 사이트는 19세 이상이다(이상이**어야**) 가입이 가능합니다.
체육대학에 들어가고 싶어요.	그럼, 우선 기초 체력을 키우다(키**워야**) 합니다.
겨울 훈련이 너무 힘들어요.	고통을 참다(참**아야**) 시합에 나갈 수 있습니다.
손님, 이 구두는 어떻습니까?	제가 신으려면 사이즈가 더 크다(커**야**)합니다.
방의 온도를 몇 도로 맞출까요?	노인들은 따뜻하다(따뜻**해야**) 좋아하실 거예요.
빵은 열 개 정도면 될까요?	남자아이들이 먹을 거라 더 많다(많**아야**) 할 것 같아요.
장학금 받았군요. 축하해요.	이번에 장학금을 받다(받**아야**) 학교를 계속 다닐 수 있어요.

110. -아야겠-, -어야겠-, -여야겠-

학습목표	의지를 나타는 표현 익히기

학습내용	시간 40분	교수 · 학습 활동
도입	3분	T: 티엔 씨는 오늘도 안 나왔나요? S: 네, 전화도 안 받아요. T: 무슨 일일까요? 오늘은 한 번 찾아 가 **봐야겠**네요.

의미제시	10분	어떤 행동을 하겠다는 의지를 나타낼 때, 어떤 상황을 추측 할 때 사용하는 표현이다.
		
		T: 오늘은 피곤하니까 내일 만나**야겠**어요.
		T: 일찍 일어나려면 일찍 자**야겠**어요.
		T: 점심도 못 먹었는데 저녁이라도 일찍 먹**어야겠**어요.
		T: 짐을 한꺼번에 옮기려면 대형트럭을 준비**해야겠**어요.
		T: 장학금을 받으려면 성적이 좋**아야겠**죠?
		
		더 알아봅시다
		1. '-하다'로 끝나는 형용사, 동사의 경우 '-여야겠-'과 결합하고, '-해야겠-'의 형태로 줄여서 사용된다.
		   공부하다 → 공부해야겠다, 운동하다 → 운동해야겠다.
		2. '-이다'로 끝나는 동사의 경우 '-어야겠-'과 결합하고 '-여야겠-'의 형태로 줄여서 사용된다.
		   줄이다 → 줄여야겠다. 먹이다 → 먹여야겠다.

형태제시	10분	<table><tr><td rowspan="3">동사, 형용사, 이다/아니다</td><td>모음 ㅏ, ㅗ</td><td>-아야겠-</td></tr><tr><td>ㅏ, ㅗ를 제외한 나머지 모음</td><td>-어야겠-</td></tr><tr><td>-하다</td><td>-여야겠-('해'의 형태로 주오 쓰임)</td></tr></table> 가다 → 가**야겠**다, 읽다 → 읽**어야겠**다, 밝다 → 밝**아야겠**다, 편하다 → 편**해야겠**다, 줄이다 → 줄**여야겠**다, 운동하다 → 운동**해야겠**다, 시작하다 → 시작**해야겠**다 1. 오늘은 오전 회의 준비를 위해서 아침 일찍 회사에 가**야겠**어요.

2. 이 책은 내일 반납해야 하니까 오늘 중으로 다 읽**어야겠**어요.

3. 건강을 유지하기위해 꾸준히 운동을 **해야겠**어요.

4. 기말고사가 다가오는데 이제 시험공부를 시작**해야겠**어요.

5. 책을 읽기 위해서는 실내가 좀 더 밝**아야겠**어요.

6. 공부에 집중하기 위해서는 무엇보다 마음이 편**해야겠**죠?

7. 이 바지는 허리가 너무 커서 좀 줄**여야겠**네요.

유의적 연습과 활용	17분	

1. 교사와 대화 연습을 해 봅시다.

  1) T: 난방을 켤까요?

    S: 네, 날씨가 추워서 교실이 좀 더 따뜻**해야겠**어요.

  2) T: 이것도 파실 건가요?

    S: 네, 가져가지 못하는 물건은 다 팔**아야겠**어요.

  3) T: 장학금을 받으려면 어떤 조건이 있나요?

    S: 우선, 성적이 우수하고 성실한 학생이**여야겠**죠?

  4) T: 이 구두는 어떻습니까?

    S: 예쁘기는 한데 저는 발이 큰 편이라 구두가 좀 더 커**야겠**어요.

  5) T: 쓰기를 잘하려면 좋은 글을 많이 읽어야 한다고 했죠?

    S: 네, 오늘부터 신문을 꾸준히 읽**어야겠**어요.

2. 친구와 대화 연습을 해 봅시다.

손님, 얼음을 더 넣어드릴까요?	네, 오늘같이 더운 날은 음료수가 좀 더 차갑다. (차가**워야겠**어요).
열도 나고 목이 너무 아파요.	감기에 걸리셨군요. 약을 드시다(드셔**야겠**네요).
퀴즈대회가 한 달 앞으로 다가왔네요.	이번 주부터는 매일 연습하다(연습해**야겠**어요).
손님, 이 원피스는 어떻습니까?	우리 아이에게 입히려면 좀 더 작다(작**아야겠**어요).
어떤 휴대폰을 살까요?	기능이 많다(많**아야겠**죠)?
불을 모두 끌까요?	네, 영화에 집중하기 위해서는 방이 좀 더 어둡다(어두**워야겠**어요).
내년에 베트남으로 가신다면서요?	네, 아무래도 베트남 말을 배우다(배**워야겠**어요).

111. -아야지2, -어야지2, -여야지2

상대방에게 권유하거나 명령하는 표현 익히기

학습내용	시간 40분	교수 · 학습 활동
도입	3분	T: 티엔 씨, 어제 내 준 한국어 숙제 해 왔어요? S: 아니요, 숙제를 못 했어요. T: 왜 숙제를 못 했어요? S: 어려운 문제가 너무 많았어요. T: 숙제가 어려워도 스스로 해 봐**야지**요. 그래야 한국어 실력이 늘어요.
의미제시	7분	상대방에게 권유하거나 명령할 때 사용하는 표현이다. T: 다음 주에 한국어 시험이 있어요. 단어는 매일 꾸준히 외워**야지**요. T: 봄이라고 옷을 너무 얇게 입으면 안 돼요. 감기에 걸리지 않으려면, 얇은 옷을 껴입어**야지**요. T: 요즘 스마트 폰 때문에 시력이 나빠지는 학생들이 많아요. 스마트 폰은 꼭 필요할 때만 사용해**야지**요. T: 이번 추석에는 고향에 못 가도 가족들에게 꼭 연락을 드려**야지**요. **더 알아봅시다** 1. '-요'가 붙어 '-아야지요'로 사용할 수 있다. 　예) 아침에 일찍 일어나**야지**. 　　　아침에 일찍 일어나**야지**요. 2. '-아야지2'의 다른 의미 　1) 말하는 이의 의지를 나타낸다. 　　예) 시험이 끝나면 꼭 영화를 보러 가**야지**. 　2) 상대방의 생각을 알아보려고 물어 볼 때 사용한다. 　　예) 이번 휴가는 바닷가로 가**야지**? 　3) 상황의 제약을 나타낼 때 사용한다. 　　예) 비행기 표를 예매해**야지** 고향에 갈 수 있어요.
형태제시	10분	<table><tr><td rowspan="3">동사</td><td>모음ㅏ, ㅗ</td><td>-아야지</td></tr><tr><td>ㅏ, ㅗ를 제외한 나머지 모음</td><td>-어야지</td></tr><tr><td>하다</td><td>-여야지 ('해'의 형태로 주로 쓰임)</td></tr></table>

쓰다 → 써야지('으' 탈락), 자다 → 자야지, 보다 → 봐야지, 먹다 → 먹어야, 말하다 → 말해야지

*교사가 먼저 결합정보와 예문을 제시한 뒤, 먼저 교사가 예문을 읽는다. 그 후 학생들이 예문을 따라 읽을 수 있도록 한다.

1. 글씨를 바르게 **써야지**.
2. 내일 첫 차를 타려면 일찍 자야지.
3. 텔레비전은 적당히 봐야지.
4. 음식은 남기지 말고 먹어야지.
5. 한국어 실력을 높이고 싶으면 많이 말해 봐야지요.

유의적 연습과 활용	20분	1. 교사와 대화 연습을 해 봅시다. 　　1) T: 스티브 씨, 영어를 잘 하려면 어떻게 해야 돼요? 　　　　S: 말을 많이 해야지. 　　2) T: 툭소 씨, 감기에 걸리지 않으려면 어떻게 해야 할까요? 　　　　S: 옷을 따뜻하게 입어야지. 　　3) T: 축제 때 받은 상금으로 무엇을 하는 게 좋을까요? 　　　　S: 우리 주변의 어려운 사람들을 도와야지요. 2. 친구와 대화 연습을 해 봅시다. – 주어진 상황을 보고, 충고를 해 주는 연습을 해 봅시다. 상황표

2. 친구와 대화 연습을 해 봅시다.
– 주어진 상황을 보고, 충고를 해 주는 연습을 해 봅시다.

상황	친구 1	친구 2
약속 시간을 어기다.	지하철을 일찍 타고 왔**어야지**.	집에서 일찍 출발했**어야지**.
수업 시간에 졸다.		
큰 소리로 떠들다.		
숙제를 안 해오다.		
인기있는 영화를 보고 싶다.	예매를 해야지요.	시간이 지난 뒤에 봐야지.

112. -았더니, -었더니, -였더니

학습목표	과거를 회상함을 나타내는 표현 익히기

학습내용	시간 40분	교수 · 학습 활동
도입	3분	T: 티엔 씨, 많이 피곤해요? S: 어제 밤에 컴퓨터 게임을 하다가 늦게 잤어요. T: 선생님도 늦게 잤**더니** 일어나기가 힘들었던 적이 있어요. 내일부터는 일찍 자고 일찍 일어나세요.
의미제시	7분	회상하여 말할 때 사용하는 표현이다. T: 옷을 얇게 입**었더니** 감기에 걸렸어요. 다음부터는 옷을 껴입을 거예요. T: 운동을 많이 **했더니** 다리가 아파요. T: 도서관에 **갔더니** 재미있는 책이 많이 있어요. **더 알아봅시다** 1. 앞 문장의 주어가 3인칭일 경우에는 화자가 그 사람이 하는 동작의 완료를 보고 그 경험을 말하는 것이다. 　예) 오래 서 있었더니 무릎이 아프다.(내가 경험하고 느낀 것을 그대로 말함) 　　　친구가 오래 서 있었더니 무릎이 아프다고 했다.(친구가 동작을 완료한 후, 그 친구의 말을 전해 듣고 말함) 2. '-더니'와 '-았더니, -었더니, -였더니'의 문형 비교 {표}

'-더니'와 '-았더니, -었더니, -였더니'의 문형 비교 표:

'-더니'	'-았더니, -었더니, -였더니'
대조, 순차, 추가, 이유 또는 원인의 의미로 사용 예) *대조: 낮에는 밝**더니** 밤에는 어둡다. *순차: 양말을 신고 나**더니** 운동화를 신었다. *추가: 밥을 다 먹**더니** 한 공기를 더 시켰다. *이유 또는 원인: 차가 막히**더니** 결국 약속 시간에 늦었다.	과거의 경험에 대한 회상 또는 어떤 결과를 가지고 온 이유나 원인의 의미가 있다. 예) 컴퓨터를 오래 **했더니** 피곤해졌다.

화자가 실제로 보거나 느낀 것을 말할 때 쓰므로 (화자는 관찰자가 됨) 주어는 2, 3인칭을 쓴다. 예) 내 동생은 숙제를 다 하**더니** 놀러 나갔다. (○) 　　나는 숙제를 다 하**더니** 놀러 나갔다. (×)	앞 문장에는 주로 1인칭 주어를 써야 한다. 예) 오래 서 **있었더니** 다리가 아팠다. 　　앞 문장의 주어가 3인칭일 경우에는 화자가 그 사람이 하는 동작의 완료를 보고 그 경험을 말한다.
앞 문장과 뒤 문장의 주어가 같거나 화제가 동일해야 한다. (앞 문장과 뒤 문장의 연관성이 있어야 한다.) 예) 밥을 먹**더니** 커피도 마시러 갔다.	뒤 문장에는 현재와 과거 시제만 쓰고 미래 시제는 쓰지 않음 예) 등산을 **했더니** 땀이 났어요. (○) 　　등산을 **했더니** 땀이 날 거예요. (×)
주로 서술문에서 쓰이고, 청유형과 명령문에서는 쓸 수 없다. 예) 스티브는 오전에 집에 **있더니** 오후에는 도서관에 간다. (○) 　　스티브는 오전에 집에 **있더니** 오후에는 도서관에 가자. (×) 　　스티브는 오전에 집에 **있더니** 오후에는 도서관에 가라. (×)	

	형태제시	10분	

동사	모음 ㅏ, ㅗ	-았더니
	ㅏ, ㅗ를 제외한 나머지 모음	-었더니
	하다	-였더니 ('해'의 형태로 주로 쓰임)

가다 → 갔**더니**, 오다 → 왔**더니**, 자다 → 잤**더니**, 읽다 → 읽었**더니**, 듣다 → 들었**더니**(ㄷ 불규칙)

*교사가 결합정보와 예문을 제시한 뒤, 먼저 교사가 예문을 읽는다. 그 후 학생들이 예문을 따라 읽을 수 있도록 한다.

1. 집에 오랜만에 갔**더니** 부모님께서 반갑게 맞아 주셨어요.
2. 학교에 너무 일찍 왔**더니** 교실에 아무도 없었다.
3. 낮잠을 많이 잤**더니** 잠이 오지를 않는다.
4. 책을 계속 읽**었더니** 눈이 너무 아프다.
5. 음악을 들**었더니** 기분이 좋아지기 시작했다.

유의적 연습과 활용	20분	1. 교사와 대화 연습을 해 봅시다. 1) T: 율리아 씨, 방 청소를 했어요? 　　S: 네, 오랜만에 방 청소를 **했더니** 방이 깨끗해졌어요. 2) T: 리에 씨, 지난주에 고향에 다녀왔어요? 　　S: 네, 고향에 다녀**왔더니** 기분이 좋아졌어요. 3) T: 티엔 씨, 친구와 드디어 화해했다면서요? 　　S: 친구와 화해**했더니** 마음이 편안해 졌어요. 4) T: 스티브 씨, 눈이 빨개요. 　　S: 늦게까지 게임을 **했더니** 이렇게 됐어요. 5) T: 율리아 씨, 점심을 같이 먹을래요? 　　S: 아침을 늦게 먹**었더니** 배가 고프지 않아요. 2. 친구와 대화 연습을 해 봅시다. – 앞 문장과 뒤 문장을 보고 형태를 바꿔 말하는 연습을 해 봅시다

앞 문장	뒤 문장	완성된 문장
잠을 푹 자다.	덜 피곤하다.	잠을 푹 **잤더니** 덜 피곤해요.
음식을 너무 많이 먹었다.	배탈이 나서 병원에 갔다.	
친구와 싸우다.	속상해서 잠도 안 왔다.	
저축을 꾸준히 하다.	목돈을 모았다.	

MEMO

113. -았던, -었던, -였던

학습목표	과거 시제를 나타내는 표현 익히기

학습내용	시간 40분	교수·학습 활동
도입	3분	T: 티엔 씨, 이게 뭐예요? S: 책이에요. T: 네, 맞아요. 아기들이 읽는 그림책이에요. 티엔 씨도 아기 때 그림책 봤어요? S: 네, 봤어요. T: 지금도 그림책 읽어요? S: 아니요. 안 읽어요. T: 저는 가끔 읽어요. 이 책은 제가 아기 때 읽**었던** 그림책이에요.
의미제시	7분	과거의 사건이나 행위, 상태를 다시 떠올려 말하는 경우에 쓰인다. T: 어제 아**팠던** 사람이 누구죠? T: 어제 숙제를 제일 열심히 해**왔던** 툭소 씨에게 초콜릿을 줄게요. **더 알아봅시다** 1. 뒤에는 항상 수식을 받는 명사가 온다. 　예) 먹었던 사과 ('먹었던'이 명사 '사과'를 수식) 2. 문형 비교: '-았던'과 '-던' 　두 문형은 과거의 사건을 나타낸다는 점에 공통점이 있다. 그런데 '-았/었/였던'은 단절의 의미를 포함하고 있지만 '-던'에는 그런 의미가 없다. 　예) 매일 가지고 다**녔던** 지갑(지금은 더 이상 가지고 다니지 않는다는 의미를 포함하고 있다.) 　매일 가지고 다**니던** 지갑(이 문장만으로는 지금 가지고 다니는지 그렇지 않은지 알 수 없다.)
형태제시	10분	동사, 형용사, 이다/아니다 가다 → 갔**었던**, 먹다 → 먹**었던**, 하다 → **했던**, 아프다 → 아**팠던**, 힘들다 → 힘들**었던**

동사, 형용사, 이다/아니다	ㅏ, ㅗ	-았더니
	ㅏ, ㅗ를 제외한 나머지 모음	-었더니
	하다	-였더니 ('해'의 형태로 주로 쓰임)

		1. 어렸을 때 자주 갔**던** 공원이 이제 없어졌어요. 2. 베트남에서 자주 먹**었던** 음식은 쌀국수다. 3. 매일 울기만 **했던** 아기가 이제 어른이 되었다. 4. 어릴 때는 자주 아**팠던** 아이가 이제 건강하다. 5. 힘들**었던** 한국 생활도 이제 많이 편해졌다.
유의적 연습과 활용	20분	1. 쉬운 문장 연습하기 　1) 어제 먹은 밥이 맛있었다 　　→ 어제 먹**었던** 밥이 맛있있다. 　2) 아까 간 커피숍에 지갑을 두고 왔다. 　　→ 아까 갔**었던** 커피숍에 지갑을 두고 왔다. 　3) 금방 들은 이름이 기억도 안 난다. 　　→ 금방 들**었던** 이름이 기억이 안 난다. 　4) 지난주에 간 음식점에 또 가고 싶다. 　　→ 지난주에 갔**었던** 음식점에 또 가고 싶다. 2. 선생님과 함께 다음 〈보기〉와 같이 문장을 연결하는 연습을 해 봅시다. 〈보기〉 조금 전에 이름을 들었다+ 그 이름이 기억이 안 난다. <u>→ 조금 전에 들**었던** 이름이 기억이 안 난다.</u> 　1. T: 30분 전에 노래를 들었다 +그 노래 제목이 기억나지 않는다. 　　S: 30분 전에 들**었던** 노래 제목이 기억나지 않는다. 　2. T: 어제까지 여기 식당이 있었다 + 그 식당이 문을 닫았다. 　　S: 어제까지 여기 있**었던** 식당이 문을 닫았다. 　3. T: 내가 어릴 때 그 가수를 좋아했다 + 그 가수가 이 사람이다. 　　S: 내가 어릴 때 좋아**했던** 가수가 이 사람이다. 　4. T: 여기 시장이 있었다 + 그 시장이 없어졌다. 　　S: 여기 있**었던** 시장이 없어졌다. 　5. T: 어제 책을 읽었다 + 그 책이 재미있었다. 　　S: 어제 읽**었던** 책이 재미있었다. 　6. T: 베트남에서 쌀국수를 먹었다 + 그 쌀국수와 맛이 비슷하다. 　　S: 베트남에서 먹**었던** 쌀국수와 맛이 비슷하다.

114. -았었, -었었, -였었

학습내용	시간 40분	교수 · 학습 활동
도입	3분	T: 티엔 씨는 어느 나라에서 왔어요? S: 베트남에서 왔어요. T: 베트남에서는 무엇을 많이 먹어요? S: 빵을 많이 먹어요. 감자와 고기도 많이 먹어요. T: 한국에서도 똑같이 먹어요? S: 아니요. 지금은 밥과 김치를 먹어요. T: 티엔 씨는 베트남에서 빵과 고기, 감자를 많이 먹**었었**군요. 그런데 지금은 한국 사람처럼 식사를 해요.

의미제시	7분	어떤 상황이 과거에 있었지만 그 후에 그 상황이 계속되지 않고 다른 상황이 있음을 나타낼 때 쓰는 표현이다.
		
		T: 미국에서는 피자를 많이 먹**었었**어요. 지금은 안 먹어요.
		  프랑스에서는 와인을 많이 마**셨었**어요. 지금은 안 마셔요.
		  캄보디아에서는 과일과 소금을 같이 먹**었었**어요. 지금은 안 먹어요.
		
		더 알아봅시다
		1. 주로 행동한 것과 관련되어 쓰인다.
		2. 문형 비교: '-았-', '-았었-', '-았더-'

형태제시	10분	

의미제시 표 (문형 비교):

-았-	-았었-	-았더-
단순한 과거의 사건을 의미한다. 예) 아침에 닭고기를 먹었어요.	과거의 사건이 현재와 단절되어 있음을 나타낸다. 예) 캐나다에서는 매일 닭고기를 먹었었어요.	과거의 사건이 주로 보거나 들은 것일 때 많이 쓰인다. 예) 그 사람 이름이 뭐였더라?

형태제시 표:

동사, 형용사, 이다, 아니다	ㅏ, ㅗ	-았었
	ㅏ, ㅗ를 제외한 나머지 모음	-었었
	하다	-였었('해' 형태로 주로 쓰임)

먹다 → 먹**었었**다, 가다 → **갔었**다, 보다 → 보**았었**다, 살다 → 살**았었**다,
아프다 → 아**팠었**다('으' 탈락)

*교사가 칠판에 판서한 표현들을 바르게 읽고 학생들에게 한 번씩 따라 읽
 도록 한다.

1. 학교에 다닐 때는 매일 여기서 저녁을 먹**었었**어요.
2. 어릴 때는 아버지와 매주 산에 **갔었**어요.
3. 작년에는 여자 친구와 주말마다 영화를 **봤었**어요.
4. 작년에는 부산에 살**았었**어요.
5. 어제까지만 해도 많이 아**팠었**어요.

| 유의적
연습과 활용 | 20분 | 1. 알맞은 것을 골라서 문장을 완성해 봅시다.

〈 보기 〉
먹다 → 먹었었다
키우다　가다　피우다　피곤하다　좋아하다

　1. 어제 부산에 ＿＿＿＿＿＿＿＿＿
　2. 철수 씨는 작년까지 담배를 ＿＿＿＿＿＿＿＿＿
　3. 저는 어릴 때부터 분홍색을 ＿＿＿＿＿＿＿＿＿
　4. 잠을 못자서 하루 종일 ＿＿＿＿＿＿＿＿＿
　5. 어릴 때는 집에서 강아지를 ＿＿＿＿＿＿＿＿＿

2. 다음은 '추억'이라는 제목의 일기입니다. 잘 읽고 빈칸을 완성해 봅
　시다.

저는 어릴 때 일본에 ＿＿＿(살다). 일본에서는 매일 바다에 ＿＿＿(가다). 바다
에 가서 수영도 하고 낚시도 ＿＿＿(하다). 그래서 회도 많이 ＿＿＿(먹다). 그리
고 동네에는 친한 친구들도 ＿＿＿(많다). |

115. -에 관한, -에 대한

학습목표	말하거나 생각하는 대상을 나타내는 표현 익히기

학습내용	시간 40분	교수·학습 활동
도입	3분	T: 티엔 씨의 가족은 몇 명이에요? S: 제 가족은 아버지, 어머니, 남자 동생과 저. 모두 4명이에요. T: 남자 동생이 의과 대학이 다녀요? S: 어떻게 아셨어요? T: 티엔 씨의 '나의 가족'**에 관한** 글을 읽고 알았어요.
의미제시	7분	말하거나 생각하는 대상으로 나타낼 때 사용한다. 대상이나 상대로 삼을 때 사용한다. T: 아침부터 리에 씨와 스티브 씨는 어제 본 한국 드라마**에 관한** 이야기하고 있어요. 리에 씨는 한국 드라마를 정말 좋아해요. T: 어제 쓰기 숙제는 유학 생활**에 관한** 내용이었어요. 모두 다 썼나요? T: 교통사고가 크게 났습니다. 사고**에 대한** 처리가 잘못되었다고 합니다. T: 유학 생활이 힘들어요. 유학생들끼리 서로 도우면서 지내야 해요. 유학생활**에 대한** 정보를 나누세요. **더 알아봅시다** '-에 관한'과 '-에 대한' 비교 　'-에 관한'은 '실업 대책에 관한 글/다음은 여성의 사회적 지위에 관한 토론을 하도록 하겠습니다.'처럼 주로 말을 하거나 글을 쓰는 상황에서 말하거나 생각하는 대상에 이어 쓴다. 　예) 사랑에 **관한** 글/독서에 **관한** 명언/가족에 **관한** 말 　'-에 대한'은 '전통문화에 대한 관심/강력 사건에 대한 대책/건강에 대한 질문을 하다'와 같이 쓰이는 말로, '대상이나 상대로 삼다.'라는 뜻을 나타낸다. 　예) 사건에 **대한**/상황에 **대한**/문제에 **대한**
형태제시	10분	<table><tr><td>명사</td><td>받침 ○·×</td><td>-에 관한, -에 대한</td></tr></table>사람 → 사람에 **대한**, 사람에 **관한**, 전공 → 전공에 **대한**, 전공에 **관한**, 상황 → 상황에 **관한**, 상황에 **대한**, 종교 → 종교에 **관한**,

		종교**에 대한**, 한국 → 한국**에 대한**, 한국**에 관한**
		*교사가 칠판에 판서한 표현들을 바르게 읽고 학생들에게 한 번씩 따라 읽도록 한다.
		1. 외국 사람**에 대한** 차별에 반대합니다.
		2. 교수님과 전공**에 관한** 이야기를 나누었습니다.
		3. 국내의 상황**에 관한** 기사를 읽고 토론을 합시다.
		4. 친구들끼리 종교**에 관한** 이야기를 하면 싸우게 돼요.
		5. 여행을 하면서 한국**에 대해** 공부하고 싶습니다.

유의적
연습과 활용
	20분	1. 교사와 대화 연습을 해 봅시다.
		  1) T: 부모님과 무엇**에 관한** 이야기를 했어요?
		    S: 유학**에 관한** 이야기를 했어요. (유학)
		  2) T: 지금 수업 시간에는 무엇**에 대한** 공부를 하고 있나요?
		    S: 이번 수업 시간에는 한국의 관광지**에 대한** 공부를 하고 있습니다. (한국의 관광지)
		  3) T: 사람을 처음 만나면 무엇**에 대해** 알고 싶나요?
		    S: 그 사람이 좋아하는 음식**에 대해** 알고 싶어요. (음식)
		  4) T: 하루 종일 무엇**에 관한** 책을 읽고 있나요?
		    S: 한국의 역사**에 관한** 책을 읽고 있습니다. (한국의 역사)
		
		2. 친구와 대화 연습을 해 봅시다.

2. 친구와 대화 연습을 해 봅시다.

질문입니다	나	친구
주말에 무엇**에 관한** 책을 읽었어요?	한국 영화**에 관한** 책을 읽었어요. (영화)	여행**에 관한** 책을 읽었어요. (여행)
한국에 오기 전에 무엇을 알고 싶었어요?	서울**에 대한** 궁금증이 있었어요. (서울)	K-POP**에 대한** 궁금증이 있었어요. (K-POP)
친구와 가장 많이 하는 대화는 무엇**에 관한** 것인가요?	남자 친구**에 관한** 이야기입니다. (남자 친구)	직업**에 관한** 이야기예요. (직업)
학교에서 무엇**에 대해** 연구하고 있어요?	공연 이벤트**에 대한** 연구를 하고 있어요. (공연 이벤트)	실험실의 문제점**에 대한** 연구하고 있어요. (실험실의 문제점)
오늘 무엇**에 대한** 공부를 했어요?	한국의 교통**에 대한** 공부를 했어요. (한국의 교통)	물건 사기**에 대한** 공부를 했어요. (물건 사기)

116. -에 따라

학습목표	어떤 상황이나 기준에 기댐을 나타내는 표현 익히기

학습내용	시간 40분	교수 · 학습 활동
도입	3분	T: 티엔 씨, 한국의 겨울과 베트남의 겨울의 날씨는 같아요? S: 아니요, 달라요. T: 왜 다를까요? S: 나라가 달라요. T: 그래요, 나라**에 따라** 날씨가 달라요. 지도를 보면 알 수 있어요.
의미제시	7분	어떤 상황이나 기준에 의한 것을 나타낼 때 사용한다. T: 리에 씨와 스티브 씨는 좋아하는 음식이 달라요. 사람**에 따라** 좋아하는 음식이 달라요. T: 유학 생활은 힘들어요. 왜 힘들까요? 나라**에 따라** 문화가 달라서 그래요. T: 기숙사 규칙**에 따라** 10시까지 들어와야 해요. 그렇지 않으면 벌칙을 받아야 돼요. **더 알아봅시다** '–에 따라' 의 다른 의미 1. 그것에 비례하다. 　예) 인구가 늘어남**에 따라** 도시가 커진다. 　　　물가 인상**에 따라** 대중교통 이용자가 늘었다. 　　　성적 향상**에 따라** 장학금을 차등 지급했다. 　　　노인 인구가 늘어남**에 따라** 노인 대상의 사업이 늘고 있다.
형태제시	10분	<table><tr><td>명사</td><td>받침○, ×</td><td>–에 따라</td></tr></table> 학교 → 학교**에 따라**, 나이 → 나이**에 따라**, 움직임 → 움직임**에 따라**, 소리 → 소리**에 따라**, 가르침 → 가르침**에 따라** *교사가 칠판에 판서한 표현들을 바르게 읽고 학생들에게 한 번씩 따라 읽도록 한다.

		1. 학교에 **따라** 교복이 다르다.
		2. 나이에 **따라** 좋아하는 직업이 달라질 수 있다.
		3. 눈동자의 움직임에 **따라** 사람의 기분을 알 수 있다.
		4. 악기를 연주하는 소리에 **따라** 실력을 구분할 수 있다.
		5. 선생님의 가르침에 **따라** 논문이 마무리 되었다.
유의적 연습과 활용	20분	1. 교사와 대화 연습을 해 봅시다. 　1) T: 서울과 부산, 대구의 집값은 달라요. 왜 다를까요? 　　S: 지역에 **따라** 집값이 달라요. 　2) T: 무엇에 따라 황인, 백인, 흑인을 나눌까요? 　　S: 피부색에 **따라** 나눠요. 　3) T: 음식 맛은 여러 가지 이유 때문에 달라져요. 무엇이 있을까요? 　　S: 재료에 **따라** 달라져요/사람에 **따라** 달라져요/지역에 **따라** 달라져요. 　4) T: 저는 흰 색을 좋아해요. 리에 씨는 검은 색을 좋아해요. 　　S: 사람에 **따라** 좋아하는 색이 달라요. 2. 친구와 대화 연습을 해 봅시다. 아래의 문장을 완성해 봅시다.

나	친구
(선생님)에 **따라** 반 분위기가 달라집니다.	(시간)에 **따라** 배우는 과목이 달라집니다.
(기숙사 규칙)에 **따라** 생활해야 합니다.	(교통 규칙)에 **따라** 운전을 하면 사고를 줄일 수 있습니다.
(재료)에 **따라** 김치 맛이 다양합니다.	(재료)에 **따라** 여러 가지 물건을 만들 수 있습니다.
(지역)에 **따라** 문화가 다릅니다.	(지역)에 **따라** 집값의 차이가 있습니다.
(계절)에 **따라** 옷을 삽니다.	(나라)에 **따라** 문화가 달라집니다.

117. -에 따르면

학습목표	어떤 상황이나 기준에 기댐을 나타내는 표현 익히기

학습내용	시간 40분	교수 · 학습 활동
도입	3분	T: 오늘은 바람이 많이 부네요. S: 네, 하늘도 매우 흐려요. T: 일기예보**에 따르면** 지금 대형 태풍이 올라오고 있다고 해요.
의미제시	10분	어떤 상황이나 사실을 설명하면서 주관적 의견이 아닌 다른 기준을 인용 할 때 사용하는 표현이다. 1. 이 자료**에 따르면** 이 국가의 채무 총액은 GNP의 절반에 달하고 있다고 한다. 2. 의사의 말**에 따르면** 다음 주말이면 퇴원 할 수 있을 것 같다. 3. 선생님 말씀**에 따르면** 이번 시험은 쉬운 편이 될 것이라고 한다. 4. 아내의 말**에 따르면** 아들 녀석이 요즘 반항기에 접어든 것 같다. 5. 안내문**에 따르면** 이 박물관은 매주 화요일 쉰다고 한다. 　**더 알아봅시다** 1. '–에 의하면'과 비슷한 의미로 쓰인다. 　보도**에 따르면**=보도에 의하면 2. 공적인 상황에서 많이 쓰이며, 주로 종결어미 '–라고 한다'와 같이 쓰인다.
형태제시	10분	|명사|받침○, ×|–에 따르면| 	---	---	--- | 연구보고 → 연구보고**에 따르면** 발표 → 발표**에 따르면** 소문 → 소문**에 따르면** 안내방송 → 안내방송**에 따르면** 사용설명서 → 사용설명서**에 따르면** 1. 최근의 한 연구보고**에 따르면** 당근을 많이 먹으면 키가 커진다고 합니다. 2. 교육부의 발표**에 따르면** 매년 유학생 숫자가 늘어나고 있다고 합니다.

		3. 안내방송**에 따르면** 부산행 열차가 한 시간 늦게 출발한대요.
		4. 사용설명서**에 따르면** 이 제품은 220V에서만 사용할 수 있대요.
		5. 소문**에 따르면** 스티브 씨와 리에 씨가 결혼을 할 거라고 합니다.
유의적 연습과 활용	17분	1. 교사와 대화 연습을 해 봅시다. 　1) T: 왜 이렇게 날씨가 춥죠? 　　S: 일기예보**에 따르면** 시베리아에서 찬바람이 왔다고 합니다. 　2) T: 이번 학기에도 등록금이 오를까요? 　　S: 학교 당국의 발표**에 따르면** 올해에는 등록금이 오르지 않을 거라 　　　고 합니다. 　3) T: 툭소 씨는 언제 돌아오나요? 　　S: 툭소 씨 친구의 말**에 따르면** 다음 달 말이면 돌아온다고 합니다. 　4) T: 이번 여행을 위해서 어떤 옷을 준비해야 하나요? 　　S: 여행사 안내**에 따르면** 별로 춥지 않다고 하니까 두꺼운 옷은 필 　　　요 없을 거예요. 　5) T: 올해도 입시철이 다가왔네요. 　　S: 교육부의 발표**에 따르면** 이번에는 경쟁이 더 심할 것 같다더군요. 2. 친구와 대화 연습을 해 봅시다.

<table>
<tr><td>철수하고 영희가 심하게 다투었다면
서요?</td><td>철수의 말에 따르면 영희가 먼저 화를
냈대요.</td></tr>
<tr><td>아기가 곱슬머리네요.</td><td>부모님 말씀에 따르면 저도 어렸을 때
그랬대요.</td></tr>
<tr><td>공연은 잘 마치셨나요?</td><td>관객들의 평에 따르면 매우 감동적이
었대요.</td></tr>
<tr><td>이번 주는 누가 일등을 했죠?</td><td>연예가 뉴스에 따르면 빅뱅이 1등을
했대요.</td></tr>
<tr><td>약은 언제 먹어야 하나요?</td><td>설명서에 따르면 식사 후 30분에 먹어
야 한다고 하네요.</td></tr>
<tr><td>명절이라 그런지 길이 많이 막히네요.</td><td>신문기사에 따르면 올해는 연휴가 짧아
서 도로 정체가 심할 것이라고 합니다.</td></tr>
<tr><td>요즘 여성결혼이민자가 많이 늘었어요.</td><td>여성부에 따르면 다문화 가족이 점점
늘어나는 추세라고 합니다.</td></tr>
</table>

118. -에 비하면, -에 비하여

학습목표	일정 기준에 비교 판단하는 표현 익히기

학습내용	시간 40분	교수·학습 활동
도입	3분	T: 티엔 씨, 오늘같이 비가 오는 날은 학교 오는 거 어때요? S: 비가 오니까 길이 막혀서 시간이 많이 걸려요. T: 그래도 어제**에 비해** 비가 많아 오지 않았어요. S: 네, 어제는 정말 비가 많이 왔어요. T: 어제**에 비하면** 오늘은 비가 적게 오는 거예요.
의미제시	10분	앞의 명사를 기준으로 뒤의 내용을 판단할 때 사용하는 표현이다. 1. 작년 겨울**에 비해** 올 겨울은 그다지 춥지는 않았던 것 같아요. 2. 이번 성적은 노력**에 비해** 조금 아쉬웠어요. 3. 겨울방학**에 비해** 여름방학은 짧은 편이에요. 4. 닭갈비**에 비하면** 떡볶이가 덜 매운 편이에요. 5. 올해 토픽문제는 작년 문제**에 비하면** 쉬운 편이었어요. **더 알아봅시다** 1. 조사 '에'와 동사 '비하다'가 활용된 표현으로 '−에 비하여', '−에 비하면' '−에 비해서' 등의 표현이 특별한 의미차이 없이 함께 쓰인다. 2. **'−에 비하여'**는 '−에 비해'로 줄여서 사용되는 예가 많다. 3. 단정적인 느낌을 완화하기 위해 '−는 편이다'와 함께 사용되는 경우가 많다. 　 가격**에 비하면** 품질은 좋은 편이네요.
형태제시	10분	<table><tr><td>명사</td><td>받침 ○, ×</td><td>−에 비하면, −에 비하여</td></tr></table> 아버지 → 아버지**에 비해**(비하면) 가격 → 가격**에 비해**(비하면) 나이 → 나이**에 비해**(비하면) 야구 → 야구**에 비해**(비하면) 소문 → 소문**에 비해**(비하면)

		1. 이번에 새로 취임한 사장은 자기 아버지**에 비해** 경영 능력이 있는 편이다. 2. 이 컴퓨터는 가격**에 비해** 성능이 뒤떨어진다. 3. 그 사람은 나이**에 비해** 젊어 보이는 편이다. 4. 우리나라에서는 야구**에 비해** 축구가 더 인기가 있어요. 5. 재미있다는 소문**에 비해** 별로 재미가 없다.

유의적
연습과 활용
	17분	1. 교사와 대화 연습을 해 봅시다.
		  1) T: 듣기 시험이 어려웠나요?
		    S: 쓰기 시험**에 비하면** 어렵지 않은 것 같아요.
		  2) T: 와, 망고네요. 맛있어요?
		    S: 가격**에 비해** 맛은 별로네요.
		  3) T: 어제 파티는 재미있었나요?
		    S: 준비한 음식**에 비해** 너무 많은 사람들이 왔어요.
		  4) T: 왜 그렇게 땀을 흘려요?
		    S: 날씨**에 비해** 너무 두꺼운 옷을 입고 나온 것 같아요.
		  5) T: 오페라는 재미있었나요?
		    S: 뮤지컬**에 비하면** 오페라는 덜 재미있어요.
		  6) T: 리에 씨는 햄버거보다 샌드위치를 많이 드시네요.
		    S: 샌드위치가 햄버거**에 비해** 칼로리가 낮은 편이라서요.
		
		2. 친구와 대화 연습을 해 봅시다.

툭소 씨는 키가 정말 크네요.	제 동생**에 비하면** 저는 큰 것도 아니에요.
부모님께 심하게 꾸중 들었어요?	그래도 잘못**에 비해** 가벼운 꾸중을 들었어요.
벌써 개나리가 피었다고 해요.	어머, 작년 봄**에 비해** 빨리 피었군요.
이번 토픽 시험은 굉장히 어려웠다면서요?	아니요, 작년 시험**에 비하면** 그렇게 어렵지는 않았어요.
율리아 씨는 정말 잘 먹어요.	네, 그리고 먹는 것**에 비해** 살은 안찌는 편이에요.
늘 바쁘게 일하시니 돈도 많이 버시겠네요.	바쁜 것**에 비해** 수입은 많지 않아요.
오늘 주말이라 길이 많이 막히네요.	그래도 지난 연휴**에 비해** 길이 한산한 편이에요.

119. -에 의하여

학습목표	뒤 문장의 상황이 실현되는 방법이나 기준을 나타내는 표현 익히기	

학습내용	시간 40분	교수 · 학습 활동
도입	3분	T: 티엔 씨, 자꾸 결석을 하면 어떻게 해요? S: 죄송합니다. 늦잠을 자 버렸어요. T: 자주 결석을 하면 수업을 따라가기가 어려울 거예요. S: 네, 알겠습니다. T: 지각이나 결석을 자주 하면 학칙**에 의하여** 재수강을 하게 될 수 있어요.
의미제시	7분	뒤 문장의 상황이 이뤄지는 수단과 방법, 경로 혹은 상황이나 기준점을 나타내는 표현이다. T: 이번 소풍 장소는 다수결**에 의하여** 남이섬으로 결정되었습니다. 다음 주 금요일 오전 11시에 학교 앞으로 모이길 바랍니다. T: 이 책은 많은 사람들**에 의하여** 읽힌 시집입니다. T: 이번에 율리아 씨가 한국어 시험에서 좋은 결과를 얻었다고 해요. 노력**에 의하여** 좋은 결과가 결정되는 법이지요. T: 아무리 화나는 일이 있어도 감정**에 의하여** 일을 처리 하는 것은 현명한 방법이 될 수 없어요. **더 알아봅시다** 1. 뒤 내용에 대한 하나의 기준을 나타낼 때 '-에 따라서'로 바꿔 쓸 수 있다. 　예) 법**에 의하여** 공정한 처벌을 내려야 합니다. 　　　법**에 따라서** 공정한 처벌을 내려야 합니다. 2. 뒤 내용에 대한 '방법, 수단, 경로'의 의미일 땐 '-(으)로'바꿔 쓸 수 있다. 　예) 다수결**에 의하여** 아침 등교 시간을 9시로 결정했다. 　　　다수결**로** 아침 등교 시간을 9시로 결정했다. 3. 사적인 자리보다는 공식적인 자리에서 쓴다.
형태제시	10분	<table><tr><td>명사</td><td>받침 ○, ×</td><td>-에 의하여</td></tr></table> *교사가 결합정보와 예문을 제시한 뒤, 먼저 교사가 예문을 읽는다. 그 후 학생들이 예문을 따라 읽을 수 있도록 한다.

		규칙 → 규칙에 의하여 출입국관리법 → 출입국관리법에 의하여 경찰 → 경찰에 의하여 투표 → 투표에 의하여 컴퓨터 → 컴퓨터에 의하여 1. 모든 운동경기는 공정한 규칙에 의하여 심판을 봐야 합니다. 2. 출입국관리법에 의하여 비자를 연장할 수 있습니다. 3. 그 도둑은 경찰에 의하여 바로 체포되었다. 4. 투표에 의하여 대통령이 선출되었다. 5. 컴퓨터에 의하여 업무 처리가 빨라졌다.
유의적 연습과 활용	20분	1. 교사와 대화 연습을 해 봅시다. 　1) T: 티엔 씨, 교실 대청소를 언제 하는 것이 좋을까요? 　　 S: 학생들의 의견에 의하여 결정하는 것이 좋겠어요. 　2) T: 율리아 씨, 친구들과 싸우지 않는 방법이 있을까요? 　　 S: 감정에 의하여 화를 내지 않는 것이 중요해요. 2. 알맞은 것을 골라서 문장을 완성해 봅시다. 〈보기〉 다수결, 소문, 학칙, 라디오 　1) 다수결에 의하여 반장이 뽑혔다. 　2) 그 음식점은 소문에 의하여 더 유명한 음식점이 되었다. 　3) 라디오에 의하여 오늘의 뉴스를 들을 수 있었다. 　4) 학생들은 학칙에 의하여 학교 생활을 해야 합니다.

120. -에 의하면

어떤 상황이나 기준에 의거함을 나타내는 표현 익히기

학습내용	시간 40분	교수 · 학습 활동
도입	3분	T: 티엔 씨, 오늘은 학교에 일찍 왔네요. S: 네, 일찍 왔어요. T: 학교에 일찍 와서 무엇을 했어요? S: 오늘 공부할 부분을 읽어 봤어요. T: 학생들 말**에 의하면** 요즘 티엔 씨가 한국어 공부를 열심히 한다던데요. 그게 정말이었군요!
의미제시	7분	어떤 상황이나 기준에 의거함을 나타내는 표현이다. 주로 문어체에서 많이 사용한다. T: 뉴스**에 의하면** 다음 달이 추석이라 미리 표를 예매해야 한대요. T: 부모님의 말씀**에 의하면** 공부에도 때가 있다고 해요. 틀린 말은 아닌 것 같아요. 공부할 시기를 놓치면 다시 공부하기가 더 힘들거든요. T: 텔레비전 광고**에 의하면** 다음 주까지 백화점 세일을 한다고 해요. 주말에 백화점으로 쇼핑을 가면 좋을 것 같네요. T: 툭소 씨의 말**에 의하면** 스티브 씨가 많이 아파서 학교에 못 온다고 해요. **더 알아봅시다** 1. '-에 의하면'은 큰 의미차이 없이 '-에 따르면'으로 바꿔 쓸 수 있다. 　예) 학교 규칙**에 의하면** 중간고사는 한 사람도 빠짐없이 응시해야 한다. 　　　학교 규칙**에 따르면** 중간고사는 한 사람도 빠짐없이 응시해야 한다.
형태제시	10분	<table><tr><td>명사</td><td>받침 ○, ×</td><td>-에 의하면</td></tr></table>소문 → 소문**에 의하면**, 동료 → 동료**에 의하면**, 교육청 → 교육청**에 의하면**, 말씀 → 말씀**에 의하면**, 광고 → 광고**에 의하면**

		*교사가 결합정보와 예문을 제시한 뒤, 먼저 교사가 예문을 읽는다. 그 후 학생들이 예문을 따라 읽을 수 있도록 한다. 1. 소문**에 의하면** 이번에 툭소 씨가 장학금을 받게 될 거라고 해요. 2. 동료**에 의하면** 이번에 회사를 서울에서 경기도로 이전할 거라고 합니다. 3. 교육청**에 의하면** 이번 수능시험은 지난 해 보다 쉽게 출제된다고 합니다. 4. 부모님의 말씀**에 의하면** 다음 주에 할머니 댁에 갈 거라고 하셨어요. 5. 광고**에 의하면** 이 시계는 100% 방수가 되는 시계라고 해요.
유의적 연습과 활용	20분	1. 교사와 대화 연습을 해 봅시다. 　1) T: 티엔 씨, 재미있는 영화를 추천해 주세요. 　　S: 친구들의 이야기**에 의하면** 요즘 '슈퍼맨'이 제일 재미있다고 해요. 　2) T: 리에 씨, 오늘 입고 온 옷이 참 예쁘네요. 　　S: 언니 말**에 의하면** 이 옷이 저에게 제일 잘 어울린대요. 　3) T: 스티브 씨, 핸드폰이 깨졌다면서요? 　　S: 수리점 직원의 말**에 의하면** 핸드폰이 충격에 많이 약하다고 해요. 　4) T: 율리아 씨, 내일 날씨가 어때요? 　　S: 뉴스**에 의하면** 날씨가 더워진다고 하네요. 2. 친구와 대화 연습을 해 봅시다. 表

2. 친구와 대화 연습을 해 봅시다.

상황	친구
내일 리에 씨가 이사를 가다	친구들의 <u>이야기</u>**에 의하면** 리에 씨가 이사를 갈 거라고 한다.(이야기)
선생님께서 편찮으시다	들리는 <u>소식</u>**에 의하면** 선생님께서 많이 편찮으셔서 병문안을 갈 거라고 한다.(소식)
고속도로가 막히다	<u>뉴스</u>**에 의하면** 연휴가 길어서 고속도로가 막힐 거라고 한다.(뉴스)
버스 요금이 오르다	버스 기사님의 <u>말씀</u>**에 의하면** 다음 달부터 버스 요금이 오른다고 한다.(말씀)

121. -ㄴ 걸 보니까, -은 걸 보니까, -는 걸 보니까

학습목표	추측을 나타내는 표현 익히기

학습내용	시간 40분	교수 · 학습 활동
도입	3분	T: 티엔 씨, 왜 그렇게 숨이 차요? S: 지각한 줄 알았어요. T: 티엔 씨가 숨이 **찬 걸 보니까** 학교에 뛰어 왔나 봐요. 　　우산도 쓰고 왔네요? S: 네, 밖에 비가 와요. T: 우산을 **쓴 걸 보니까** 비가 오는군요. 제가 올 때는 안 왔는데…
의미제시	7분	앞 문장을 근거로 자신의 생각을 추측해서 말할 때 쓴다. T: 먹구름이 끼었어요. 비가 올 것 같아요. 먹구름이 **낀 걸 보니까** 비가 올 것 같아요. T: 아이가 웃어요. 기분이 좋은 것 같아요. 아이가 **웃는 걸 보니까** 기분이 좋은 가 봐요. T: 밥을 급하게 먹어요. 배가 고픈 것 같아요. 밥을 급하게 **먹는 걸 보니까** 배가 고픈 모양이에요. 　**더 알아봅시다** 1. '-으(ㄴ)걸 보니까'는 뒤 문장 '-(으)ㄴ 것 같다', '-(으)ㄴ 모양이다', '-(으)ㄴ 가보다'와 같은 추측 표현과 자연스럽게 어울린다. 　예) 창 밖이 시끄러**운 걸 보니까** 밖에 무슨 일이 있는 것 같다. 　　　열이 나**는 걸 보니까** 감기에 걸린 모양이다. 　　　옷에 신경 쓰**는 걸 보니까** 중요한 약속이 있나 보다. 2. 주로 2,3인칭에 쓰이며, 1인칭에 쓰일 때는 주어를 생략하기도 한다. 　예) (내가) 그런 말까지 하**는 걸 보니까**, (내가) 그 사람이 정말 싫은 모양이다.
형태제시	10분	

		현재	받침 ○, ×	−는 걸 보니까
동사		과거	받침 ○	−은 걸 보니까
			받침 ×	−ㄴ 걸 보니까
형용사		현재	받침 ○	−은 걸 보니까
			받침 ×	−ㄴ 걸 보니까

		자다 → 자**는 걸 보니까**, 먹다 → 먹**는 걸 보니까**, 웃다 → 웃**는 걸 보니까**, 조용하다 → 조용**한 걸 보니까**, 밝다 → 밝**은 걸 보니까**
		1. 세상 모르고 자**는 걸 보니까** 많이 피곤한 모양이다.
		2. 이것저것 정신없이 먹**는 걸 보니까** 매우 배고픈 것 같다.
		3. 졸업식에서 활짝 웃**는 걸 보니까** 기분이 좋은가 보다.
		4. 교실이 조용**한 걸 보니까** 아무도 안 왔나 보다.
		5. 표정이 밝**은 걸 보니까** 시험을 잘 본 모양이다.
유의적 연습과 활용	20분	1. 교사와 대화 연습을 해 봅시다. 　1) T: 티엔 씨가 영화를 보고 울어요. 　　S: 티엔 씨가 영화를 보고 우**는 걸 보니까** 영화가 슬픈가 봐요. (울다) 　2) T: 툭소 씨는 커피를 안 마셔요. 　　S: 툭소 씨가 커피를 안 마시**는 걸 보니까** 커피를 싫어하는 모양이에요. (마시다) 　3) T: 날씨가 점점 따뜻해져요. 　　S: 날씨가 점점 따뜻해지**는 걸 보니까** 봄이 오나 봐요. (따뜻해지다) 　4) T: 스티븐 씨가 계속 전화를 안 받아요. 　　S: 스티븐 씨가 계속 전화를 안 받**는 걸 보니까** 많이 바쁜 모양이에요. (전화를 안 받다) 　5) T: 리에 씨는 항상 빨간 가방을 가지고 다녀요. 　　S: 리에 씨가 항상 빨간 가방을 가지고 다니**는 걸 보니까** 빨간 색을 좋아하나 봐요. (다니다) 2. 친구와 대화 연습을 해 봅시다.

<table>
<tr><th>나</th><th>상황</th><th>친구</th></tr>
<tr><td>친구가 구두를 사는 걸 보니까 마음에 드나 봐요.</td><td>구두를 사다</td><td></td></tr>
<tr><td>리엔 씨는 노래를 항상 부르는 걸 보니까 노래를 정말 좋아하는 사람인가 봐요.</td><td>노래를 부르다</td><td></td></tr>
<tr><td></td><td>음식을 준비하다</td><td>음식을 준비하는 걸 보니까 식사 시간이 다가오나 봐요.</td></tr>
<tr><td></td><td>선물을 고르다</td><td>선물을 고르는 걸 보니까 누구에게 줄 모양이에요.</td></tr>
<tr><td>사람들이 많은 걸 보니까 재미있는 일이 있는 모양이에요.</td><td>사람들이 많다</td><td></td></tr>
</table>

122. -ㄴ 모양이다, -은 모양이다, -는 모양이다

학습목표	추측을 나타내는 표현 익히기

학습내용	시간 40분	교수 · 학습 활동
도입	3분	T: 티엔 씨, 갑자기 얼굴이 하얗게 변했어요. 어디 아파요? S: 머리가 아파요. T: 아침에 무엇을 먹었어요? S: 늦잠을 자서 아침을 빨리 먹었어요. T: 식사를 너무 빨리 해서 체**한 모양이에요**. 빨리 의무실로 가세요.

의미제시	7분	다른 상황을 보고 현재 어떤 상황일 것이라고 추측할 때 사용한다.
		
		T: 율리아 씨가 수업 시간에 졸아요. 어제 늦게 **잔 모양이에요**.
		T: 스티브 씨는 리에 씨만 보면 웃는 걸 보니, 리에 씨를 좋아하**는 모양이에요**.
		T: 전화를 안 받고, 안내음만 나와요. 휴대폰 배터리가 없**는 모양이에요**.
		
		더 알아봅시다
		1. 현장에서 지각하는 상황이나 분위기로 추측할 때 사용한다.
		2. 자기 자신을 추측할 수 없다.
		   예) 저는 배가 부른 것을 보니 과식을 한 모양이에요.(×)
		3. 객관적인 사실이나 정보를 통해 추측한다.
		   예) 안색이 안 좋은 것을 보니/누워 있는 것을 보니/ 아픈 모양이다
		* 추측에 관련된 유사문법

확실성 높음	겠	는가 보다	을 것 같다	을 듯하다	을 지 모르다	확실성 낮음
	을 것이다	(은)ㄴ/는 모양이다		을 듯싶다		

형태제시	10분	동사, 있다/없다	받침 ㅇ, ×	-는 모양이다
		형용사, 이다/아니다	받침 ㅇ	-은 모양이다
			받침 ×	-ㄴ 모양이다

좋다 → 좋**은 모양이다**, 자다 → 자**는 모양이다**, 덥다 → 더**운 모양이다**.(ㅂ불규칙), 없다 → 없**는 모양이다**, 학생이다 → 학생**인 모양이다**.

*교사가 칠판에 판서한 표현들을 바르게 읽고 학생들에게 한 번씩 따라 읽도록 한다.

1. 동생이 꽃다발을 받고 웃는 모습을 보니 좋**은 모양이다.**
2. 나오라고 소리를 쳐도 방에서 안 나오는 것을 보니 자**는 모양이다.**
3. 땀을 비 오듯이 흘리는 것을 보니 더**운 모양이다.**
4. 쇼핑을 가서도 옷을 사지 않은 것을 보니 돈이 없**는 모양이다.**
5. 대학 도서관에서 공부하는 것을 보니 학생**인 모양이다.**

유의적 연습과 활용	20분	1. 교사와 대화 연습을 해 봅시다.

1. 교사와 대화 연습을 해 봅시다.
  1) T: 특소 씨가 안색이 안 좋아요. 땀도 흘려요.
    S: 안색이 안 좋고 땀을 흘리는 것을 보니 아**픈 모양이에요.** (아프다)
  2) T: 스티브 씨가 수업 시간에 졸아요.
    S: 조는 것은 보니 피곤**한 모양이에요.** (피곤하다)
  3) T: 잔디밭에서 점심을 먹는 친구들이 많아요.
    S: 잔디밭에서 점심을 먹는 것을 보니 날이 따뜻**한 모양이에요.** (따뜻하다)
  4) T: 티엔 씨는 고기를 먹지 않아요.
    S: 고기를 먹지 않은 것을 보니 채식주의자**인 모양이에요** (채식주의자)

2. 친구와 대화 연습을 해 봅시다.

추측한 상황	친구와 함께 생각해서 말해요
아픈 모양이에요.	(누워있다. 손이 차다) 손이 차고 누워있**는 걸 보니** 아픈 모양이에요.
추운 모양이에요.	옷을 여러 벌 입다. (손난로를 가지다) 옷을 여러 벌 입고 (　)**은/는 걸 보니** 추운 모양이에요.
빵을 좋아하는 모양이에요.	(밥을 먹지 않다) 밥을 먹지 않고 빵만 먹**는 것을 보니** 빵을 좋아하는 모양이에요.
고향에 갈 모양이에요.	비행기 표를 사다, (짐을 꾸리다) 비행기 표를 사고 (　)**은/는 것을 보니** 고향에 갈 모양이에요.
비가 올 모양이에요.	(날이 흐려지다) 날이 흐려지**는 것을 보니** 비가 올 모양이에요.
가방을 살 모양이에요.	가방 가게에 가다 가방 가게에 가**는 것을 보니** 가방을 살 모양이에요.
돈을 많이 번 모양이에요.	비싼 자동차를 타다 비싼 자동차를 타**는 것을 보니** 돈을 많이 번 모양이에요.

123. - ㄴ 법이다, -은 법이다. -는 법이다

학습목표	정해져 있거나 당연함을 나타내는 표현 익히기

학습내용	시간 40분	교수 · 학습 활동
도입	3분	T: 티엔 씨의 아기는 누구를 닮았어요? S: 남편도 닮고 저도 닮았어요. T: 엄마, 아빠가 예쁘고 잘 생겨서 그런지 아기가 정말 예뻐요. S: 감사합니다. T: 부모가 예쁘면 아기도 예**쁜 법이에요.**
의미제시	7분	앞 문장의 동작이나 상태가 이미 그렇게 정해져 있다거나 그런 것이 당연하다는 의미한다. T: 스티브 씨는 친구가 참 많아요. 성격이 좋아서 친구가 많아요. 성격이 좋으면 친구가 많**은 법이에요.** T: 나이가 들어 흰머리가 생겼어요. 속상해요. 하지만 나이가 들면 흰머리가 생기**는 법이에요.** T: 남자 친구와 헤어진 리에 씨가 걱정이에요. 너무 슬퍼해요. 하지만 시간이 지나면 슬픔도 사라지**는 법이에요.** **더 알아봅시다** 1. 어미 '–는–'뒤에 '법이 없다/있다'가 쓰여, 이미 버릇이 되어 어떤 일을 결코 하지 않는 것이 습관이라는 뜻을 나타내기도 한다. 　예) 그는 아무리 늦게 자도 늦잠을 자는 법이 없다. 　　　티엔 씨는 지각을 하는 법이 없다.
형태제시	10분	<table><tr><td>동사. 없다/있다.</td><td>받침 ○, ×</td><td>– 는 법이다</td></tr><tr><td>형용사, 이다/아니다</td><td>받침 ○, ×</td><td>– (은)ㄴ 법이다</td></tr></table> 귀찮다 → 귀찮은 법이다, 이기다 → 이기는 법이다, 싸우다 → 싸우는 법이다, 듣다 → 듣는 법이다, 배우다 → 배우는 법이다 *교사가 칠판에 판서한 표현들을 바르게 읽고 학생들에게 한 번씩 따라 읽도록 한다.

		1. 피곤하면 모든 일이 귀찮**은 법이다.** 2. 실패해도 포기하지 않고 열심히 노력하면 이기**는 법이다.** 3. 아무리 좋은 사이라도 가끔은 싸우**는 법이에요.** 4. 아이들은 칭찬을 많이 해 주면 말을 잘 듣**는 법이에요.** 5. 아이는 부모로부터 배우**는 법입니다.**
유의적 연습과 활용	20분	1. 교사와 대화 연습을 해 봅시다. 　1) T: 좋아하는 음식을 일주일 동안 매일 먹었어요. 이제는 그 음식을 　　　먹지 않아요. 　　S: 좋아하는 음식도 자주 먹으면 먹기 싫**은 법이에요.** 　2) T: 형제들이 모두 잘 생겼어요. 부모님도 아주 잘 생겼어요. 　　S: 자식들은 부모를 닮**는 법이에요.** 　3) T: 그 사람은 감옥에 갔어요. 다른 사람의 돈을 여러 번 훔쳤대요. 　　S: 나쁜 일을 하면 감옥에 가**는 법이에요.** 　4) T: 툭소 씨는 남자 친구가 생겼어요. 날씬해지고 예뻐졌어요. 　　S: 사랑을 하면 예뻐지**는 법이에요.** 　5) T: 시험에 떨어져도 포기하지 않았어요. 이번에 합격했어요. 　　S: 포기하지 않으면 합격하**는 법이에요.** 2. 친구와 대화 연습을 해 봅시다. *알맞은 말을 넣어 문장을 만들어 봅시다.

상황	대답
야식을 많이 먹으면	나: 살이 찌**는 법이에요.**(살이 찌다)
	친구: 건강이 나빠지**는 법이에요.**(건강이 나빠지다)
살다보면	나: 좋은 날이 있**는 법이에요.**(좋은 날이 있다)
	친구: 슬픈 날이 있**는 법이에요.**(슬픈 날이 있다)
대화를 많이 하면	나: 사이가 좋아지**는 법이에요.**(사이가 좋아지다)
	친구: 더욱 친하게 지내**는 법이에요.**(친하게 지내다)
포기하지 않으면	나: 원하는 것을 가질 수 있**는 법이에요.**(가지다)
	친구: 성공하**는 법이에요.**(성공하다)
좋은 일이 생기면	나: 자랑하고 싶**은 법이에요.**(자랑하고 싶다)
	친구: 한 턱 내고 싶**은 법이에요.**(한 턱 내고 싶다)

124. -ㄴ 셈이다, -은 셈이다, -는 셈이다

학습목표	앞의 내용으로 뒤의 오는 결과를 나타내는 표현 익히기

학습내용	시간 40분	교수 · 학습 활동
도입	3분	T: 이번 주말이 종강이지요? S: 네, 그래요. 벌써 종강이 다가왔어요. T: 이제 일주일밖에 안 남았으니 이번 학기도 거의 다 **끝난 셈이**에요.
의미제시	10분	앞의 내용을 가지고 뒤의 오는 결과를 간주하는 표현이다. 실제로 동일한 것은 아니지만 거의 그런 것이나 다름없다는 의미이다. 1. 수박 한 통을 오천 원에 샀으니 싸게 **산 셈이**에요. 2. 겨울에는 연말연시밖에 쉬지 않으니 방학이 짧**은 셈이**에요. 3. 한국의 여름은 태국에 비하면 덥지 않**은 셈이**에요. 4. 일주일에 5일이나 수업이 있으니 거의 매일 학교에 가**는 셈이**에요. 5. 집에서 학교까지 차로 한 시간이나 걸리니 꽤 **먼 셈이**에요. **더 알아봅시다** 맛있다. 멋있다 등의 형용사는 받침 있는 동사와 같은 형태에서 활용된다. 맛있다 → 맛있**는 셈이다** 멋있다 → 멋있**는 셈이다**
형태제시	10분	

동사, 있다/없다	받침 ○	과거	-은 셈이다
		현재	-는 셈이다
	받침 ×, 받침 ㄹ	과거	ㄴ 셈이다
		현재	-는 셈이다
형용사, 이다/아니다	받침 ○	-은 셈이다	
	받침 ×, 받침 ㄹ	-ㄴ 셈이다	

먹다 → 현재/먹**는 셈이다**　　과거/먹**은 셈이다**

잘하다 → 현재/잘하**는 셈이다**　　과거/잘**한 셈이다**

좋다 → 좋**은 셈이다**

예쁘다 → 예쁜 **셈이다**

쉬다 → 쉬**는 셈이다**

		1. 혼자서 2인분을 먹었으니 꽤 많이 먹**은 셈**이다. 　일주일에 두 번이나 불고기를 먹으니 자주 먹**는 셈**이다. 2. 졸업생 전체에서 10위 안에 들었으니 공부를 잘**한 셈**이다. 3. 아기가 그 정도면 말을 꽤 잘**하는 셈**이다. 4. 공부를 안 하고도 시험은 잘 보니 머리는 좋**은 셈**이에요. 5. 김태희를 닮았다는 소리를 들을 정도니 예**쁜 셈**이지요. 6. 금요일이 개교기념일이니 3일을 쉬**는 셈**이다.
유의적 연습과 활용	17분	1. 교사와 대화 연습을 해 봅시다. 　1) T: 그 구두는 얼마에 샀어요? 　　　S: 좋은 구두인데 십만 원에 샀으니 싸게 **산 셈**이에요. 　2) T: 율리아 씨, 듣기 시험이 90점이나 나왔어요. 잘했어요. 　　　S: 아니에요. 쓰기가 95 점인데 듣기는 잘 못 **본 셈**이에요. 　3) T: 스티브 씨 오늘 왜 지각했지요? 　　　S: 일곱 시에 집에서 나왔으니 일찍 나**온 셈**인데 길이 막혔어요. 　4) T: 부모님께 일주일에 몇 번이나 전화를 거세요? 　　　S: 일주일에 세 번은 거니까 자주 거**는 셈**이에요. 　5) T: 여행 준비는 다 되셨나요? 　　　S: 네, 가방까지 다 싸 놓았으니 여행 준비는 다 **한 셈**이에요. 2. 친구와 대화 연습을 해 봅시다. _표 참조_

2. 친구와 대화 연습을 해 봅시다.

리에 씨는 정말 예쁘게 생겼어요.	미스 방콕인 제 동생에 비하면 저는 못생**긴 셈**이에요.
스티브 씨, 송편 좀 예쁘게 만들 수 없어요?	하하, 그래도 툭소 씨 보다는 잘 만드**는 셈**이에요.
외식은 자주 하시나요?	일주일에 세 번은 외식을 하니 자주 **하는 셈**이에요.
처음 하는 발표라 너무 떨렸어요.	처음치고는 아주 잘**한 셈**이에요.
율리아 씨는 한국 음식을 잘 먹나요?	김치찌개도 먹으니 잘 먹**는 셈**이에요.
그 편의점은 시급이 8천원이라네요.	그 정도면 꽤 많이 주**는 셈**이에요.
이번 설날에 세뱃돈은 얼마나 받았어요?	30만원이나 받았으니 꽤 많이 받**은 셈**이에요.

125. -ㄴ 척하다, -은 척하다, -는 척하다

학습목표 그럴 듯하게 꾸미는 모습을 나타내는 표현 익히기

학습내용	시간 40분	교수 · 학습 활동
도입	3분	T: 학교에 올 때 전철을 타요, 버스를 타요? S: 저는 전철을 타고 옵니다./저는 버스요. T: 저는 버스를 타고 오는데 사람이 많아서 아주 힘들어요. 오늘은 버스에서 내리다가 넘어졌어요. S: 어머, 다치셨어요? T: 다치지는 않았지만 굉장히 아팠어요. 그런데 너무 창피해서 안 아픈 **척하**고 얼른 일어났어요.
의미제시	10분	사실과 다르게 그럴듯하게 꾸미는 태도를 나타내는 표현이다. 1. 학원에 가는 **척하**고 나와서 친구를 만나 영화를 보았어요. 2. 그 사람과 같이 밥을 먹으러 가기 싫어서 벌써 밥을 먹은 **척 했**어요. 3. 잘 알지도 못하면서 아는 **척 하**다가 망신을 당했어요. 4. 아무렇지도 않은 **척 했**지만 속으로는 무척 마음이 아팠습니다. 5. 학생인 **척하**고 대학 도서관을 출입했어요. **더 알아봅시다** '-체 하다'와 동일한 의미로 쓰인다. 아는 **척 하다** = 아는 체 하다 좋은 **척 하다** = 좋은 체 하다
형태제시	10분	<table><tr><td rowspan="4">동사, 있다/없다</td><td rowspan="2">받침 ○</td><td>과거</td><td>-은 척하다</td></tr><tr><td>현재진행</td><td>-는 척하다</td></tr><tr><td rowspan="2">받침 ×, 받침 ㄹ</td><td>과거</td><td>-ㄴ 척하다</td></tr><tr><td>현재진행</td><td>-는 척하다</td></tr><tr><td rowspan="2">형용사, 이다/아니다</td><td>받침 ○</td><td colspan="2">-은 척하다</td></tr><tr><td>받침 ×, 받침 ㄹ</td><td colspan="2">-ㄴ 척하다</td></tr></table> 먹다 → 현재/먹는 **척하다** 과거/먹은 **척하다**, 가다 → 현재/가는 **척하다**, 과거/간 **척하다**, 좋다 → 좋은 **척하다**, 바쁘다 → 바쁜 **척하다**, 없다 → 없는 **척하다**.

		1. 스파게티가 짜고 맛이 없었지만 맛있게 먹**은 척 했**어요.

<table>
<tr><td rowspan="2"></td><td rowspan="2"></td><td>1. 스파게티가 짜고 맛이 없었지만 맛있게 먹은 척 했어요.
　그가 가는 것을 보았지만 밥을 먹는 척하며 일어나지 않았어요.
2. 어제도 학원에 가지 않았지만 엄마에게 야단 맞을까봐 간 척 했어요.
3. 기분이 좋은 척 하고 축하해 주었어요.
4. 동창회에 나가기 싫어서 바쁜 척하고 안 나갔어요.
5. 친구에게 돈을 빌려주기 싫어서 없는 척했어요.</td></tr>
<tr><td></td></tr>
<tr><td>유의적
연습과 활용</td><td>17분</td><td>1. 교사와 대화 연습을 해 봅시다.
　1) T: 김치찌개가 그렇게 맛있었어요?
　　S: 아뇨, 무척 매웠지만 안 매운 척하고 열심히 먹은 거예요.
　2) T: 툭소 씨, 너무 공부만 하면 건강을 해칩니다. 쉬어 가면서 하세요.
　　S: 아니에요. 그냥 열심히 하는 척만 하는 거예요. 아직 멀었어요.
　3) T: 스티브 씨는 오늘도 안 오네요. 많이 바쁜가 봐요.
　　S: 공부하기 싫어서 괜히 바쁜 척 하는 거예요.
　4) T: 리에 씨, 스티브 씨와 교제한다면서요?
　　S: 선생님, 쉿! 학교에서는 서로 모르는 척 하기로 했어요.
　5) T: 율리아 씨, 낮에는 공부하고 밤에는 일하느라 힘들지요?
　　S: 네, 그렇지만 사람들 앞에서는 힘들지 않은 척 하기로 했어요.

2. 친구와 대화 연습을 해 봅시다.
　〈'-ㄴ 척하다, -는 척하다, -은 척하다'를 사용하여 문장을 만들어 봅시다.〉</td></tr>
</table>

그녀가 너무 보고 싶어 못 참겠어요.	그렇게 고민만 하지 말고 모르**는 척 하**고 데이트 신청을 해보세요.
이번 발표 정말 멋졌어요. 떨리지 않던가요?	아니요, 너무 긴장해서 떨리지 않**는 척 하**느라 힘들었어요.
스티브 씨는 왜 그렇게 말이 많을까요?	잘 알지도 못하면서 아**는 척 하**려니 그런 것 같아요.
너무 피곤해서 내일 야유회는 정말 가고 싶지 않군요.	그러면 아**픈 척 하**고 하루 쉬세요.
앞으로 그 사람과는 어떻게 지낼 생각이에요?	길에서 만나도 모르**는 척 하**기로 했어요.
게임에서 졌다고 그렇게 화를 내면 어떡해요.	상대가 반칙을 하니 아무렇지도 않**은 척 하**기가 힘들었어요.
어머, 그 책을 하루에 다 읽었어요?	수업시간에도 공부하**는 척하**며 이 책을 읽었거든요.

126. -ㄴ 채로, -은 채로

| 학습목표 | 어떤 행동을 한 상태가 계속 유지됨을 나타내는 표현 익히기 |

학습내용	시간 40분	교수 · 학습 활동
도입	3분	T: 티엔 씨, 다리가 왜 그래요? S: 배드민턴을 치다가 다쳤어요. T: 다리에 깁스를 **한 채로** 학교에 왔네요. S: 다리를 다쳐서 한 달 동안 깁스를 해야 한다고 하셨어요. T: 다리에 깁스를 **한 채로** 학교에 오려면 많이 힘들겠어요. 여러분, 티엔 　씨가 많이 아프니까 옆에서 많이 도와주세요.
의미제시	7분	어떤 행동을 한 상태가 계속 유지될 때 사용하는 표현이다. T: 율리아 씨는 화장도 못 **한 채로** 학교에 왔군요. T: 커피가 다 식**은 채로** 식탁 위에 있네요. 다시 따뜻하게 데워야겠어요. T: 리에 씨는 공부도 하지 않**은 채로** 시험을 봤군요. 성적이 너무 많이 떨 　어져서 걱정이 되네요. T: 툭소 씨는 영화가 너무 슬픈 나머지 눈물도 닦지 않**은 채로** 영화만 봐요. 　　　**더 알아봅시다** 　1. '-로'를 생략하고 '-(으)ㄴ 채'형태로도 사용한다. 　　　예) 신발도 벗지 않**은 채로** 방에 들어가면 안 된단다. 　　　　신발도 벗지 않**은 채** 방에 들어가면 안 된단다.
형태제시	10분	<table><tr><td rowspan="2">동사</td><td>받침 ○</td><td>-은 채로</td></tr><tr><td>받침 ×</td><td>-ㄴ 채로</td></tr></table> 열다 → 연 **채로** 신다 → 신은 **채로** 켜다 → 켠 **채로** 끼다 → 낀 **채로** 쓰다 → 쓴 **채로** 치우지 않다 → 치우지 않은 **채로**

		*교사가 결합정보와 예문을 제시한 뒤, 먼저 교사가 예문을 읽는다. 그 후 학생들이 예문을 따라 읽을 수 있도록 한다. 1. 창문을 연 **채로** 잠들면 감기에 걸리기 쉬워요. 2. 굽 높은 구두를 신은 **채로** 오랫동안 걸어 다니긴 힘들 거예요. 3. 가스레인지를 켠 **채로** 외출하는 것은 매우 위험해요. 4. 안경을 낀 **채로** 운동을 하면 너무 불편할 거예요. 5. 방을 치우지 않은 **채로** 밖에 나가면 어머니께 분명 혼날 거예요.
유의적 연습과 활용	20분	1. 교사와 대화 연습을 해 봅시다. 　1) T: 티엔 씨, 왜 오늘 한국어 책을 안 가져왔어요? 　　 S: 죄송해요. 깜빡하고 한국어 책을 책상 위에 둔 **채로** 그냥 왔어요. 　2) T: 율리아 씨, 오늘 피부가 안 좋아 보여요. 　　 S: 너무 졸려서 화장을 지우지 않은 **채로** 자서 그런가 봐요. 　3) T: 리에 씨, 어제 친구와 싸웠다면서요? 　　 S: 네. 친구와 싸웠어요. 그래서 기분이 안 좋은 **채로** 집에 갔어요. 　4) T: 툭소 씨, 스트레스를 받으면 어떻게 풀어요? 　　 S: 눈을 감은 **채로** 음악을 들어요. 그러면 스트레스가 좀 풀려요. 2. 친구와 대화 연습을 해 봅시다. 　다음 상황을 보고 어떤 일이 벌어질지 상상하여 봅시다. | 상황	결과
---	---
너무 힘들다/세수를 하지 않고 잠들다	너무 힘들어서 세수를 하지 않은 **채로** 잠들었어요.
휴대폰을 기숙사에 두었다/학교에 오다	휴대폰을 기숙사에 둔 **채로** 학교에 왔어요.
방을 치우지 않다/학교에 가다	방을 치우지 않은 **채로** 학교에 갔어요.
컴퓨터를 끄지 않다/밖에 나가다	컴퓨터를 끄지 않은 **채로** 밖에 나갔어요.
머리가 아프다/시험을 보다	머리가 아픈 **채로** 시험을 봤어요.	

127. -ㄹ걸 그랬다, -을 걸 그랬다

학습목표	과거의 행동이나 하지 않은 일에 대한 후회를 나타내는 표현 익히기

학습내용	시간 40분	교수·학습 활동
도입	3분	T: 티엔 씨, 무슨 걱정이 있어요? S: 살이 쪄서 걱정이에요. T: 운동을 열심히 하면 살을 뺄 수 있을 거예요. S: 아르바이트가 늦게 끝나서 운동할 시간이 없어요. T: 시간이 날 때 틈틈이 운동을 하세요. 계획을 세워서 조금씩 운동해 보세요. 나중에 운동**할 걸 그랬어** 하고 후회할 수 있어요.

의미제시	7분	과거의 행동이나 하지 않은 일에 대한 후회와 아쉬움을 나타내는 표현이다.
		
		T: 영어 공부를 일찍 시작**할 걸 그랬어요**. 요즘 영어를 사용해야 할 상황이 점점 늘어나고 있거든요.
		T: 시간이 날 때 틈틈이 운동을 **해 둘 걸 그랬어요**. 요즘은 너무 바빠서 운동을 꾸준히 하기가 힘들어요.
		T: 다음 달에 여행을 가요. 미리 저축을 **해 둘걸 그랬어요**. 미리 저축을 했다면 더 많은 여행 경비를 모았을 텐데요.
		
		더 알아봅시다
		
		1. '-ㄹ걸, -을 걸'과 바꿔서 쓸 수 있다.
		   예) 공부를 더 열심히 할 **걸 그랬어요**.
		   공부를 더 열심히 할 **걸**.

형태제시	10분	<table><tr><td rowspan="2">동사</td><td>받침 ○</td><td>-을 걸 그랬다</td></tr><tr><td>받침 ×</td><td>-ㄹ 걸 그랬다</td></tr></table> 먹다 → 먹을 **걸 그랬다**, 놀다 → 놀 **걸 그랬다**, 듣다 → 들을 **걸 그랬다**(ㄷ불규칙), 자다 → 잘 **걸 그랬다**, 가다 → 갈 **걸 그랬다**, 쉬다 → 쉴 **걸 그랬다**, 일하다 → 일할 **걸 그랬다**, 노력하다 → 노력할 **걸 그랬다** *교사가 결합정보와 예문을 제시한 뒤, 먼저 교사가 예문을 읽는다. 그 후 학생들이 예문을 따라 읽을 수 있도록 한다.

		1. 일찍 일어나서 아침밥을 먹**을 걸 그랬어요**. 지금 너무 배가 고프네요. 2. 이렇게 점심시간이 길 줄 알았으면 친구들과 더 놀 **걸 그랬어요**. 3. 한국 가요를 더 들**을 걸 그랬어요**. 4. 이렇게 피곤할 줄 알았으면 일찍 잘 **걸 그랬어요**. 5. 미리 여행을 갈 **걸 그랬어요**. 6. 공부를 하지 말고 쉴 **걸 그랬다**. 7. 주말에 놀지 말고 일할 **걸 그랬다**. 8. 이렇게 시험 문제가 어렵게 나올 줄 알았으면 더 공부**할 걸 그랬다**.

유의적
연습과 활용
	20분	1. 교사와 대화 연습을 해 봅시다.
		  1) T: 티엔 씨, 대학생이 되고 나서 후회한 적이 있나요?
		    S: 성적이 떨어져서 후회한 적이 있어요. 공부를 열심히 **할 걸 그랬
		    어요**.
		  2) T: 율리아 씨, 주말에 보고 싶은 영화를 못 봤다면서요?
		    S: 네, 미리 예매를 **해 둘 걸 그랬어요**.
		  3) T: 리에 씨, 휴대 전화 화면이 깨졌다면서요?
		    S: 휴대폰을 조심해서 사용**할 걸 그랬어요**. 너무 속상해요.
		  4) T: 스티브 씨, 신분증이 없어서 통장을 못 만들었다면서요?
		    S: 미리 신분증을 가지고 **갈 걸 그랬어요**. 또 집에 가려고 하니까 귀
		    찮아요.
		  5) T: 비를 맞았군요.
		    S: 우산을 가지고 올 **걸 그랬어요**.
		
		2. 친구와 대화 연습을 해 봅시다.
		– 부모님 말씀을 듣지 않아서 후회한 적이 있나요? 아래 문장을 보고, 말
		하기 연습을 해 봅시다.
		
		  1) 일찍 자고 일찍 일어날 **걸 그랬어요**.(일찍 자고 일찍 일어나다)
		  2) 용돈을 좀 더 아껴 쓸 **걸 그랬어요**.(용돈을 좀 더 아껴 쓰다)
		  3) _____ **걸 그랬어요**.(동생과 사이좋게 지내다)
		  4) _____ **걸 그랬어요**.(시험공부를 미리 해 두다)
		  5) _____ **걸 그랬어요**.(등산을 함께 가다)

128. -ㄹ 뻔하다, -을 뻔하다

학습목표	사건이 일어날 것 같았을 때 쓰는 표현 익히기

학습내용	시간 40분	교수 · 학습 활동
도입	3분	T: 티엔 씨, 드라마 '000' 봤어요? S: 네 봤어요. T: 마지막 장면이 너무 슬펐죠? S: 네. 너무 슬퍼서 한참 울었어요. T: 저는 울지는 않았지만 거의 **울 뻔했어요.**
의미제시	7분	사건이 일어나지는 않았지만 거의 일어날 것 같았음을 나타내는 표현이다. T: 오늘은 너무 배가 아파서 학교에 못 **올 뻔했어요.** 　길이 너무 막혀서 지각**할 뻔했어요.** 　　**더 알아봅시다** 1. 완료된 동작을 나타내는 동사와 결합하여 쓰인다. 2. 과거형으로만 쓰인다. 　예) 넘어질 뻔해요.(×) 　　　넘어질 뻔했어요.(○)
형태제시	10분	<table><tr><td rowspan="2">동사</td><td>받침 ○</td><td>-을 뻔하다</td></tr><tr><td>받침 ×</td><td>-ㄹ 뻔하다</td></tr></table> 울다 → **울 뻔하다** 먹다 → **먹을 뻔하다** 가다 → **갈 뻔하다** 넘어지다 → **넘어질 뻔하다** 지각하다 → **지각할 뻔하다** *교사가 칠판에 판서한 표현들을 바르게 읽고 학생들에게 한 번씩 따라 읽도록 한다.

		1. 주사가 너무 아파서 거의 울 **뻔했**어요.
		2. 상한 음식인지 모르고 먹**을 뻔했**어요.
		3. 버스에서 졸다가 집을 지나**칠 뻔했**어요.
		4. 눈 때문에 길이 미끄러워서 넘어**질 뻔했**어요.
		5. 늦잠을 자서 지각**할 뻔했**어요.
유의적 연습과 활용	20분	1. 다음은 스티브 씨의 일기예요. '−을 뻔하다, −ㄹ 뻔하다'의 문형을 사용해서 다음 빈 칸을 완성해 보세요. 오늘은 여러 가지 일이 있었다. 오후 6시에 신촌역에서 친구를 만나기로 했었다. 그런데 신천을 신촌인 줄 알았다. 그래서 지하철을 _____(잘 못 타다). 간신히 신촌에 갔지만 약속 시간에 늦을 것 같았어요. 급히 뛰어 가다가 _____(넘어지다). 게다가 거리에 사람이 너무 많아서 여기저기서 사람들과 _____(부딪히다). 정신없는 하루였지만 친구를 만나 즐거운 시간을 보낼 수 있었다. 힘들었지만 즐거운 하루였다. 2. 다음 두 친구의 대화를 읽고 밑줄을 완성해 봅시다. 티엔 : 스티브 씨, 오늘 율리아 씨 생일인 것을 알고 있어요? 스티브: 아참. 티엔 씨가 아니었으면 _____.(잊다) 티엔 : 율리아 씨 집에서 함께 저녁을 먹기로 했어요. 6시까지 오세요. 스티브: 25번 버스를 타고 가면 되나요? 티엔 : 아니요. 205번 버스를 타야해요. 스티브: 고마워요. _____(버스를 잘 못 타다) 　　　　여기서 20분이면 율리아 씨 집까지 도착할 수 있겠죠? 티엔 : 아마 퇴근 시간이니까 40분 이상 걸릴 거예요. 스티브: 정말 고마워요. _____(늦다)

129. -ㄹ까 보다, -을까 보다

학습목표	의도와 계획을 나타내는 표현 익히기

학습내용	시간 40분	교수 · 학습 활동
도입	3분	T: 내일은 토요일이에요. 티엔 씨, 뭐 할 거예요? S: 그냥 집에 있을 거예요. T: 집에서 한국어 공부할 거예요? S: 네. 아마 그럴 거예요. T: 그럴 때는 "네. 집에서 한국어를 공부**할까 봐요**" 라고 말할 수 있어요.
의미제시	7분	아직 결정하지는 않은 막연한 계획을 의미하는 표현이다. T: 저는 토요일에 집에서 그냥 텔레비전이나 **볼까 봐**요. 　　이번 주 주말에는 등산을 **갈까 봐**요. **더 알아봅시다** 1. 1인칭 화자의 의도를 나타내기 때문에 주어는 흔히 생략되고 명령형, 청유형으로 쓸 수 없다. 　예) 기타를 배워 볼까 봐라(×) 　　　기타를 배워 볼까 보자.(×) 2. 동작 동사에 붙여 쓰이며, 과거를 나타내는 '-었-'이나 미래를 나타내는 '-겠-'은 사용할 수 없다. 　예) 한국어를 배울까 보겠어요.(×) 3. '-을까 하다'와 바꾸어 쓸 수 있다.
형태제시	10분	<table><tr><td rowspan="2">동사</td><td>받침 ○</td><td>-을까 보다</td></tr><tr><td>받침 ×</td><td>-ㄹ까 보다</td></tr></table> 사다 → **살까 봐**요 먹다 → 먹**을까 봐**요 가다 → **갈까 봐**요 주다 → **줄까 봐**요 하다 → **할까 봐**요

<table>
<tr><td rowspan="1"></td><td rowspan="1"></td><td>

*교사가 칠판에 판서한 표현들을 바르게 읽고 학생들에게 한 번씩 따라 읽도록 한다.

1. 시장에 가서 반찬 좀 **살까 봐**요.
2. 배가 고픈데 라면이라도 먹**을까 봐**요.
3. 친구와 함께 영화관이라도 **갈까 봐**요.
4. 거지가 불쌍해 보여요. 천원이라도 **줄까 봐**요.
5. 오늘은 집에서 청소라도 **할까 봐**요.

</td></tr>
<tr><td>유의적
연습과 활용</td><td>20분</td><td>

1. 선생님과 함께 대화 연습을 해 봅시다.
   1) T: 티엔 씨, 일요일에 뭐 할 거예요?
      S: 친구와 함께 놀이 공원에 **갈까 봐**요
   2) T: 툭소 씨, 저녁에 반찬 뭐 할 거예요?
      S: 저녁에 불고기라도 좀 **할까 봐**요.
   3) T: 스티브 씨 내일 뭐 할 거예요?
      S: 오래간만에 책이라도 읽**을까 봐**요
   4) T: 율리아 씨, 휴가에 뭐 할 거예요?
      S: 부모님께 좀 다녀**올까 봐**요.
   5) T: 올가 씨, 점심에 뭐 먹을 거예요?
      S: 순두부찌개를 먹**을까 봐**요.

2. 친구와 함께 대화 연습을 해 봅시다.

친구의 휴가 계획	나의 휴가 계획
휴가에 제주도에 다녀**올까 봐**요.	
아이들과 동물원이라도 다녀**올까 봐**요.	
한국어 책을 많이 읽**을까 봐**요.	
요리를 배**울까 봐**요.	
멀리 사는 친구를 만나러 **갈까 봐**요.	

</td></tr>
</table>

130. -ㄹ까 봐서, -을까 봐서

학습목표	추측하는 표현 익히기

학습내용	시간 40분	교수 · 학습 활동
도입	3분	T: 티엔 씨, 무슨 걱정 있어요? S: 오늘 아침에 아기가 기침했어요. T: 아기가 많이 아플**까 봐** 걱정이 되는군요. S: 네. T: 부모가 되면 자식이 아플**까 봐** 늘 걱정을 해요.
의미제시	7분	앞 문장에는 걱정되는 상황이 오고, 뒤 문장에는 그 상황이 발생하거나 그러한 상황이 될 것을 염려하는 문장이 온다. T: 하늘이 흐려요. 비가 올 것 같아요. 비가 **올까 봐** 우산을 가져 왔어요. T: 친구와 약속을 했어요. 약속 장소, 시간을 수첩에 적어요. 약속을 잊을 **까봐** 수첩에 적어요. T: 날씨가 갑자기 추워졌어요. 감기에 걸릴 수 있어요. 감기에 걸**릴까 봐** 두꺼운 옷을 입어요. T: 친구 집에 놀러 갔어요. 맛있는 음식이 많아요. 살이 **찔까 봐** 조금만 먹어요. 더 알아봅시다 1. 종결 어미 '(으)ㄹ 까 +보조동사 보다 +연결어미 –아서' 　동사, 형용사에 붙여서 쓰여 앞 문장, 뒤 문장을 종속적으로 연결한다. 2. '–았/었/였'을까 봐(서)' 형태로 과거형을 나타낸다. 　예) 여행 갈 마음이 바뀌**었을까 봐** 걱정이 된다. 　　집에 남겨 논 피자를 동생이 다 먹**었을까 봐** 걱정이 된다. 3. 띄어쓰기에 유의해서 쓴다.
형태제시	10분	(표 아래 참조)

동사, 있다/없다	받침 ○, ×	–을까봐
	받침 ×	–ㄹ까봐
형용사, 이다/아니다	받침 ○	–을까봐
	받침×, 받침ㄹ	–ㄹ까봐

		혼나다 → 혼**날까 봐**, 실수하다 → 실수**할까 봐**, 못하다 → 못**할까 봐**, 속상하다 → 속상**할까 봐**, 무겁다 → 무거**울까 봐**('ㅂ'불규칙) *교사가 칠판에 판서한 표현들을 바르게 읽고 학생들에게 한 번씩 따라 읽도록 한다. 1. 엄마한테 혼**날까 봐** 얼른 밥을 먹었다. 2. 시험에서 실수**할까 봐** 다시 확인했다. 3. 발음을 제대로 못**할까 봐** 처음에는 한국 인사도 못했다. 4. 아들이 속상**할까 봐** 시험점수는 중요하지 않다고 말했다. 5. 딸의 가방이 무거**울까 봐** 학교까지 들어다 주었다.
유의적 연습과 활용	20분	1. 선생님과 함께 대화 연습을 해 봅시다. 　1) T: 처음 가는 길이어서 걱정돼요. 어떻게 해요? 　　S: 길을 잃**을까 봐** 길을 아는 친구에게 미리 물어봐요.(길을 잃다) 　2) T: 남편이 야근 때문에 피곤해 하는 것 같아요. 어떻게 해요? 　　S: 남편이 피곤해 **할까 봐** 다리를 주물러 줘요.(피곤하다) 　3) T: 남편이 베트남 쌀 국수를 좋아해요. 하지만 고수는 싫어하는 것 　　　같아요. 어떻게 해요? 　　S: 남편이 고수를 싫어**할까 봐** 쌀 국수에 안 넣어요.(고수를 싫어하다) 　4) T: 친구와 약속한 시간에 늦을 것 같아요. 어떻게 해요? 　　S: 약속에 늦**을까 봐** 시간을 바꿔요.(늦다) 　5) T: 아이가 음식을 잘 안 먹어요. 　　S: 키가 안 **클까 봐** 걱정이에요.(키가 안 크다) 2. 친구와 함께 대화 연습을 해 봅시다.

걱정거리	해결책	
아이가 하루 종일 게임을 하다	시간을 정해 두다	아이가 하루 종일 게임을 **할까 봐** 시간을 정해 둬요.
지각을 하다	집에서 일찍 나오다	
배탈이 나다	한꺼번에 음식을 많이 먹지 않다.	
생활비가 부족하다	가계부를 쓰다	
건강이 나빠지다	운동을 하다	

131. -ㄹ까 하다(싶다), -을까 하다(싶다)

학습목표	계획, 의도를 나타내는 표현 익히기

학습내용	시간 40분	교수 · 학습 활동
도입	3분	T: 티엔 씨, 이번 주말에 계획 있어요? S: 없어요. 집에 있을 거예요. T: 티엔 씨는 이번 주말에 집에서 쉬려고 해요. S: 선생님은요? T: 저는 아이들하고 놀이동산에 **갈까 해요.**
의미제시	7분	말하는 사람의 계획이나 의도를 나타낸다. T: 옷이 예뻐서 샀어요. 그런데 집에 와서 입어 보니 안 어울려요. 옷을 **바꿀까 싶어요.** T: 요즘, 사람들이 건강에 관심이 많아요. 건강을 위해서 등산을 **다닐까 해요.** T: 다음 주에 생일이어서 친구들과 같이 밥을 먹고 싶어요. 친구들을 집으로 초대**할까 해요.** 　**더 알아봅시다** 1. 문형 비교 '-ㄹ까 하다'와 '-ㄹ까 싶다' 　'-ㄹ까 하다'는 '-ㄹ까 싶다'보다는 의도성이 강한 의지의 표현이고, 반면 '-ㄹ까 싶다'는 추측성이 강한 표현이다. 2. 명령문과 청유형을 쓸 수 없다. 　예) 피아노를 배워 **볼까 해라!** (×) 　　　피아노를 배워 **볼까 하자.** (×) 3. 동작 동사에 붙여 쓰이며, 서술어는 항상 현재나 과거 형태로 쓰인다. (* 미래 '-겠'은 사용할 수 없다) 　예) 전화라도 **올까 하겠어요.** (×)
형태제시	10분	<table><tr><td rowspan="2">동사</td><td>받침 ○</td><td>-을까 하다/싶다</td></tr><tr><td>받침 ×</td><td>-ㄹ까 하다/싶다</td></tr></table>

읽다 → 읽**을까 하다/**읽**을까 싶다**, 배우다 → 배**울까 하다/**배**울까 싶다**, 만들다 → 만**들까 하다/**만**들까 싶다**, 가다 → 갈**까 하다/**갈**까 싶다**, 기다리다 → 기다**릴까 하다/**기다**릴까 싶다**

*교사가 칠판에 판서한 표현들을 바르게 읽고 학생들에게 한 번씩 따라 읽도록 한다.

1. 도서관에 가서 책을 읽**을까 해요./**싶**어요.**
2. 올해는 수영을 배**울까 해요./**싶**어요.**
3. 저녁에 삼계탕을 만**들까 해요./**싶**어요.**
4. 휴가는 강원도에 있는 산으로 갈**까 해요./**싶**어요.**
5. 남편이 올 시간이어서 청소하고 기다**릴까 해요./**싶**어요.**

유의적 연습과 활용 / 20분

1. 교사와 대화 연습을 해 봅시다.

　1) T: 리에 씨, 이번 설날에 뭐 할 거예요?
　　S: 가족과 윷놀이를 할**까 해요.** (윷놀이 하다)
　2) T: 툭소 씨, 결혼식은 언제 할 거예요?
　　S: 날씨가 좋은 5월에 할**까 해요.** (5월에 하다)
　3) T: 스티브 씨, 언제 고향에 갈 거예요?
　　S: 한국 국적이 나오면 다녀**올까 해요.** (다녀오다)
　4) T: 친구를 만나면 뭐 할 거예요?
　　S: 남산 한옥마을에 가 **볼까 해요.** (가 보다)
　5) T: 저녁에 뭐 먹을 거예요?
　　S: 별 생각이 없어서 라면이나 먹**을까 해요.** (먹다)

2. 친구와 대화 연습을 해 봅시다.

친구의 새해 계획	올해는 꼭 베트남에 다녀**올까 해요.**
친구1	(살을 빼다)
친구2	(제주도로 여행가다)
친구3	(한국어 공부를 열심히 하다)
친구4	(수영을 배우다)
친구5	(한국 요리를 배우다)

132. -ㄹ 겸(해서), -을 겸(해서)

학습목표	앞 동작과 뒤 동작을 함께 나타내는 표현 익히기

학습내용	시간 40분	교수 · 학습 활동
도입	3분	T: 티엔 씨, 주말에 무엇을 해요? S: 친구와 백화점에 가요. T: 백화점에 가서 무엇을 해요? S: 옷을 사요. 영화를 봐요. T: 티엔 씨는 옷도 사고 영화도 **볼 겸** 백화점에 가는군요.
의미제시	7분	앞 상황의 행동을 하는 기회에 뒤 행동도 함께 한다는 의미이다. T: 율리아 씨는 한국에 친척도 만나고 한국어도 배우러 왔어요. 친척도 만나고 한국어도 배**울 겸** 온 거에요. T: 하루 종일 집에 있으니 심심해서 밖에 나왔어요. 밖에 나와서 바람도 쐬고 마트에도 가요. 바람도 쐬고 마트에도 **갈 겸** 밖에 나왔어요. T: 제주도에 친구가 있어요. 친구도 만나고 여행도 **할 겸** 제주도에 가요. **더 알아봅시다** <table><tr><th>-을 겸</th><th>-는 김에</th></tr><tr><td>1. 하나의 구체적인 동작을 통하여 두 가지 이상의 행위나 동작의 의도가 겹쳐서 동시에 일어날 때 사용한다. 2. '-(으)ㄹ 겸 -(으)ㄹ 겸해서', '-(으)ㄹ 겸 겸사겸사해서' 등으로 쓰인다. 예) 구경도 할 겸 머리도 식힐 겸 겸사겸사해서 백화점에 갔어요.</td><td>1. 어떤 행위를 하면서 예정에 없었던 그와 관계된 행동도 함께 한다는 것을 나타낼 때 사용한다. 예) 친구 선물을 사는 김에 내 양말도 한 켤레 샀다. 2. 서술, 의문, 명령, 권유문에도 사용할 수 있다. 예) 시장에 가는 김에 떡볶이도 사와 예) 시장에 가는 김에 떡볶이를 살까?</td></tr></table>

동사	받침 ○	–(으)ㄹ 겸(해서)
	받침 ×	–을 겸(해서)

배우다 → 배울 **겸(해서)**, 먹다 → 먹을 **겸(해서)**, 돕다 → 도울 **겸(해서)** (ㅂ 불규칙의 예), 듣다 → 들을 **겸(해서)** ('ㄷ'불규칙의 예), 살다 → 살 **겸(해서)**

*교사가 칠판에 판서한 표현들을 바르게 읽고 학생들에게 한 번씩 따라 읽도록 한다.

1. 여행도 하고 한국어도 배울 **겸** 한국 여행을 하기고 했다.
2. 쇼핑도 하고 맛있는 것도 먹을 **겸** 대형 마트에 갔다.
3. 친구들도 만나고 어머니도 도울 **겸** 고향에 갔다.
4. 책도 보고 새로 나온 음반도 들을 **겸** 서점에 갔다.
5. 결혼도 하고 부모님과 함께 살 **겸** 큰 집을 지었다.

형태제시 · 10분

1. 교사와 대화 연습을 해 봅시다.
   1) T: 왜 율리아 씨는 한국식당에 자주 가요?
   2) S: 친구도 만나고 맛있는 것도 먹을 **겸해서** 자주 가요.
   3) T: 스티브 씨. 이번 여름 방학에는 무엇을 하려고 해요?
   4) S: 한국어도 배우고 여행도 **할 겸** 서울에 가기로 했어요.
   5) T: 리에 씨, 어디 가세요?
   6) S: 공원에 가요. 머리도 식힐 **겸해서요**.
   7) T: 툭소 씨는 어디에 갔어요?
   8) S: 선생님도 만나고 다음 학기 등록도 **할 겸** 학교에 갔어요.

2. 친구와 함께 대화 연습을 해 봅시다.

나	–(으)ㄹ겸, –을 겸	친구
쇼핑도 하고 외식도 **할 겸** 명동에 가요	쇼핑, 외식, 영화, 미팅	영화도 **볼 겸** 외식도 **할 겸** 강남역에 가요
고향 친구도 만나고 고향 음식도 먹을 **겸** 동대문에 가요.	커피, 빵, 고향 음식	커피도 마시고 빵도 살 **겸** 제과점에 갔어요.
등록금도 벌고 생활비도 **벌 겸** 해서 아르바이트를 해요	생활비, 기숙사, 등록금	생활비도 아낄 **겸해서** 친구들과 하숙을 하기로 했어요
친구도 만나고 스트레스를 **풀 겸해서** 수영장에 가요.	스트레스, 노래, 수영장	노래도 하고 수영도 **할 겸** 찜질방에 가요.
바람도 쐬고 다이어트 도 **할 겸** 공원에 가요.	바람, 산책, 다이어트	산책도 하고 바람도 **쐴 겸** 한강에 가요.

유의적 연습과 활용 · 20분

133. - ㄹ 리가 없다, -을 리가 없다

학습목표	앞의 내용이 사실이 아니거나 가능성이 없음을 나타내는 표현 익히기

학습내용	시간 40분	교수 · 학습 활동
도입	3분	T: 우리 반 모두 이번 시험에 합격해서 진급이 되었어요. S: 티엔 씨는 진급이 안 되었다고 울었어요. T: 그래요? 티엔 씨의 성적이 제일 좋은데요? S: 사무실에 진급하는 학생 이름이 있어요. 티엔 씨는 없어요. T: 티엔 씨의 성적이 제일 좋은데 진급을 못 **할 리가 없지**요. 제가 알아볼 게요.
의미제시	7분	앞 내용의 항상 사실이거나 혹은 당연히 사실이 아니라는 말하는 사람의 확신이나 생각을 나타낼 때 사용한다. T: 리에 씨는 약속을 잘 지켜요. 늦는 법이 없어요. 약속 장소에 안 나왔**을 리가 없어요**. T: 어머니는 제 생일을 언제나 기억하세요. 어머니가 제 생일을 잊을 **리가 없어요**. T: 스티브 씨는 하루도 안 빠지고 운동을 해요. 오늘도 체육관에 안 갈 **리가 없어요**. **더 알아봅시다** 1. 서술문에서는 '-(으)ㄹ 리가 없다'가 쓰이고 의문문에서는 - (으)ㄹ 리가 있다'가 쓰인다. 모두 부정의 의미를 나타낸다. 예) 지각을 할 리가 없다 → 지각을 할 리가 있나? 　　여름인데 눈이 올 리가 없다 → 여름인데 눈이 올 리가 있니?
형태제시	10분	<table><tr><td rowspan="2">동사, 있다/없다</td><td>받침 ○</td><td>-을 리가 없다</td></tr><tr><td>받침 ✕</td><td>-ㄹ 리가 없다</td></tr><tr><td rowspan="2">형용사, 이다/아니다</td><td>받침 ○</td><td>-을 리가 없다</td></tr><tr><td>받침 ✕</td><td>-ㄹ 리가 없다</td></tr></table> 빠지다 → 빠질 **리가 없다**, 이기다 → 이길 **리가 없다**, 싸우다 → 싸울 **리가 없다**, 그만두다 → 그만둘 **리가 없다**, 걸리다 → 걸릴 **리가 없다**

		*교사가 칠판에 판서한 표현들을 바르게 읽고 학생들에게 한 번씩 따라 읽도록 한다. 1. 한 번도 빠지지 않고 모임에 참석했는데 이번 모임에 **빠질 리가 없다.** 2. 아무런 준비도 안하고 게임에서 **이길 리가 없다.** 3. 스티브와 리에는 좋은 사이였는데 **싸울 리가 없지.** 4. 3년 계약을 하고 직장에 들어왔는데 그만 **둘 리가 없어요.** 5. 규칙을 잘 지키는 툭소 씨가 신호 위반에 **걸릴 리가 없어요.**
유의적 연습과 활용	20분	1. 교사와 대화 연습을 해 봅시다. 　1) T: 스티브 씨는 사업을 준비하면서 몇 년 동안 많은 조사를 했어요. 　　　 잘 될까요? 　2) S: 열심히 조사했는데 안 **될 리가 없어요.** 　3) T: 리에 씨의 동생들도 모두 잘 생겼어요. 그런데 막내 동생만 못 봤 　　　 어요. 어때요? 　4) S: 형제들이 모두 잘 생겼는데 못 **생길 리가 없어요.** 　5) T: 툭소 씨가 이사를 했어요? 집에 갔더니 툭소 씨가 없어요. 　6) S: 선생님께 말도 안하고 이사 **갈 리가 없어요.** 　7) T: 내일 영화를 보러 갈까요? 토요일인데 표가 있을까요? 　8) S: 주말인데 표가 **있을 리가 없어요.** 예매를 하는 게 좋아요. 2. 친구와 대화 연습을 해 봅시다. *다음과 같이 고쳐서 문장을 만들어 봅시다. 　리에 씨가 거짓말을 **할 리가 없다** → 리에 씨가 거짓말을 **할 리가 있니?** | 나	친구
---	---
티엔 씨가 그 사실을 모**를 리가 없다.**	티엔 씨가 그 사실을 모**를 리가 있니?**
부지런한 사람이 지각을 **할 리가 없다.**	부지런한 사람이 지각을 **할 리가 있니?**
열심 했는데 떨어**질 리가 없다.**	열심히 했는데 떨어**질 리가 있니?**
그 친구가 남의 물건을 가져**갈 리가 없다.**	그 친구가 남의 물건을 가져**갈 리가 있니?**
오늘 시험봤는데 내일 또 **볼 리가 없다.**	오늘 시험봤는데 내일 또 **볼 리가 있니?**
운동을 싫어하는 사람이 헬스장에 **갈 리가 없다.**	운동을 싫어하는 사람이 헬스장에 **갈 리가 있니?**
여러 번 설명했는데 집을 못 찾을 **리 가 없다.**	여러 번 설명했는데 집을 못 찾아**올 리가 있니?**	

134. -ㄹ 만하다, -을 만하다

학습목표	가치나 의미가 충분함을 나타내는 표현 익히기

학습내용	시간 40분	교수·학습 활동
도입	3분	T: 티엔 씨는 언제나 일찍 학교에 와요. S: 네, 저는 학교 바로 앞에 살고 있어서 일찍 올 수 있어요. T: 학교와 가까운 곳에서 사는 군요. 어때요? 한국어 공부는 **할 만한**가요? S: 네, 이제는 한국어가 잘 들리고 말하기도 쉬워졌어요.
의미제시	10분	가치나 정도를 나타내는 표현이다. 어떤 동작을 할 가치가 있다는 의미와 그만한 정도는 된다는 의미를 갖는다. (하나의 의미만을 선택해서 가르친다.) T: 그렇게 열심히 연습을 했으니 금메달을 **딸 만하**지요. (정도) T: 봄옷을 사려고 백화점에 갔는데 **살 만한** 것이 없었어요. (가치) T: 열심히 노력한 결과 이번 시험은 만족**할 만한** 성과를 얻었어요. (정도) T: 한국에서 3년 동안 살았어요. 이제 한국 음식도 먹**을 만해**졌어요. (정도) T: 한옥은 정말 연구해 **볼 만한** 주제입니다. (가치) 　**더 알아봅시다** 1. '- 만하다'에 '-도-'를 첨가하면 당위성을 강조하는 문장이 된다. 바쁘다 → 바쁠 **만하다** → 바쁠 만도 하다 화를 내다 → 화를 **낼만하다** → 화를 낼만도 하다 2. 교사가 실제 수업에서 설명할 때에는 사용하는 교재에 따라 종결인 형태와 　연결인 형태를 구별하여 수업하여 학습자의 이해를 돕는다. 3. 가치나 의미의 정도를 나누어 설명하는 것이 좋다.
형태제시	10분	<table><tr><td rowspan="2">동사, 형용사</td><td>받침 ○</td><td>-을 만하다</td></tr><tr><td>받침 ×, 받침 ㄹ</td><td>-ㄹ 만하다</td></tr></table> 읽다 → 읽을 **만하다**, 사랑받다 → 사랑받을 **만하다**, 보다 → **볼 만하다**, 외롭다 → 외로울 **만하다**(ㅂ 불규칙), 바쁘다 → 바쁠 **만하다** 1. 세계 명작은 청소년기에 한 번은 읽을 **만한** 책들입니다.

		2. 아들만 있는 집에 딸이 태어났으니 사랑받**을 만하**지요.
		3. 그 영화는 정말 가족이 함께 **볼 만한** 영화였어요.
		4. 생전 처음 부모님 곁을 떠나 외국 유학을 왔으니 외로**울 만도** 하지요.
		5. 결혼식이 일주일 앞으로 다가왔으니 바**쁠 만도**하지요.
유의적 연습과 활용	17분	1. 교사와 대화 연습을 해 봅시다. 　1) T: 이제는 한국 음식도 잘 만드는군요. 　　S: 네, 어머님이 가르쳐 주신대로 해보니 이제는 만들 **만해**요. 　2) T: 쓰던 물건을 사고파는 시장을 벼룩시장이라고 하는데 아세요? 　　S: 그럼요. 벼룩시장에도 잘 찾아보면 **쓸 만한** 물건들이 꽤 있어요. 　3) T: 어제는 몸살이 나서 못 나왔어요. 미안해요. 　　S: 그렇게 무리를 하시니 몸살이 **날 만도 하**지요. 　4) T: 오늘은 날씨가 너무 추운 것 같아요. 　　S: 그렇게 얇게 입으셨으니 추**울 만도 하**지요. 　5) T: 이번 토픽시험은 너무 어려워요. 　　S: 고급으로 올라갔으니 어려**울 만도** 합니다. 2. 친구와 대화 연습을 해 봅시다. 　다음 표현을 이용해서 소개하는 문장을 만들어 봅시다. {표}

율리아 씨가 무척 좋아하네요.	장학금을 받았으니 좋아**할 만하**지요.
프로젝트는 잘 끝나셨나요?	네, 덕분에 아주 만족**할 만한** 성과를 얻었습니다.
너무 피곤하군요.	일주일 내내 야근을 하니 피곤**할 만도** 하지요.
대청소를 하려면 먼저 물건 정리를 해야겠죠?	네, 우선 버**릴 만한** 물건들을 밖으로 내 놓으세요.
리에 씨, 어제 소개팅을 하셨다면서요?	네, 드디어 결혼**할 만한** 사람을 만난 것 같아요.
삼삼전자와 계약을 하게 되었습니다.	삼삼전자라면 아주 믿**을 만한** 회사입니다.
'대장금'이 그렇게 유명한가요?	'대장금'이라면 한국 드라마를 대표**할 만하**지요.

135. -ㄹ 셈이다, -을 셈이다

학습목표	계획이나 생각을 나타내는 표현 익히기

학습내용	시간 40분	교수 · 학습 활동
도입	3분	T: 내일부터 이 주일 동안 봄방학입니다. S: 학교에 안 오면 심심할 것 같아요. T: 여러분 방학 내내 놀기만 **할 셈**은 아니지요? 여러분이 방학을 잘 보낼 수 있도록 계획을 세우세요.
의미제시	10분	계획이나 의지를 나타내는 표현이다. 1. 영어 공부를 **할 셈**으로 미국 드라마를 자주 봅니다. 2. 가방을 하나 **살 셈**으로 백화점에 들렀다. 3. 내년에는 회사를 옮**길 셈**입니다. 4. 오늘 밤을 새워서라도 이 책을 다 읽**을 셈**이에요. 5. 건강을 위해서 내일 아침부터 달리기를 **할 셈이**에요. **더 알아봅시다** 1. '-(으)ㄹ 생각이다, -(으)ㄹ 예정이다, -(으)ㄹ 작정이다' 등과 동일한 의미로 쓰이며 '-(으)ㄹ 셈이다'는 구어체에서 많이 사용된다.
형태제시	10분	<table><tr><td rowspan="2">동사</td><td>받침 ○</td><td>-을 셈이다</td></tr><tr><td>받침 ×, 받침 ㄹ</td><td>-ㄹ 셈이다</td></tr></table> 먹다 → 먹을 셈이다 사다 → **살 셈이다** 속이다 → 속일 셈이다 이사 가다 → 이사 **갈 셈이다** 바꾸다 → 바**꿀 셈이다** 1. 안주로 먹**을 셈**으로 땅콩과 오징어를 사왔어요. 2. 열심히 저축을 해서 내년에는 꼭 좋은 차를 **살 셈**입니다. 3. 당신을 속**일 셈**은 아니었어요.

		4. 내년에는 좀 더 넓은 집으로 이사 **갈 셈**으로 열심히 저축을 하고 있어요. 5. 그렇게 일만 하다니 건강과 돈을 바**꿀 셈**이에요?
유의적 연습과 활용	17분	1. 교사와 대화 연습을 해 봅시다. 　1) T: 오늘은 도서관에 가는군요. 　　S: 네, 혼자서 조용히 공부 **할 셈**이에요. 　2) T: 운전면허 시험에 합격하셨어요? 　　S: 이번에는 꼭 합격**할 셈**으로 열심히 했는데 떨어졌어요. 　3) T: 리에 씨는 왜 그렇게 운동을 열심히 하는 거죠? 　　S: 열심히 운동해서 선수가 **될 셈**인가 봐요. 　4) T: 가는 곳마다 사진을 찍으시네요. 　　S: 네, 이번 여행 사진을 정리해서 책으로 **낼 셈**이에요. 　5) T: 스티브 씨는 내일이 시험인데 오늘도 축구만 보고 있네요. 　　S: 그러게요. 어떻게 **할 셈**인지 모르겠네요. 2. 친구와 대화 연습을 해 봅시다.

툭소 씨가 정말 그런 말을 했을까요?	네, 저도 그게 궁금해서 내일 만나면 직접 물어 **볼 셈**이에요.
너무 배가 고파요. 짜장면 삼인 분만 시켜 주세요.	아니, 삼인 분을 혼자서 모두 먹**을 셈**이니?
이 작업은 오늘 중으로 다 끝내야 합니다.	아주 밤을 새울 **셈**이에요?
바닷가 호텔을 예약하셨더군요.	네, 호텔 앞 비치에서 휴가 내내 수영만 **할 셈**이에요.
강아지를 산다고요?	네, 이번만은 내 힘으로 잘 키워**볼 셈**이에요.
영어 공부를 굉장히 열심히 하는군요.	이번 방학에는 해외여행을 **갈 셈**이거든요.
스티브 씨는 다음 학기 등록을 안 했네요.	내년에는 고향으로 돌아**갈 셈**인가 봐요.

136. -ㄹ수록, -을수록

학습목표	앞 문장이 되풀이되면서 뒤 문장의 정도가 심해짐을 나타내는 표현 익히기

학습내용	시간 40분	교수 · 학습 활동
도입	3분	T: 티엔 씨, 왜 학교에 늦었어요? S: 늦잠을 잤어요. T: 잠은 잘**수록** 늘어요. 일찍 자고 일찍 일어나는 습관을 가져 보세요.

의미제시	7분	앞 문장이 계속 되풀이되면서 점점 정도가 심해짐을 나타내는 표현이다.
		
		T: 노래를 부르면 부를**수록** 노래 실력이 더 좋아질 거예요.
		T: 부모님과 통화를 하면 **할수록** 보고 싶어질 거예요.
		T: 드라마는 보면 볼**수록** 재미있을 거예요.
		T: 축제에는 사람이 많이 올**수록** 분위기가 즐거워질 거예요.
		
		   더 알아봅시다
		1. '-ㄹ수록, -을수록'은 과거 시제로는 쓸 수 없다.
		   예) 기타를 연습하면 할**수록** 실력이 느는 것 같다.(O)
		      기타를 연습하면 했을수록 실력이 느는 것 같다.(×)
		2. '갈수록'도 비슷한 의미로 사용되는데, 이 때 '갈수록'은 '시간의 흐름에 따라, 상황이 계속됨에 따라 더욱'이라는 뜻이 있다.
		   예) 한국어 공부가 가면 **갈수록** 어려워진다.

형태제시	10분	<table><tr><td>동사, 있다/없다</td><td>받침 ○</td><td>-을수록</td></tr><tr><td>형용사, 이다/아니다</td><td>받침 ×, 받침 ㄹ</td><td>-ㄹ수록</td></tr></table> *교사가 결합정보와 예문을 제시한 뒤, 먼저 교사가 예문을 읽는다. 그 후 학생들이 예문을 따라 읽을 수 있도록 한다. 먹다 → 먹을**수록**, 듣다 → 들을**수록**(ㄷ불규칙), 자다 → 잘**수록**, 들다 → 들**수록**, 사랑하다 → 할**수록**, 연습하다 → 연습**할수록**, 무겁다 → 무거울**수록**, 덥다 → 더울**수록**(ㅂ불규칙), 예쁘다 → 예쁠**수록**

		1. 한국 음식은 먹**을수록** 맛있어요.
		2. 클래식은 들**을수록** 마음이 차분해져요.
		3. 잠을 잘**수록** 더 피곤해요.
		4. 나이가 들**수록** 모든 일에 신중해져야 한다.
		5. 사랑**할수록** 서로를 존중해야한다.
		6. 피아노를 많이 연습**할수록** 실력이 좋아진다.
		7. 날이 더울**수록** 물을 많이 마셔야 한다.
		8. 포장이 예쁠**수록** 물건이 더 잘 팔린다.
유의적 연습과 활용	20분	1. 교사와 대화 연습을 해 봅시다. 　1) T: 티엔 씨, 한국에 온 지 3년이 넘었지요? 　　　S: 네, 한국에 오래 있**을수록** 한국이 좋아져요. 　2) T: 스티브 씨, 컴퓨터 게임 좋아해요? 　　　S: 네, 컴퓨터 게임을 **할수록** 더 하고 싶어요. 　3) T: 리에 씨, 어제보다 옷을 두껍게 입었어요. 　　　S: 네, 날이 **갈수록** 추워져요. 　4) T: 우리는 점점 더 높이 올라갈 거예요. 　　　S: 높이 오를**수록** 더 추워져요. 　5) T: 이 책을 세 번 씩이나 읽는군요. 　　　S: **읽을수록** 더 재미있어요. 2. 친구와 대화 연습을 해 봅시다. 　'−ㄹ수록, −을수록'을 사용하여 다음 문장을 만들어 봅시다.

앞 문장	뒤 문장	문장 만들기
눈이 오다	빨리 치우다	눈이 많이 올**수록** 빨리 치워야 해요.
요리를 하다	실력이 늘다	요리를 **할수록** 실력이 늘어요.
청소를 하다	방이 깨끗해지다	청소를 할**수록** 방이 깨끗해져요.
화가 나다	침착하다	화가 날**수록** 침착하게 행동해야 한다.
옷이 비싸다	신중하게 사야한다	옷이 비쌀**수록** 신중하게 사야 한다.

137. -ㄹ 정도로, -을 정도로

학습목표	앞 문장과 뒤 문장이 비슷한 정도를 나타내는 표현 익히기

학습내용	시간 40분	교수·학습 활동
도입	3분	T: 티엔 씨, 오늘 스티브 씨가 안 왔어요? S: 네. 스티브 씨가 아프대요. T: 스티브 씨가 학교를 못 나올 **정도로** 아픈가 봐요.
의미제시	7분	앞 문장과 뒤 문장이 비슷한 정도를 나타내는 표현이다. T: 이 영화는 정말 눈물이 날 **정도로** 슬프군요. T: 리에 씨는 코피가 날 **정도로** 공부를 열심히 하네요. T: 눈이 아플 **정도로** 컴퓨터 게임을 하면 시력이 나빠져요. T: 밥도 못 먹을 **정도로** 숙제가 많았군요. T: 편히 쉴 날이 없을 **정도로** 힘들었군요.
형태제시	10분	<table><tr><td>동사, 있다/없다,</td><td>받침 ○</td><td>-을 정도로</td></tr><tr><td>형용사, 이다/아니다</td><td>받침 ×</td><td>-ㄹ 정도로</td></tr></table> *교사가 결합정보와 예문을 제시한 뒤, 먼저 교사가 예문을 읽는다. 그 후 학생들이 예문을 따라 읽을 수 있도록 한다. 먹다 → 먹을 **정도로**, 입다 → 입을 **정도로**, 걷다 → 걸을 **정도로**(ㄷ탈락), 쓰다 → 쓸 **정도로**('으'탈락), 하다 → **할 정도로**, 놀라다 → 놀랄 **정도로**, 화가 나다 → 화가 날 **정도로** 1. 밥을 남기지 않고 다 먹을 **정도로** 배가 고팠다. 2. 점퍼를 입을 **정도로** 날씨가 많이 쌀쌀해졌다. 3. 다시 걸을 수 있을 **정도로** 상태가 호전되었다. 4. 볼펜 한 자루를 다 쓸 **정도로** 숙제가 많다. 5. 노래를 할 **정도로** 신이 났다. 6. 그녀는 많은 사람들이 놀랄 **정도로** 예뻐졌다. 8. 숨이 찰 **정도로** 뛰었다.

유의적 연습과 활용	20분	1. 교사와 대화 연습을 해 봅시다.

1. 교사와 대화 연습을 해 봅시다.

   1) T: 티엔 씨, 놀이공원에 가니 기분이 어때요?

      S: 집에 오고 싶지 않**을 정도로** 재미있었어요.

   2) T: 스티브 씨, 축구를 얼마나 좋아해요?

      S: 밥을 안 먹고 축구를 **할 정도로** 좋아해요.

   3) T: 율리아 씨, 화가 날 땐 어떻게 해요?

      S: 눈물이 날 **정도로** 슬픈 영화를 봐요.

   4) T: 어제 산에 갔어요. 다리가 너무 아파요.

      S: 걷기 힘**들 정도로** 다리가 아파요.

   5) T: 비가 너무 많이 와서 앞이 안 보여요.

      S: 앞이 안 보**일 정도로** 비가 많이 와요.

2. 친구와 대화 연습을 해 봅시다.

  ‘ㅡㄹ정도로, ㅡ을 정도로’을 사용하여 다음 문장을 만들어 봅시다.

앞 문장	뒤 문장	문장 만들기
잠을 못 자다	화가 나다	잠을 못 잘 **정도로** 화가 나요.
병원에 가다	아프다	병원에 갈 **정도로** 아파요.
대청소를 하다	방이 지저분하다	대청소를 할 **정도로** 방이 지저분해요.
책값이 아깝지 않다	좋은 책이다	책값이 아깝지 않**을 정도로** 좋은 책이 에요.

138. -ㄹ 줄 알다/모르다, -을 줄 알다/모르다

학습목표	능력을 나타내는 표현 익히기

학습내용	시간 40분	교수·학습 활동
도입	3분	T: 티엔 씨, 요즘도 피아노를 치세요? S: 아니요, 지금은 피아노를 치지 않아요. T: 그럼 기타는 쳐요? S: 아니요. 기타는 못 쳐요. T: 기타는 **칠 줄 모르는군요.** 하지만 피아노는 **칠 줄 알아요.**

의미제시	7분	어떤 일을 할 능력이 있다의 의미로 쓰인다.
		
		T: 티엔 씨는 한국어를 **쓸 줄 알아요.**
		
		더 알아봅시다
		1. '-(으)ㄹ줄 알았다/ 몰랐다'의 형태로 쓰이는 경우는 앞에 결합한 문장의 사실, 상태를 나타낼 때 쓰이고 '동사 외에 이다/ 아니다'와도 결합할 수 있다.
		  예) 스티브 씨가 시험을 잘 **볼 줄 알았어요.**
		      저 사람이 제 친구**인 줄 알았어요.**
		2. '-을 줄 알다'와 '-을 수 있다' 문형 비교
		  '-을 줄 알다'는 주로 방법을 안다는 의미로 쓰이고 '-을 수 있다'는 능력이 있다는 의미로 쓰인다.
		  예) 티엔 씨는 한국어를 **할 줄 알아요.** (방법을 안다)
		      티엔 씨는 한국어를 할 수 있어요. (능력이 있다)

형태제시	10분	<table><tr><td rowspan="2">동사</td><td>받침 ○</td><td>-을 줄 알다/모르다</td></tr><tr><td>받침 ×</td><td>-ㄹ 줄 알다/모르다</td></tr></table> 하다 → **할 줄 알다**/모르다, 접다 → 접을 줄 알다/모르다, 치다 → **칠 줄 알다**/모르다, 만들다 → 만들 줄 **알다**/모르다, 끓이다 → 끓일 줄 알다/모르다 *교사가 칠판에 판서한 표현들을 바르게 읽고 학생들에게 한 번씩 따라 읽도록 한다.

		1. 티엔 씨는 한국어를 **할 줄 알**아요.
		2. 저는 종이로 장미를 접을 **줄 알**아요.
		3. 율리아 씨는 탁구를 **칠 줄 알**아요.
		4. 스티브 씨는 삼계탕 만들 **줄 알**아요.
		5. 툭소 씨도 라면은 끓**일 줄 알**아요.
유의적 연습과 활용	20분	1. 교사와 대화 연습을 해 봅시다.

1. 교사와 대화 연습을 해 봅시다.

1) T: 티엔 씨, 한국 요리 **할 줄 알**아요?

S: 네. 김치찌개를 만들 **줄 알**아요.

2) T: 스티브 씨 마술**할 줄 알**아요?

S: 아니요. 마술**할 줄 몰라**요

3) T: 툭소 씨 컴퓨터 **할 줄 알**아요?

S: 네. 컴퓨터 **할 줄 알**아요.

4) T: 율리아 씨, 운전**할 줄 알**아요?

S: 네. 운전**할 줄 알**아요.

5) T: 리에 씨, 러시아어 **할 줄 알**아요?

S: 네. 러시아어 **할 줄 알**아요.

2. 친구와 함께 대화 연습을 해 봅시다.

할 줄 알아요!	할 줄 몰라요!
저는 잡채 만들 줄 알아요.	저는 쌀국수 만들 줄 몰라요.
저는 베트남어 **할 줄 알**아요.	저는 중국어 **할 줄 몰라**요.
저는 자전거 **탈 줄 알**아요.	저는 운전을 **할 줄 몰라**요.
저는 수영**할 줄 알**아요.	저는 골프 **칠 줄 몰라**요.
저는 스키 **탈 줄 알**아요.	저는 스케이트 **탈 줄 몰라**요.

139. -ㄹ 지경이다, -을 지경이다

학습목표	거의 극한 상황에 이르게 되었음을 나타내는 표현 익히기

학습내용	시간 40분	교수 · 학습 활동
도입	3분	T: 오늘 날씨가 많이 춥죠? S: 네. 너무 추워요. T: 저도 학교 오는데 너무 추워서 손이 **얼 지경**이었어요. 바람 때문에 걷기도 힘**들 지경**이었어요.
의미제시	7분	어떤 이유 때문에 거의 극한 상황에 이르게 되었음을 나타내는 표현이다. T: 이상한 냄새 때문에 숨 쉬기도 힘**들 지경**이에요. 　허리가 아파서 누워있기도 힘**들 지경**이에요. 　**더 알아봅시다** 　1. 문형비교: '-을 정도이다' 와 '-을 지경이다' 　　두 문형이 모두 정도의 개념을 나타내지만 '-을 지경이다'가 더 극한 상황에서 쓰인다. 　　(예) 일이 너무 힘들어서 죽**을 지경이에요.** 　　　　일이 너무 없어서 심심할 **정도예요.**
형태제시	10분	<table><tr><td rowspan="2">동사, 있다/없다</td><td>받침 ○</td><td>-을 지경이다</td></tr><tr><td>받침 ×, 받침ㄹ</td><td>-ㄹ 지경이다</td></tr></table> 먹다 → 먹**을 지경이다** 모르다 → 모**를 지경이다** 쓰다 → 쓸 **지경이다** 모자라다 → 모자**랄 지경이다** 아프다 → 아**플 지경이다** *교사가 칠판에 판서한 표현들을 바르게 읽고 학생들에게 한 번씩 따라 읽도록 한다.

		1. 너무 배가 고파서 보이는 건 뭐든 먹**을 지경**이에요. 2. 드라마를 보면 누가 말을 걸어도 모**를 지경**이에요. 3. 손을 다쳐서 운전은커녕 글씨도 못 쓸 **지경**이에요. 4. 사막 여행하는 동안은 마실 물도 모자**랄 지경**이었어요. 5. 오늘 문법이 너무 어려워서 머리가 아플 **지경**이에요.

유의적
연습과 활용
	20분	1. 교사와 대화 연습을 해 봅시다.
		 1) T: 율리아 씨. 듣기 연습 열심히 하고 있어요?
		  S: 네. 듣기 연습 문제를 너무 열심히 들어서 이제 _____(귀가 아프다).
		 2) T: 툭소 씨 시험 잘 봤어요?
		  S: 아니요. 시험을 너무 못 봐서 _____(울고 싶다).
		 3) T: 티엔 씨 공부할 게 많아요?
		  S: 네. 공부할 게 많아서 밤을 _____(새워야 하다).
		 4) T: 스티브 씨 아침 먹었어요?
		  S: 아니요. 지금 너무 배가 고파서 _____(죽다).
		 5) T: 요즘도 매일 달리기 연습해요?
		  S: 네. 너무 연습을 열심히 해서 _____(병이 나다).
		
		2. 친구와 함께 대화 연습을 해 봅시다.
		
		| 질문 | 대답 |
		|---|---|
		| 새로 시작한 일 어때요? | 일이 너무 많아요. 지쳐서____(쓰러지다) |
		| 장사가 잘 되요? | 아니요, 장사가 너무 안돼서____(문을 닫다) |
		| 가게에 손님이 많네요. | 네. 인기가 많은 물건은 없어서____(못 팔다) |
		| 물 한 잔 드릴까요? | 감사합니다. 너무 목이 말라서 ____(죽다) |
		| 음식이 부족하면 말씀해 주세요. | 음식 준비를 많이 하셨네요. 거의 ____(상다리가 부러지다) |

140. -나마나, -으나마나

학습목표	소용이 없음을 나타내는 표현 익히기

학습내용	시간 40분	교수 · 학습 활동
도입	3분	T: 티엔 씨, 오늘 비와 바람이 불어서 학교 오는데, 힘들지 않았어요? S: 힘들었어요. 옷도 다 젖었어요. T: 우산을 썼어요? S: 우산을 썼지만, 옷이 젖었어요. T: 비가 많이 오니까 우산이 소용없어요. 우산을 쓰**나마나** 옷과 신발이 다 젖었어요.

의미제시	10분	어떤 행동을 하든지 안 하든지 마찬가지여서 그 행동을 할 필요가 없음을 나타낸다.
		
		T: 오랜만에 세차를 했는데, 눈이 와서 세차하**나마나**예요.
		T: 항상 약속시간에 늦는 친구가 있어요. 보**나마나** 오늘도 늦을 거예요.
		T: 요즘 열을 동반한 독감이 유행이에요. 약을 먹**으나마나** 소용이 없다고 해요.
		T: 주말에는 예매를 해야 영화를 볼 수 있어요. 영화관에 가**나마나** 표가 없을 거예요.
		
		  더 알아봅시다
		1. '-(으)나마나'에서 쓰인 '-마나'는 보조동사로 '-지 말다'의 '말으나'의 준말로 부정을 나타낸다.
		2. '-(으)나마나' 뒤에는 주로 '-(으)ㄹ 것이다'처럼 확신한 결과를 추측하는 내용이 온다.
		  예) 보**나마나** 리에 씨는 쇼핑하고 있을 거예요.
		3. 웃어른에게 쓰면 실례가 되므로 주의해야 한다.
		4. '-아/어/여 +보나마나'는 시도에 대한 기대가 충족되기 어려운 상황에 쓰인다.
		  예) 전화해 보**나마나** 사무실에 아무도 없을 거예요

| 동사, 형용사, 있다/없다 | 받침 ○, 받침 ㄹ | −으나마나 |
| | 받침 ×, 받침 ㄷ | −나마나 |

<table>
<tr><td rowspan="2">형태제시</td><td rowspan="2">10분</td><td>

보다 → 보**나마나**, 운동하다 → 운동하**나마나**, 가다 → 가**나마나**, 만나다 → 만나**나마나**, 쓰다 → 쓰**나마나**, 똑똑하다 → 똑똑하**나마나**

1. 제 아이는 보**나마나** 지금쯤 만화영화에 빠져 있을 거예요.
2. 먹는 것을 너무 좋아해서 운동을 하**나마나** 살이 빠지지 않아요.
3. 고향에 가**나마나** 반기는 사람이 아무도 없어요.
4. 그 친구를 만나**나마나** 성격이 좋아서 금방 친해질 거예요.
5. 생활비를 아껴 쓰**나마나** 매달 조금씩 모자라요.
6. 3살 아이가 똑똑하**나마나** 어른의 이해력은 못 따라가요.

</td></tr>
</table>

<table>
<tr><td rowspan="2">유의적
연습과 활용</td><td rowspan="2">17분</td><td>

1. 교사와 대화 연습을 해 봅시다.
　　1) T: 스티브 씨, 소녀 시대 좋아한다고 했죠? 새 앨범이 나왔어요.
　　　　S: 소녀 시대라면 들으**나마나** 좋을 거예요. (듣다)
　　2) T: 학교에서 인기투표를 했대요.
　　　　S: 이번에도 보**나마나** 스티븐 씨가 제일 인기가 많을 걸요. (보다)
　　3) T: 남편한테 주말에 운동 겸 등산을 가자고 해 보세요.
　　　　S: 말하**나마나** 피곤하다고 같이 안 갈 거예요. (말하다)
　　4) T: 된장찌개 냄새가 아주 구수하고 좋아요.
　　　　S: 어머님께서 끓인 된장찌개는 먹어보**나마나** 맛있어요. (먹어보다)

2. 친구와 대화 연습을 해 봅시다.

상황	문장 만들기
아이가 피아노를 좋아하고 잘 쳐요.	보**나마나** 훌륭한 피아니스트가 될 거예요. (보다)
돈을 많이 벌었어요.	보**나마나** 좋은 집으로 이사할 거예요. (보다)
비가 너무 많이 와요.	우산을 쓰**나마나**예요. (쓰다)
툭소 씨가 이사 갔어요.	**가보나마나** 그 곳에 없을 거예요. (가다)
시험공부를 많이 했어요.	확인하**나마나** 합격했을 거예요. (확인하다)
월급이 오른다고 해요.	오르**나마나** 티도 안날 거예요. (오르다)
명절 때는 길이 항상 막혀요.	일찍 출발하**나마나** 2시간은 더 걸릴 거예요. (출발하다)

</td></tr>
</table>

141. -려다가, -으려다가

학습목표	의도나 목적 표현 익히기

학습내용	시간 40분	교수·학습 활동
도입	3분	T: 티엔 씨, 어제 좋아하는 월.화 드라마 봤어요? S: 못 봤어요. T: 왜요? S: 아이가 안 자서 책을 읽어줬어요. T: 티엔 씨는 드라마를 보**려다가** 아이가 안자서 책을 읽어주었군요.
의미제시	7분	어떤 의도나 목적을 가지고 하려고 했던 행위가 중단되거나 다른 행위로 바뀜을 나타낸다. 　어떤 상황이나 상태가 이루어지거나 변화하는 과정에서 그 상황이 중단되거나 바뀜을 나타낸다. T: 자장면을 먹으**려다가** 짬뽕을 먹었어요. T: 도둑이 도망치**려다가** 경찰한테 잡혔어요. T: 텔레비전을 보**려다가** 음악을 들었어요. T: 비가 오**려다가** 금방 그쳤어요. T: 외출을 하**려다가** 가스 불을 켜 논 것이 생각나서 집으로 돌아갔어요. **더 알아봅시다** 1. '-(으)려다'로 줄여 쓸 수 있다. 　예) 잠이 들**려다(가)** 아기 울음소리에 잠이 깼어요.
형태제시	10분	<table><tr><td rowspan="2">동사</td><td>받침 ○</td><td>-으려다가</td></tr><tr><td>받침 ×, ㄹ 받침</td><td>-려다가</td></tr></table> 사다 → 사**려다가** 가다 → 가**려다가** 아끼다 → 아끼**려다가** 울다 → 울**려다가** 일하다 → 일하**려다가**

		*교사가 칠판에 판서한 표현들을 바르게 읽고 학생들에게 한 번씩 따라 읽도록 한다. 1. 커피를 사**려다가** 건강을 생각해서 홍삼차를 샀어요. 2. 휴가를 바다로 가**려다가** 산으로 가기로 했어요. 3. 버스비를 아끼**려다가** 다리가 아파서 혼났어요. 4. 아기가 울**려다가** 엄마가 과자를 주니 웃어요. 5. 식당에서 일을 하**려다가** 학교에서 한국어를 공부하는 것이 더 나을 것 같았어요.
유의적 연습과 활용	20분	1. 교사와 대화 연습을 해 봅시다. 　1) T: 툭소 씨, 점심에 뭐 먹었어요? 　　 S: 김밥을 먹으**려다가** 칼국수를 먹었어요. (먹다) 　2) T: 율리아 씨, 오후 수업에 늦겠어요. 서둘러요. 　　 S: 네, 버스를 타**려다가** 택시를 타야겠어요.(타다) 　3) T: 율리아 씨는 왜 귀화시험을 안 봐요? 　　 S: 이번에 시험을 보**려다가** 공부를 안 해서 다음에 보려고요. (보다) 　4) T: 스티브 씨, 어제 저녁에 전화를 왜 안 받았어요? 　　 S: 전화를 받으**려다가** 끊겼어요.(받다) 　5) T: 티엔 씨는 아이 한 명 더 안 낳아요? 　　 S: 아이 한 명 더 낳으**려다가** 남편이 나이가 많아서 그냥 한 아이로 만족하려고요. (낳다) 2. 친구와 대화 연습을 해 봅시다. 표

2. 친구와 대화 연습을 해 봅시다.

상황	문장 만들기
예) 떡/빵을 사다	떡을 **사려다가** 빵을 샀어요.
1. 파마를 하다/머리를 자르다	
2. 해외 여행을 가다/제주도를 가다	
3. 드라마를 보다/한국어를 공부하다	
4. 노래방/찜질방에 가다	
5. 집에 가다/친구를 만나다	

142. -ㄹ려던 참이다, -으려던 참이다

학습목표	계획을 나타내는 표현 익히기

학습내용	시간 40분	교수·학습 활동
도입	3분	T: 티엔 씨가 아직 안 왔어요. 무슨 일이 있나요? S: 잘 모르겠어요. 같이 버스를 타고 오기로 했는데 안 나왔어요. T: 티엔 씨가 와야 우리 반 버스가 출발하는데… S: 제가 전화를 해 볼게요. T: 저도 전화를 하**려던 참이에요**. 제가 할게요.
의미제시	7분	주어의 계획을 표현할 때 사용한다. '계획을 실행하려고 하던 순간'이라는 뜻으로 사용한다. T: 리에 씨가 숙제를 다 했어요 그래서 점심을 먹으려고 나가요. 그때 스티브 씨가 점심을 먹자고 해요. 리에 씨는 "점심을 먹**으려던 참이에요**"라고 말해요. T: 집이 너무 지저분해요. 그래서 청소를 하려고 했어요. 어머니가 방을 치우라고 말해요. 그때 "방을 치우**려던 참이에요**"라고 말해요. T: 친구가 놀러 왔어요. 툭소 씨는 나가려고 옷을 입고 있어요. 툭소 씨는 친구에게 "나가**려던 참이었어**"라고 말해요. 　　**더 알아봅시다** '- (으)려던 참이다'와 '-(으)려고 하다'의 문형 비교 1. 두 문형 모두 지금 바로의 일 혹은 가까운 미래에 사용할 수 있다. 　예) 오늘 오후에 도서관에 가려고 해요. 　　　오늘 오후에 도서관에 가**려던 참이었어요**. 2. '-(으)려고 하다'는 먼 미래의 일에도 사용할 수 있지만 '-(으)려던 참이다'는 먼 미래의 일에는 사용할 수 없다. 　예) 나는 여름 방학에 제주도 여행을 하려고 해요. (○) 　　　나는 여름 방학에 제주도 여행을 하려던 참이에요. (×) 3. 다른 사람이 그것을 같이 하자고 제안했을 때 '마침, 그렇지 않아도, 안 그래도, 막'을 사용해서 대답을 하는 경우가 많다.

동사	받침 ○	-으려던 참이다
	받침 ×, ㄹ 받침	-려던 참이다

가다 → 가**려**던 **참이다**, 하다 → 하**려**던 **참이다**, 먹다 → 먹**으려**던 **참이다**, 끝내다 → 끝내**려**던 **참이다**, 듣다 → 들**으려**던 **참이다**

*교사가 칠판에 판서한 표현들을 바르게 읽고 학생들에게 한 번씩 따라 읽도록 한다.

1. 안 그래도 도서관에 가**려**던 **참이었어**. 같이 가자.

2. 수업 끝나고 전화를 하**려**던 **참이었다**.

3. 주말에 친구들과 불고기를 먹**으려**던 **참이었는데**, 불고기를 사왔구나.

4. 그렇지 않아도 게임을 끝내**려**던 **참이었는데**.

5. 내일 듣기 시험이 있어 CD를 듣**으려**던 **참이었는데** 친구에게 빌려준 것이 생각났다.

---

1. 교사와 대화 연습을 해 봅시다.

1) T: 날씨가 추워요. 티엔 씨, 옷을 왜 이렇게 얇게 입었어요?

S: 막 외투를 입**으려**던 **참이었어요**. 낮에는 안 추웠어요.

2) T: 스티브 씨가 좋아하는 드라마가 시작해요. 어서 나오세요.

S: 안 그래도 나가**려**던 **참이었어요**. 같이 봐요.

3) T: 리에 씨, 주말인데 너무 심심하지 않아요?

S: 그렇지 않아도 홍대에 가**려**던 **참이었어요**. 가서 신나게 놀아요.

4) T: 툭소 씨와 함께 저녁을 먹어야 하는데 배가 고프네요.

S: 저도 막 저녁을 먹**으려**던 **참이었어요**. 같이 먹어요.

2. 친구와 대화 연습을 해 봅시다.

'-(으)려던 참이다'를 사용하여 대화문을 완성해 봅시다.

1) A: 지금 도서관에 가려고 해. 같이 갈래?

B: 그렇지 않아도 반납할 책이 있어 <u>가**려**던 **참이었어**</u>. (가다)

2) A: 주말에 뭐하세요? 저는 명동에 가려고 해요. 같이 가실래요?

B: 두꺼운 외투가 없어서 <u>쇼핑을 하**려**던 **참이었어요**</u>. (쇼핑을 하다)

3) A: 어디 가세요?

B: 갑자기 냉면이 먹고 싶어서 식당에 가는 길이에요.

A: 그래요? 저도 <u>점심을 먹**으려**던 **참이었어요**</u>. 같이 가요(먹다)

4) A: 요즘 바쁘지요? 전화한 지 정말 오래 됐어요.

B: 안 그래도 툭소 씨 생각이 나서 <u>전화하**려**던 **참이었어요**</u>. (전화하다)

5) A: 스티브 씨, 치킨이랑 맥주 사왔어요!

B: 막 <u>자**려**던 **참이었는데**</u>. 먹고 자야겠다. (자다)

143. -려면, -으려면

| 학습목표 | 조건을 나타내는 표현 익히기 |

학습내용	시간 40분	교수 · 학습 활동
도입	3분	T: 우리 반 모두 한국어를 잘 하고 싶죠? 그렇지요? S: 네, 잘 하고 싶어요. T: 한국어를 잘 하**려면** 어떤 방법이 있을까요? S: 한국 드라마를 봐요/한국 친구를 사귀어요/더 열심히 공부해요. T: 그래요, 한국어를 잘 하**려면** 드라마도 많이 보고 친구도 많이 사귀세요.
의미제시	7분	어떤 일을 할 생각이 있을 때 가정하거나 어떤 상황을 가정할 때 사용한다. T: 스티브 씨는 장학금을 타고 싶어요. 장학금을 타**려면** 열심히 공부해야 해요. T: 다음 경기에 이기고 싶어요. 어떻게 하지요? 경기에 이기**려면** 집중을 하세요. T: 저녁에 영화를 보고 싶어요. 그런데 숙제가 너무 많아요. 영화를 보**려면** 숙제를 다 해야 해요. **더 알아봅시다**

-(으)려면	-자면
1. 의도나 목적을 가정하여 그 의도나 목적을 이루기 위한 조건으로 사용한다. 　　예) 점심을 제때에 먹**으려면** 일을 빨리 끝내야 한다. 　　　　점심을 저때에 먹자면 일을 빨리 끝내야 한다. 2. '안' 부정문만 쓸 수 있다. 　　예) 지금 안 나가**려면** 문단속을 해라/ 지금 안 나가자면 문단속을 해라. 　　　　지금 나가지 않**으려면** 문단속을 해야 합니다. 　　　　지금 나가지 않자면 문단속을 해야 합니다.	

1. 동사, 형용사, '이다'에 붙어 쓴다.	1. 동사에 붙어 쓴다.		

1. 동사, 형용사, '이다'에 붙어 쓴다. 예) 지금 가**려면** 인사하고 가거라. 예) 강이 깨끗하**려면** 관리를 잘 해야 한다. 예) 선생**이려면** 몸가짐을 단정히 해야 합니다. 2. 명령이나 권유에 쓸 수 있다. 예) 건강을 유지하**려면** 운동 열심히 해.(○)	1. 동사에 붙어 쓴다. 예) 가**자면**/먹**자면**/쓰**자면**/합격하**자면** 2. 명령이나 권유에 쓸 수 없다. 예) 건강을 유지하**자면** 운동 열심히 해.(×)		

형태제시	10분		

동사, 있다/없다	받침 ○	−으려면
	받침 ×	−려면
형용사, 이다/아니다	받침 ○	−으려면
	받침 ×	−려면

가다 → 가**려면**, 먹다 → 먹**으려면**, 끝내다 → 끝내**려면**, 듣다 → 들**으려면**(ㄷ 불규칙 예), 학생이다 → 학생**이려면**

*교사가 칠판에 판서한 표현들을 바르게 읽고 학생들에게 한 번씩 따라 읽도록 한다.

1. 고향에 가**려면** 비행기 표를 미리 사세요. 방학 때는 표가 비싸요.
2. 이번 주말에 그 식당에 가서 먹**으려면** 전화로 예약하세요. 주말에는 사람이 많아서 기다려야 해요.
3. 그 남자와 관계를 끝내**려면** 마음을 단단히 먹으세요.
4. 부모님께 좋은 소리를 들**으려면** 방청소부터 하세요.
5. 훌륭한 학생**이려면** 규칙을 잘 지켜야 해요.

유의적 연습과 활용	20분	1. 교사와 대화 연습을 해 봅시다. 　1) T: 가격이 싸고 멋진 옷을 사고 싶어요. 어디로 가야할까요? 　　S: 싸고 멋진 옷을 사**려면** 동대문으로 가세요. 　2) T: 어머니가 고향에서 오세요. 버스가 언제 도착하나요? 　　S: 버스가 도착하**려면** 30분 남았어요. 　3) T: 요리를 잘 하고 싶어요. 어디에 가서 배울까요? 　　S: 음식을 잘하**려면** 요리학원에 가세요. 안산역에 잘 가르치는 곳이 있어요.

4) T: 툭소 씨와 함께 저녁을 먹고 싶어요. 어떻게 할까요?

    S: 툭소 씨와 저녁을 먹**으려면** 전화를 하세요. 용기를 내 보세요.

2. 친구와 대화 연습을 해 봅시다.

어떻게 할까요?	나	친구
키가 크고 싶어요.	키가 크**려면** 우유를 많이 드세요.	키가 크**려면** 운동을 하세요.
발표를 잘 하고 싶어요.	발표를 잘하**려면** 준비를 철저히 해야 합니다.	발표를 잘하**려면** 사람들 앞에서 연습하세요.
취직하고 싶어요.	취직하**려면** 살부터 빼세요.	취직하**려면** 외국어를 배우세요.
결혼하고 싶어요.	결혼하**려면** 돈을 모으세요.	결혼하**려면** 성격을 고치세요.
여행을 가고 싶어요.	여행을 가**려면** 여권을 만드세요.	여행을 가**려면** 정보를 찾아 보세요.

MEMO

144. -느니만큼, -니만큼, -으니만큼

학습목표	앞의 내용이 뒤 내용의 원인이나 근거가 되는 표현 익히기

학습내용	시간 40분	교수·학습 활동
도입	3분	T: 오늘은 토픽 시험 모의고사 4회를 풀어보겠습니다. S: 모의고사 문제가 너무 어려워요. T: 우리 반은 열심히 준비하고 있으니 너무 걱정하지 마세요. S: 아직 준비가 덜 되어서 걱정이에요. T: 그동안 열심히 공부했**으니만큼** 잘 할 수 있을 거예요. 그리고 시험이 다음 주**이니만큼** 더욱 집중하시기 바랍니다.
의미제시	10분	앞말이 뒷말의 원인이나 근거가 됨을 나타내는 연결어미이다. T: 열심히 일하**느니만큼** 좋은 성과가 기대된다. T: 많은 사람이 기대하고 있**느니만큼** 꼭 성공하기 바란다. T: 올해는 날씨가 좋**으니만큼** 풍년이 들 것이다. T: 학교가 가까우**니만큼** 늦게 나가도 된다. T: 리에 씨는 얼굴이 예쁘**니만큼** 인기도 좋아요. T: 더운 여름이**니만큼** 시원한 음료수가 좋겠어요. **더 알아봅시다** 1. 동사의 어간에는 '**-느니만큼**'이 붙는 것이 원칙이나 과거형을 나타내는 '-았-, -었-, -였-'에는 '-으니만큼'이 붙는다. 　서울에 살다 → 서울에서 사**느니만큼** 생활비도 많이 들 것이다. 　서울에 살았다 → 서울에서 살았**으니만큼** 서울지리를 잘 알 것이다. 2. 유사문형으로는 '-으니만치', '-기 때문에', '-어서' 등이 있다. 　먹다 → 먹**느니만큼**, 먹느니만치, 먹기 때문에, 먹어서 　좋다 → 좋**으니만큼**, 좋으니만치, 좋기 때문에, 좋아서 　바쁘다 → 바쁘**니만큼**, 바쁘니만치, 바쁘기 때문에, 바빠서
형태제시	10분	아래 표 참조

동사, 있다/없다	받침 ○, ×	-느니만큼
형용사, 이다/아니다	받침 ○	-으니만큼
	받침 ×, 받침 ㄹ	-니만큼

먹다 → 먹**느니만큼**, 가다 → 가**느니만큼**, 좋다 → 좋**으니만큼**, 다르다 → 다르**니만큼**, 신입사원이다 → 신입사원이**니만큼**

1. 코끼리는 엄청나게 많이 먹**느니만큼** 충분한 사료를 준비해야합니다.
2. 빠른우편은 빨리 가**느니만큼** 요금도 비쌉니다.
3. 요즘은 교통이 좋**으니만큼** 서울에서 부산도 세 시간이면 갈 수 있습니다.
4. 한국은 태국과 기후가 다르**니만큼** 건강관리에 신경 쓰시기 바랍니다.
5. 신입사원이**니만큼** 새로운 환경에 적응하느라 바쁘겠지요.

유의적 연습과 활용	17분	

1. 교사와 대화 연습을 해 봅시다.
　1) T: 스티브 씨 오늘도 운동을 열심히 하는군요.
　　S: 네, 많이 먹**느니만큼** 열심히 운동하지 않으면 안 될 것 같아요.
　2) T: 내일부터 한 달 동안 방학에 들어갑니다.
　　S: 방학이 기**니만큼** 알차게 보내야겠어요.
　3) T: 어머, 잡채를 만들었군요.
　　S: 정성을 들여 만들었**으니만큼** 이번에는 맛있을 거예요.
　4) T: 위층 아이가 계속 뛰어서 너무 시끄러워요.
　　S: 아직 어리**니만큼** 말을 못 알아들어서 그럴 거예요.
　5) T: 이번 토픽 시험은 상당히 어려웠다면서요?
　　S: 시험이 어려워졌**으니만큼** 합격자가 적어질 거예요.

2. 친구와 대화 연습을 해 봅시다.

질문	대답
툭소 씨, 어쩌면 그렇게 옷을 많이 껴입었어요?	한국의 겨울이 너무 (추우**니만큼**) 이렇게 안 입을 수가 없어요.(춥다)
이 책이 얼마나 팔릴까요?	책이 (재미있**으니만큼**) 많이 팔릴 거예요. (재미있다)
그 작업은 위험하지 않나요?	위험한 (작업이**니만큼**) 돈을 많이 받을 수 있어요.(작업이다)
제 말이 빠른가요?	제가 (외국인이**니만큼**) 좀 천천히 말씀해 주세요.(외국인이다)
벌써 가시게요?	내일 아침 일찍 (나가**느니만큼**) 오늘은 그만 가야겠어요.(나가다)
손님들이 굉장히 많이 왔어요.	음식은 충분히 (준비했**으니만큼**) 모자라지는 않을 거예요.(준비하다)
왜 이렇게 돈을 많이 내요.	제가 제일 많이 (먹었**으니만큼**) 돈도 많이 내야지요.(먹다)

145. -라도, -이라도

학습목표	차선의 것임을 나타내는 표현 익히기

학습내용	시간 40분	교수 · 학습 활동
도입	3분	T: 티엔 씨, 용돈을 아껴 쓰려면 어떻게 할까요? S: 저축을 해요. T: 좋은 방법이에요. 적은 돈**이라도** 저축하면 큰 돈이 될 거예요.
의미제시	7분	최선의 것이 아니나 차선의 것임을 나타내는 표현이다. T: 밥**이라도** 먹으면서 공부하세요. T: 주말에 친구**라도** 만나서 이야기를 해 보세요. T: 쉬는 시간**이라도** 복도에서 큰 소리로 떠들면 안 돼요. T: 지하철 안에서 심심하면 음악**이라도** 들으세요. T: 너무 힘들면 조금**이라도** 주무세요. **더 알아봅시다** 1. '-라도, -이라도'는 명사나 부사어 뒤에 쓰이지만 명사의 경우 결합의 제약이 없으나 부사어의 경우 결합의 제약이 있는 경우도 있다. 문장의 의미에 따라 부사어를 쓸 수도 있는 경우도 있고 그렇지 않은 경우도 있다. 예) 잠시**라도** 친구들을 만나고 갈게요.(○) 　　빨리**라도** 친구들을 만나고 갈게요.(×) 2. '-라도, -이라도'의 여러 가지 의미 1) 주로 '아무, 누구, 무엇, 어느'등의 말과 함께 사용하여, 어떤 경우라도 마찬가지임을 나타낸다. 예) 누구**라도** 해결하기 어려운 문제이다. 2) 수량 표현 혹은 부사에 붙어 그 의미를 강조한다. 예) 빵 하나**라도** 나눠 먹어야 한다. 　　지금이라도 학교에 오세요. 3) '-이라도 듯', '-이라도-것처럼'의 구성으로 행위나 상태 등이 다른 어떤 것과 비슷함을 나타낸다. 예) 큰 잘못**이라도** 한 듯이 고개를 숙였다. 4) 불확실한 사실에 대한 의문이나 의심을 나타낸다. 예) 그의 얼굴을 보니 돈**이라도** 잃어버린 것 같다. 　　왜 이렇게 피곤해 보이니? 밤샘**이라도** 했니?

	명사	받침 ○	−이라도
		받침 ×	−라도
	부사	받침 ○	−이라도
		받침 ×	−라도

형태제시	10분	연락 → 연락**이라도**, 친구 → 친구**라도**, 선풍기 → 선풍기**라도**, 노래 → 노래**라도**, 조금 → 조금**이라도** *교사가 결합정보와 예문을 제시한 뒤, 먼저 교사가 예문을 읽는다. 그 후 학생들이 예문을 따라 읽을 수 있도록 한다. 1. 약속 장소에 못 오면 연락**이라도** 해 주세요. 2. 관객이 없으면 친구**라도** 불러오세요. 3. 에어컨이 없으면 선풍기**라도** 틀어요. 4. 축제에 나가서 노래**라도** 불러 봐요. 5. 조금**이라도** 공부를 하고 시험을 보세요.

유의적
연습과 활용
	20분	1. 교사와 대화 연습을 해 봅시다.
		  1) T: 티엔 씨, 왜 시험공부를 안 하고 있어요?
		    S: 너무 피곤해서 잠시**라도** 쉬었다가 공부하려고요.
		  2) T: 율리아 씨, 요즘 아르바이트를 해요?
		    S: 네, 아르바이트**라도** 해야 용돈을 벌 수 있거든요.
		  3) T: 스티브 씨, 커피가 없는데 녹차는 어때요?
		    S: 네, 녹차**라도** 마실게요.
		  4) T: 이렇게 바쁜데 여름휴가를 갈 수 있어요?
		    S: 가까운 바다**라도** 다녀오려고 해요.
		2. 친구와 대화 연습을 해 봅시다.
		– 〈보기〉를 보고, 빈 칸에 알맞은 말을 넣어 문장을 완성하세요.
		
		〈보기〉
		눈, 연필, 운동화, 택시, 의자, 운동화
		
		1) <u>눈</u>**이라도** 와야 겨울이 왔다고 말할 수 있어요.
		2) <u>연필</u>**이라도** 있어야 필기를 할 수 있어요.
		3) <u>택시</u>**라도** 타야 학교에 빨리 갈 수 있어요.
		4) <u>의자</u>**라도** 있어야 앉아서 기다릴 수 있어요.
		5) <u>운동화</u>**라도** 있어야 달리기를 할 수 있어요.

146. 야말로, 이야말로

학습목표	강조하거나 확인하는 조사 익히기

학습내용	시간 40분	교수 · 학습 활동
도입	3분	T: 티엔 씨 중국에서는 어떤 음식이 유명해요? S: 만두가 유명**해요**. T: 맞아요. 만두**야말로** 중국의 대표 음식이죠. 　　베트남에서는 무엇을 많이 먹어요? S: 쌀국수를 많이 먹어요. T: 쌀국수**야말로** 베트남에서 가장 많이 먹는 음식이군요.
의미제시	7분	가장 적합하거나 우수한 것으로 확인 또는 강조해주는 의미가 있다. T: 스티브 씨**야말로** 우리 반의 가수라고 할 수 있죠. 　　툭소 씨**야말로** 최고의 반장이라고 할 수 있죠. 　　예습이**야말로** 성적을 올리는 최고의 방법이에요. **더 알아봅시다** 1. '-야말로'는 18회 토픽에서 정답으로 나온 이후에 정답으로 나온 적이 없지만 '-조차, -은커녕, -이나마, -이든지'등과 함께 보기에는 꾸준히 등장하고 있다.
형태제시	10분	 | 명사	받침 ○	-이야말로
	받침 ×	-야말로 | 밥 → 밥**이야말로**, 가족 → 가족**이야말로**, 컴퓨터 → 컴퓨터**야말로**, 스트레스 → 스트레스**야말로**, 설날 → 설날**이야말로** *교사가 칠판에 판서한 표현들을 바르게 읽고 학생들에게 한 번씩 따라 읽도록 한다. 1. 밥**이야말로** 한국인에게는 없어서는 안 되는 음식이에요. 2. 가족**이야말로** 가장 소중한 존재예요.

		3. 컴퓨터**야말로** 우리에게는 꼭 필요한 물건이에요.
		4. 스트레스**야말로** 모든 병의 원인이에요.
		5. 설날**이야말로** 없어서는 안 될 휴일이에요.

유의적
연습과 활용
	20분	1. 교사와 대화 연습을 해 봅시다.
		
		  1) T: 그 책 어때요?
		    S: 이 책**이야말로** 한국어를 배울 때 꼭 필요한 책이에요.
		  2) T: 말하기 수업 어땠어요?
		    S: 말하기**야말로** 저에게 꼭 필요한 수업이었어요.
		  3) T: 한국어 쓰기 어때요?
		    S: 쓰기**야말로** 제가 가장 어려워하는 거예요.
		  4) T: 툭소 씨 어때요?
		    S: 툭소 씨**야말로** 우리 반에서 없어서는 안 되는 사람이에요.
		  5) T: 제주도 어때요?
		    S: 제주도**야말로** 한국을 대표하는 섬이에요.
		
		2. 친구와 함께 대화 연습을 해 봅시다.

보기	문장 만들기
개는 인간과 가장 친한 동물이다. (개)	개**야말로** 인간과 가장 친한 동물이다.
너는 내 마음을 알아준다.(너)	너**야말로** 내 마음을 알아준다.
기린이 동물 중에서 가장 목이 길다 (기린)	기린**이야말로** 동물 중에서 가장 목이 길다.
호랑이가 동물 중에서 가장 무섭다(호랑이)	호랑**이야말로** 동물 중에서 가장 무섭다.
곰이 동물 중에서 가장 크다(곰)	곰**이야말로** 동물 중에서도 가장 크다.
리에 씨가 우리 반에서 가장 크다(리에 씨)	리에 **씨야말로** 우리 반에서 가장 크다.

147. -자기에, -자고 하기에

학습목표	제안을 나타내는 표현 익히기

학습내용	시간 40분	교수·학습 활동
도입	3분	T: 티엔 씨, 주말에 뭐 했어요? S: 남편과 영화 봤어요. 선생님은요? T: 저는 아이들이 맛있는 것을 먹**자고 하기에** 중국집에 갔어요. S: 중국집에서 뭐 드셨어요? T: 아이들이 자장면을 먹**자고 하기에** 자장면을 먹었어요.

의미제시	7분	다른 사람에게서 들은 권유나 제안의 내용이 뒤 문장의 행위를 하는 이유나 판단의 근거임을 나타난다.
		
		T: 친구가 한국 요리를 배우자고 해요. 그래서 학원에 같이 갔어요.
		   친구가 한국 요리를 배우**자고 하기에** 학원에 같이 갔어요.
		T: 친구가 만나서 점심을 먹자고 해요. 그래서 오후에 만나기로 했어요.
		   친구가 만나서 점심을 먹**자고 하기에** 오후에 만나기로 했어요.
		T: 동생이 도서관에 가자고 해요. 그래서 같이 갔어요.
		   동생이 도서관에 가**자고 하기에** 같이 갔어요.
		
		더 알아봅시다
		1. -자기에
		   어미 '-자'와 인용의 '고'+동사 '하기에' ('하다'의 활용) → '-자고 하기에'의 줄어든 표현이다.
		   예) 율리아 씨가 백화점에 가서 쇼핑을 하**자고 하기에** 서둘러서 나왔어요.
		                (=하**자기에**)
		2. 앞 문장에는 1인칭 주어가 아닌 권유나 제안한 사람이 주어가 되고, 뒤 문장에는 권유나 제안을 받은 1인칭(나)가 온다.

형태제시	10분	<table><tr><td>동사</td><td>받침○, ×</td><td>-자기에 -자고 하기에</td></tr></table> 가다 → 가**자기에**, 먹다 → 먹**자기에**, 보다 → 보**자기에**,

듣다 → 듣**자기에**, 결혼하다 → 결혼하**자기에**

*교사가 칠판에 판서한 표현들을 바르게 읽고 학생들에게 한 번씩 따라 읽도록 한다.

1. 엄마가 이번 여름에 해외여행을 가**자기에** 여행사에 가 봤어요.
2. 스티브 씨가 삼겹살을 먹**자기에** 식당에 갔어요.
3. 남편이 8시 뉴스를 보**자기에** 같이 봤어요.
4. 아이가 클래식 음악을 듣**자기에** 들었더니 마음이 차분해졌어요.
5. 만난 지 한 달 만에 남편이 결혼하**자기에** 놀랐어요.

| 유의적
연습과 활용 | 20분 | 1. 교사와 대화 연습을 해 봅시다.
   1) T: 수업이 끝나고 어디에 가요?
     S: 친구가 쇼핑하러 가**자기에** 남대문 시장에 가기로 했어요.
   2) T: 미용실에 갈 거예요?
     S: 네, 율리아 씨가 파마를 하**자기에** '잘하는 미용실'에 갈 거예요.
   3) T: 식목일에 뭐 할 거예요?
     S: 아버지께서 나무를 심**자고 하시기에** 가까운 산에 갈 거예요.
   4) T: 점심에 뭐 먹을 거예요?
     S: 동생이 피자 먹**자고 하기에** 집에서 시켜 먹을 거예요.

2. 친구와 대화 연습을 해 봅시다.
  아래의 문장을 완성해 봅시다. |

〈보기〉
쇼핑하러 가자 → 쇼핑하러 가**자기에** 동대문에 갔어요.

친구의 제안	나
봄나들이 가자.	봄나들이를 가**자기에** 선유도 공원에 갔어요.
노래를 부르자.	노래를 부르**자기에** 노래방에 갔어요.
배를 타자.	배를 타**자기에** 여의도 선착장에 갔어요.
음악을 듣자.	음악을 듣**자기에** 한국 가요를 들었어요.
밥을 먹자.	밥을 먹**자기에** 가까운 식당에 갔어요.

148. -자마자

학습목표	바로 뒤이어 나타내는 순서 표현 익히기

학습내용	시간 40분	교수 · 학습 활동
도입	3분	T: 티엔 씨, 아침에 일어나서 뭐 했어요? S: 세수했어요. T: 티엔 씨는 아침에 일어나**자마자** 세수를 했어요. 세수를 한 다음에 뭐 했어요? S: 밥을 먹었어요. T: 티엔 씨는 세수를 하**자마자** 밥을 먹었군요.
의미제시	7분	앞 문장이 끝남과 동시에 연속해서 뒤 문장이 이어질 때 쓰인다. T: 목이 말라서 시원한 물을 사서 바로 마셨어요. 시원한 물을 사**자마자** 마셔요. T: 버스가 도착해서 얼른 버스에 탔어요. 버스가 도착하**자마자** 버스를 탔어요. T: 화장실이 급해서 집에 들어와서 바로 화장실에 갔어요. 집에 들어오**자마자** 화장실에 갔어요. T: 배가 너무 고파서 얼른 저녁을 준비해서 맛있게 먹었어요. 저녁을 준비하**자마자** 맛있게 먹었어요. **더 알아봅시다** 1. '-아/아서', '-고', '-자마자'의 문형 비교 (세 문형은 모두 앞 문장과 뒤 문장을 시간적 순서대로 연결한다.) * '-아/어서'는 앞 문장의 내용을 전제로 뒤 문장의 내용을 서술할 때 쓴다. 　예) 스티븐 씨는 신촌에 가서 친구를 만났다. * '-고'는 앞 문장의 내용이 뒤 문장의 내용보다 시간적으로 앞서 있음을 강조할 때 쓰인다. 　예) 리에 씨는 아침을 먹고 학교에 갔다. * '-자마자'는 앞 문장에 이어서 곧장 이라는 의미를 가진다. 두 동작이 이어서 지속될 때 쓰인다. 　예) 집에 돌아오**자마자** 손을 씻는 습관은 중요하다. 2. '-자마자' 연결 문장에는 부정 표현을 쓸 수 없다. 　예) 방학을 안하**자마자** 친척 집에 놀러 가려고 해요. (×)

동사	받침 ○, ×	−자마자

오다 → 오**자마자**, 끝나다 → 끝나**자마자**, 타다 → 타**자마자**, 펴다 → 펴**자마자**, 받다 → 받**자마자**

*교사가 칠판에 판서한 표현들을 바르게 읽고 학생들에게 한 번씩 따라 읽도록 한다.

1. 남편은 집에 오**자마자** 텔레비전을 켜요.
2. 아버님은 식사가 끝나**자마자** 커피를 마셔요.
3. 아이가 차에 타**자마자** 잠이 들었어요.
4. 책을 펴**자마자** 졸음이 쏟아져요.
5. 귀화 시험에 합격했다는 문자를 받**자마자** 남편에게 전화했어요.

형태제시 10분

유의적 연습과 활용 20분

1. 교사와 대화 연습을 해 봅시다.
   1) T: 평소에 아이들과 시간을 많이 보내요?
      S: 아니요. 아이들이 바빠요. 학교에서 돌아오**자마자** 숙제하고 학원가요. (학교에서 돌아오다)
   2) T: 밤에 잠 잘 자요?
      S: 네, 눕**자마자** 자요. (눕다)
   3) T: 스티븐 씨, 보통 남자들은 쇼핑하는 거 좋아하지 않죠?
      S: 네, 남자들은 필요한 물건을 보**자마자** 사요. (보다)
   4) T: 리에 씨, 피곤해 보여요. 무슨 일 있어요?
      S: 어제 아이 친구들이 가**자마자** 남편 친구들이 와서 바빴어요. (가다)

2. 친구와 대화 연습을 해 봅시다.
   아래와 같이 문장을 만들어 봅시다.

동작1	동작2	
비가 내리다.	천둥, 번개가 치다.	비가 내리**자마자** 천둥, 번개가 쳤어요.
문자를 받다.	답장하다.	문자를 받**자마자** 답장했어요.
아이가 장난감을 받다.	좋아서 펄쩍 뛴다.	아이가 장난감을 받**자마자** 좋아서 펄쩍 뛰었어요.
창문을 열다.	시원한 공기가 들어온다.	창문을 열**자마자** 시원한 공기가 들어와요.
수업이 끝나다.	집에 가다.	수업이 끝나**자마자** 집에 갑니다.

149. -잖아, -잖아요

학습목표	상대방에게 확인시켜 주는 표현 익히기

학습내용	시간 40분	교수 · 학습 활동
도입	3분	T: 오늘, 결석한 사람 있어요? S: 티엔 씨가 안 왔어요. T: 티엔 씨는 오늘 가족 모임이 있다고 했**잖아요**. S: 네. 티엔 씨는 맏며느리라 힘들 거예요. T: 그래요. 전통적으로 한국에서는 장남과 맏며느리가 집안 행사를 도맡아 하**잖아요**.
의미제시	7분	어떤 상황에 대해서 상대방에게 확인시켜 줄 때, 잘못된 것을 정정해 주거나 알려줄 때 쓴다. T: A: 한글을 누가 만들었는지 기억이 안나요. 　B: 세종대왕이 만들**었잖아요**. T: A: 요즘 피곤해 보여요. 무슨 일 있어요? 　B: 다음 주부터 시험기간이**잖아요**. T: A: 감기에 걸려 일주일 내내 고생이에요. 　B: 요즘 감기가 유행이라고 했**잖아요**. **더 알아봅시다** 1. '-잖아요'는 부정의 의미로 '-지 않잖아요'로 쓸 수 없다. 　예) 아이가 한국에서 태어났으면 베트남 사람이지 않잖아요. (×) 2. 과거형은 '-았/었잖아요'로 쓰인다. 　예) 저번에 은영 씨를 좋아한다고 했**었잖아요**.
형태제시	10분	<table><tr><td>동사, 있다/없다, 형용사, 이다/아니다</td><td>받침 ○, ×</td><td>-잖아요</td></tr></table> 살다 → 살**잖아요**, 하다 → 하**잖아요**, 맛있다 → 맛**있잖아요**, 주말이다 → 주말이**잖아요**, 귀엽다 → 귀엽**잖아요**

*교사가 칠판에 판서한 표현들을 바르게 읽고 학생들에게 한 번씩 따라 읽도록 한다.

1. 율리아 씨는 시어머니와 함께 살**잖아요**.
2. 티엔 씨는 한국어를 열심히 공부하**잖아요**.
3. 많이 해 본 음식은 맛있**잖아요**.
4. 남편이 애들과 놀아주는 주말이**잖아요**.
5. 5살이면 아이가 한창 예쁘고 귀엽**잖아요**.

| 유의적 연습과 활용 | 20분 | |

1. 교사와 대화 연습을 해 봅시다.
   1) T: 저 식당에는 항상 사람들이 줄 서 있어요.
      S: 순두부를 잘하**잖아요**.(잘하다)
   2) T: 월화 드라마 재방송은 언제해요?
      S: 토요일 1시부터 하**잖아요**.
   3) T: 얼른 자리에 앉으세요.
      S: 수업 시작하**잖아요**.(시작하다)
   4) T: 소화가 안 되면 어떻게 해요?
      S: 보통 소화제를 먹거나 손바닥을 꾹꾹 누르**잖아요**.
   5) T: 오늘은 통근 버스를 왜 안탔어요? 무슨 일 있어요?
      S: 어제 제가 말했**잖아요**. 오후에 출근한다고요.

2. 친구와 대화 연습을 해 봅시다.

상황	대답
매일 불고기만 먹어요?	네, 불고기를 무척 좋아하**잖아요**.
기분이 아주 좋아 보여요.	(다음 주에 친정 부모님이 한국에 오다)
칠판 글씨가 잘 안 보여요?	(안경을 끼다)
한국말을 아주 잘 하네요.	(이제 한국 사람이다)
살이 많이 빠진 것 같아요.	(운동하다)

150. 조차

학습목표	앞 문장의 내용이 포함되고 그 상황이 더해짐을 나타내는 조사 익히기

학습내용	시간 40분	교수 · 학습 활동
도입	3분	T: 티엔 씨, 처음에 한국에 왔을 때, 한국어를 잘 했어요? S: 아니요. 인사도 못했어요. T: 티엔 씨는 처음 한국에 왔을 때, 인사**조차** 못했군요. 한글은 읽을 줄 알았어요? S: 네. 천천히 읽을 줄 알았지만 쓸 줄 몰랐어요. T: 티엔 씨는 처음에는 한글 쓰기**조차** 힘들어했었군요. 그런데 지금은 정말 잘 하시네요.
의미제시	10분	그 상황 이상의 것이 더해짐을 나타내 상태가 심해짐을 나타낸다. T: 오늘 아침은 바빠서 밥을 못 먹었어요. 물도 못 마셨어요. 밥은커녕 물**조차** 못 마셨어요. T: 지갑에 천원도 없어요. 그리고 동전도 없어요. 지갑에 동전**조차** 없어요. T: 장마라서 비가 많이 와요. 빨래도 못하고, 젖은 옷도 말릴 수가 없네요. 젖은 옷**조차** 말릴 수가 없어요. T: 저는 수영을 못해요. 물에 뜨는 것도 안돼요. 물에 뜨는 것**조차** 안돼요. T: 친구들에게 전화를 했는데, 전화를 안 받아요. 제일 친한 친구도 전화를 안 받아요. 제일 친한 친구**조차** 전화를 안 받아요. **더 알아봅시다** 1. 예상하기 어려운 극단의 경우까지도 포함하며 '기대이하'라는 부정적인 의미로 쓰인다. 예) 너**조차** 나를 의심하다니, 내가 너무 슬프다.
형태제시	10분	<table><tr><td>명사</td><td>받침 ○, ×</td><td>-조차</td></tr></table>얼굴 → 얼굴**조차**, 자전거 → 자전거**조차**, 제주도 → 제주도**조차**, 생활비 → 생활비**조차**, 문제 → 문제**조차**

		1. 학교 다닐 때, 아주 친했던 친구였는데 지금은 얼굴**조차** 기억이 안 나네요.
		2. 운전도 못하고 자전거**조차** 못 타요.
		3. 해외여행도 못 가 봤어요. 제주도**조차** 못 가 봤어요.
		4. 물가가 너무 올라서 생활비**조차** 부족해요.
		5. 이번 시험이 너무 어려워서 문제**조차** 이해를 못했어요.
유의적 연습과 활용	17분	1. 교사와 대화 연습을 해 봅시다. 　1) T: 요즘도 매일 운동을 해요? 　　S: 아니요. 요즘은 너무 바빠서 잠 잘 시간**조차** 없어요. (시간) 　2) T: 오늘 정말 덥네요. 　　S: 맞아요. 바람**조차**도 안 부네요. (바람) 　3) T: 툭소 씨, 집에 에어컨 있어요? 　　S: 에어컨은커녕 선풍기**조차** 없어요. (선풍기) 　4) T: 사진을 보면, 옛 친구들이 모두 생각나요? 　　S: 아니요. 사진을 봐도 얼굴**조차** 기억이 안 나는 친구들도 많아요. (얼굴) 　5) T: 버스에 좌석이 있었어요? 　　S: 아니요. 출근 시간이라서 서 있을 자리**조차** 없었어요. (자리) 2. 친구와 대화 연습을 해 봅시다. | 나의 질문	친구의 대답 | |---|---| | 부모님께 자주 가세요? | 일이 바빠서 (전화**조차**) 자주 못해요. (전화) | | 화가 날 때, 친구랑 얘기하면 화가 풀리죠? | 네. 그런데 가끔 (친구**조차**) 저를 이해 못 해 줄 때도 있어요. (친구) | | 아이가 처음 어린이집에 다니지요? | 네, (신발**조차**) 혼자 못 신는데 걱정이에요. (신발) | | 한자는 쓰기가 어렵지요? | 네, 한자는 쓰기도 어렵지만 (읽기**조차**) 어려워요. (읽기) | | 집에 책이 많아요? | 네, 책이 많아요. 하지만 우리 아이들은(**만화책조차**) 읽지 않아요. (만화책) |

151. 치고, 치고서

학습목표	뒤 문장이 앞 문장과 같거나 예외적인 내용 조사 익히기.

학습내용	시간 40분	교수 · 학습 활동
도입	3분	T: 티엔 씨, 한국어 배우면서 어느 부분이 가장 어려워요? S: 문법이 가장 어려워요. T: 한국어를 배우는 사람**치고** 문법이 쉬운 사람은 없을 거예요. 힘내세요. 외국어**치고** 쉬운 언어는 없어요.
의미제시	10분	앞 명사의 경우, 예외 없이 모두 뒤 문장과 같음을 나타낸다. (뒤 문장은 주로 부정문이나 수사 의문문의 형태가 온다) T: 요즘 젊은 사람**치고** 스마트 폰을 이용하지 않는 사람이 없어요. T: 초등학생**치고** 학원을 다니지 않고, 집에서 공부하는 아이는 드물어요. T: 한국 사람**치고** 노래방, 피시방과 찜질방을 안 가 본 사람은 별로 없을 거예요. – 앞 명사의 경우, 뒤 문장이 예외적임을 나타낸다. 1. 오늘은 겨울 날씨**치고** 꽤 따뜻해요. 2. 율리아 씨는 외국인**치고** 매운 한국음식을 잘 먹어요. 3. 제 친구는 40살**치고**는 어려 보여요. **더 알아봅시다** 1. 의미를 강조하기 위해서 '치고서', '치고는', '치곤', '치고선'을 쓸 수 있다. 　예) 스티븐 씨는 농구선수**치고**(치고서, 치고는, 치곤, 치고선) 키가 작다. 2. '–는 둘째 치고'는 관용구로 '그것이 중요한 것이 아니라 뒤에 있는 것이 더 문제다'라는 뜻이다. 　예) 아빠는 둘째 **치고** 너희는 왜 밥을 안 먹니? 3. '–치고서'는 부정문과 의문문에 주로 쓰인다. 　예) 학생**치고서** 그 책을 읽지 않은 사람은 없다.
형태제시	17분	<table><tr><td>명사</td><td>받침○, ×</td><td>–치고(서)</td></tr></table>아이 → 아이**치고**, 부모 → 부모**치고**, 사람 → 사람**치고**, 여자 → 여자**치고**, 칠순잔치 → 칠순잔치**치고**

		1. 어린 아이**치고** 사탕을 싫어하는 아이는 없다.

1. 어린 아이**치고** 사탕을 싫어하는 아이는 없다.
2. 부모**치고** 자식이 나쁜 길로 가는 것을 찬성할 부모는 없다.
3. 요즘 사람**치고** 리에 씨는 예의가 바르고, 생각이 깊다.
4. 젊은 여자**치고** 명품 백을 좋아하지 않는 사람은 없다.
5. 칠순 잔치**치고**는 조촐하다.

유의적
연습과 활용　　10분

1. 교사와 대화 연습을 해 봅시다.

　1) T: 한국 드라마 좋아해요?

　　S: 네. 한국 드라마**치고** 재미없는 게 없어요. (드라마)

　2) T: 오늘 날씨 어때요?

　　S: 봄 날씨**치고** 찬바람이 불어서 추워요. (날씨)

　3) T: 티엔 씨 아기가 이젠 6개월이니 부쩍 컸죠?

　　S: 네, 6개월**치고** 몸무게도 많이 나가요. (6개월)

　4) T: 농담을 했는데, 그렇게 화를 내면 어떡해요?

　　S: 농담**치고**는 심하잖아요. (농담)

　5) T: 툭소 씨가 반에서 인기가 많다면서요?

　　S: 네, 어린 나이**치고** 예의가 바라서 사람들이 좋아해요. (나이)

2. 친구와 대화 연습을 해 봅시다.

보기	문장 만들기
피아노를 취미로 치다/ 피아노를 잘 치다	취미**치고** 피아노를 잘 치는 편이에요.
티엔 씨는 맏며느리다/ 티엔 씨는 일이 많지 않다/	(맏며느리**치고**) 티엔 씨는 할 일이 별로 없어요.
아이가 5살이다/ 아이가 말을 참 잘한다	(5살**치고**) 아이가 말을 참 잘 한다.
이 영화는 액션영화이다/ 이 영화는 지루하다	(액션영화**치고**) 지루했어요.
툭소 씨는 주부이다/ 툭소 씨는 음식을 너무 못한다	(주부**치고**) 툭소 씨는 음식을 너무 못해요.
이 가방은 오래 된 것이다/ 이 가방은 괜찮다	(오래 된 것**치고**) 이 가방은 괜찮다.

152. 피동1 (-이-, -히-, -리-, -기-)

| 학습목표 | 피동 표현 익히기 |

학습내용	시간 40분	교수 · 학습 활동
도입	3분	T: 어제 꿈을 꾸었어요. 무서운 꿈이었어요. S: 무슨 꿈이에요? T: 집의 문이 저절로 열**렸**어요. 어두워서 아무 것도 안 보**였**어요. 사람들은 모두 귀신에게 먹**혔**어요. 저도 귀신에게 쫓**겼**어요. 밤새도록 도망가다가 잠에서 깼어요. 정말 무서웠어요.
의미제시	7분	다른 사람의 행동이나 외부적인 조건의 영향을 받아서 행해지는 동작을 나타낼 때 쓰는 표현이다. **더 알아봅시다** 1. 접사에 의한 피동은 제한적으로 쓰이고, 따로 일정한 규칙이 있는 것이 아니기 때문에 도표를 이용해서 암기하도록 하는 것이 불가피하다. 교실에 표를 붙여 놓아도 되는 환경이면 벽에 표를 붙여놓고 학습자들이 볼 수 있도록 하는 것도 한 방법이 될 것이다. 2. 어느 정도 암기한 후에는 '읽히다, 보이다, 날리다' 처럼 피동과 사동의 형태가 같은 것은 문맥의 의미를 통해 알 수 있도록 설명하는 것이 좋겠다. 예) 아이에게 책을 읽**혔어요**.(사동) 　　이 책은 많은 독자들에게 읽**혔다**.(피동)
형태제시	10분	<표 아래 참조>

피동형 접사	동사	피동사	피동형 접사	동사	피동사
-이-	보다	보이다	-히-	먹다	먹히다
	쓰다	쓰이다		막다	막히다
	놓다	놓이다		읽다	읽히다
	쌓다	쌓이다		잡다	잡히다
	깎다	깎이다		밟다	밟히다
	바꾸다	바뀌다		접다	접히다
-리-	팔다	팔리다	-기-	끊다	끊기다
	물다	물리다		안다	안기다
	밀다	밀리다		씻다	씻기다

피동형 접사	동사	피동사	피동형 접사	동사	피동사
	풀다	풀리다		감다	감기다
-리-	열다	열리다	-기-	찢다	찢기다
	걸다	걸리다		쫓다	쫓기다

1단계 연습
다음 표를 이용해서 피동사를 만들어 봅시다.

피동형 접사	동사	피동사	피동형 접사	동사	피동사
	보다			먹다	
	쓰다			막다	
-이-	놓다		-히-	읽다	
	쌓다			잡다	
	깎다			밟다	
	바꾸다			접다	
	팔다			끊다	
	물다			안다	
-리-	밀다		-기-	씻다	
	풀다			감다	
	열다			찢다	
	걸다			쫓다	

2단계 활용 연습
문을 열다.

문이 → _____.

책을 잘 팔다.

책이 잘 → _____.

엄마가 아기를 안다.

아기가 엄마에게 → _____.

경찰이 도둑을 잡다.

도둑이 경찰에게 → _____.

발로 잔디를 밟다.

잔디가 발에 → _____.

모기가 아기를 물다.

아기가 모기에게 → _____.

유의적
연습과 활용

20분

153. -아지다, -어지다, -여지다

학습목표	어떠한 행위를 하게 되거나 어떠한 상태로 되는 표현 익히기

학습내용	시간 40분	교수 · 학습 활동
도입	3분	T: 티엔 씨, 한국에 산 지 얼마나 됐어요? S: 이제 3년이 다 되었어요. T: 처음에는 한국에 사는 게 낯설었을 텐데… 　　이제는 한국 음식이나 한국 문화에 익숙**해졌죠**? S: 네, 익숙해요.. T: 티엔 씨, 한국에 살면 살수록 한국이 좋**아져요**? S: 네, 한국에서 사는 것이 좋아요. T: 티엔 씨는 한국에서 3년 동안 지내면서 한국 문화에 익숙**해지고** 한국 　　이 좋아**졌어요**.
의미제시	7분	동사와 결합하여 어떠한 행위를 하게 되거나 어떤 동작이 저절로 일어 나는 피동의 뜻으로 쓰인다. T: 설거지를 하다가 접시를 떨어뜨렸어요. 접시가 깨**졌어요**.(깨졌어요.) T: 한글은 백성들을 위해서 만들**어졌어요**. T: 말하기 연습 시간이 10분 주**어졌어요**. － 형용사와 결합하여 상태가 저절로, 조금씩 변하는 과정을 나타낸다. T: 이제 겨울에서 봄으로 가요. 추웠던 날씨가 점점 따뜻**해져요**. T: 사랑하면 점점 예**뻐져요**. T: 매일 운동을 했어요. 그러니까 몸이 조금씩 건강**해져요**. 　　**더 알아봅시다** 　1. 변화하는 과정을 나타내며, '점점', '차츰' 같은 부사와 함께 쓰인다. 　　예) 친구와 이야기를 나누니, 마음이 차츰 편안**해져요**.

동사, 형용사	ㅏ, ㅗ	−아지다
	ㅏ, ㅗ를 제외한 나머지 모음	−어지다
동사	하다	−여지다('해'의 형태로 주로 쓰임)

*교사가 먼저 결합정보와 예문을 제시한 뒤, 먼저 교사가 예문을 읽는다. 그 후 학생들이 예문을 따라 읽을 수 있도록 한다.

친하다 → 친**해지다**, 넓다 → 넓**어지다**, 뜨다 → **떠지다** ('으'탈락), 재미있다 → 재미있**어지다**, 익숙하다 → 익숙**해지다**

1. 오랫동안 수업을 같이 들어서 친구들과 친**해졌어요**.
2. 한 살을 더 먹으니, 마음도 넓**어져요**.
3. 아침 햇살에 눈이 부셔서 눈이 **떠졌어요**.
4. 아침 드라마가 점점 재미있**어져요**.
5. 이제는 혼자 버스 타는 것도 익숙**해졌어요**.

1. 교사와 대화 연습을 해 봅시다.
   1) T: 리에 씨, 무슨 일이 있어요? 얼굴이 빨개요.
      S: 부끄러워서 얼굴이 빨**개졌어요**. (빨갛다; 'ㅎ'불규칙)
   2) T: 시어머니와 같이 사는 거 어때요?
      S: 처음에는 불편했는데, 지금은 편**해졌어요**. (편하다)
   3) T: 이제는 겨울인가 봐요.
      S: 네. 날씨가 갑자기 추**워졌어요**. (춥다; 'ㅂ'불규칙)
   4) T: 방이 너무 지저분해요.
      S: 1시간동안 청소하니까 방이 깨끗**해졌어요**. (깨끗하다)

2. 친구와 대화 연습을 해 봅시다.
(계절의 변화를 '−아/어지다'를 이용해서 문장을 완성해 보세요.)

> 한국은 4계절이 있어요. 봄은 날씨가 _____(따뜻하다). 봄 날씨의 특징은 황사 현상과 꽃샘추위입니다. 여름은 점점 _____(덥다). 여름에는 사람들이 산이나 바다로 여행을 떠납니다. 가을은 온통 나뭇잎들이 노랑, 빨강, 갈색 등으로 변해 아름다운 풍경을 자랑합니다. 겨울에는 추운 바람이 불어와서 _____(춥다).

형태제시 10분

유의적 연습과 활용 20분

154. 피동2(-게 되다)

학습목표	피동 표현 익히기

학습내용	시간 40분	교수 · 학습 활동
도입	3분	T: 티엔 씨, 한국어가 재미있어요? S: 네, 어렵지만 재미있어요. T: 처음에 왜 한국어를 배웠어요? S: 한국 가수를 좋아해서 한국어를 배웠어요. T: 한국 가수를 좋아하다보니(=좋아해서) 한국어를 배우**게 되**었군요.

의미제시	7분	앞 문장의 행동이나 조건 때문에 뒤 문장은 주어의 의지나 바람과 관계 없이 이루어졌을 때 쓴다.
		
		T: 옆집이 꽃가게여서 매일 꽃을 보**게 되**었어요.
		T: 선생님의 도움으로 한국어를 잘 하**게 되**었어요.
		
		   더 알아봅시다
		1. '-게 되다'의 또 다른 의미
		   주로 형용사와 결합하여 어떤 상황에서 다른 상황으로 변화하였음을 나타 낸다.
		   예) 가을이 되어 나뭇잎이 빨갛**게 되**었어요.
		        그동안 걱정하던 일은 어떻**게 되**었어요?
		2. '이, 히, 리, 기'에 의한 피동과 '-게 되다' 문형 비교
		   '이, 히, 리, 기'에 의한 피동은 제한적으로 사용되지만 '-게 되다'는 좀 더 폭넓게 사용된다. 또 '이, 히, 리, 기'에 의한 피동이 저절로 이루어진다는 의미를 지니는 경우에도 동작을 한 사동주를 필요로 하지만 '-게 되다' 피동은 화자의 의지와 상관없이 이루어진다.
		   예) (바람 때문에) 가게의 문이 (저절로) 닫혔어요.
		        (장사가 안돼서) 가게의 문을 (어쩔 수 없이) 닫게 되었어요.

형태제시	10분	<table><tr><td>동사, 있다/없다 형용사, 이다/아니다</td><td>받침○, ×</td><td>-게 되다</td></tr></table>깨다 → 깨**게 되**다, 모으다 → 모으**게 되**다, 친하다 → 친하**게 되**다, 하다 → 하**게 되**다, 이해하다 → 이해하**게 되**다

*교사가 칠판에 판서한 표현들을 바르게 읽고 학생들에게 한 번씩 따라 읽 도록 한다.

1. 스티브 씨와 자주 만나다 보니 친하**게 되**었어요.

2. 돈이 없어서 아르바이트를 하**게 되**었어요.

3. 시끄러운 소리 때문에 자꾸 잠에서 깨**게 돼**요.

4. 한국에 오래 살다보니 한국을 이해하**게 되**었어요.

5. 매일 조금씩 저금을 해서 큰돈을 모으**게 되**었어요.

유의적 연습	20분	

1. 다음은 '한국어 공부'라는 제목의 일기입니다. 잘 읽고 빈칸을 완성해 봅시다.

〈한국어 공부〉

3년 전에 처음 한국 노래를 들었어요. 노래가 너무 좋아서 한국 사람들에게 무슨 내용인지 물어 보았어요. 그래서 조금씩 한국어를 _____(공부하 다). 작년에는 일 때문에 한국에 _____(오다). 한국에 와서 경복궁도 가고 한옥 마을도 가면서 한국 문화를 _____(이해하다). 지금은 한국 음식도 먹고 책도 읽어서 한국에 대해 많이 _____(알다).

2. 친구와 함께 대화 연습을 해 봅시다.

질문	대답(친구)	대답(나)
어떻게 한국에 오게 되었어 요?	일 때문에 한국에 오**게 되**었어요.	
어떻게 한국어를 잘 하게 되었 어요?	매일 열심히 연습한 결과 한국어 를 잘 하**게 되**었어요.	
어떻게 말하기를 잘 하게 되었 어요?	매일 한국 친구들과 이야기를 했 더니 한국어를 잘 하**게 되**었어요.	
어떻게 한국어 쓰기를 잘 하게 되었어요?	매일 일기를 썼더니 한국어 쓰기 를 잘하**게 되**었어요.	
어떻게 여자 친구를 만나게 되 었어요?	같이 도서관에서 공부하다가 만나 **게 되**었어요.